O DIREITO AO ERRO DO ADMINISTRADOR PÚBLICO NO BRASIL

contexto, fundamentos e parâmetros

Pedro de Hollanda Dionisio
Mestre em Direito Público pela Universidade do Estado do Rio de Janeiro (UERJ).
Pesquisador permanente do UERJ Reg. Professor Convidado do Programa de Pós-graduação *lato sensu* da UERJ. Procurador do Tribunal de Contas do Município do Rio de Janeiro.

O DIREITO AO ERRO DO ADMINISTRADOR PÚBLICO NO BRASIL

contexto, fundamentos e parâmetros

GZ
EDITORA
Rio de Janeiro
2024

1ª edição – 2019
1ª edição – 2019 – 2ª tiragem
1ª edição – 2020 – 3ª tiragem
1ª edição – 2021 – 4ª tiragem
1ª edição – 2022 – 5ª tiragem
1ª edição – 2024 – 6ª tiragem

Presidente do Conselho Editorial
Nelson Nery Costa

Diagramação
Olga Martins

CIP – Brasil. Catalogação-na-fonte.
Sindicato Nacional dos Editores de Livros, RJ.

D624d

Dionisio, Pedro de Hollanda
O direito ao erro do administrador público no Brasil: contexto, fundamentos e parâmetros / Pedro de Hollanda Dionisio. - 1. ed. - Rio de Janeiro: Mundo Jurídico, 2019.
200 p.; 24 cm.

Inclui bibliografia e índice
ISBN 978-85-9524-068-1

1. Direito administrativo - Brasil. 2. Administração pública - Brasil. I. Título.

19-58127

CDU: 342.98

contato@editoragz.com.br
www.editoragz.com.br

Estrada do Capuava, nº 1325 - Box Q - CEP 06715-410
Bairro Barro Branco - Município de Cotia - SP
Tels.: (0XX21) 99585-0737 / 99755-0737

Impresso no Brasil
Printed in Brazil

Aos meus pais, Lúcia e Fernando, principais responsáveis pelo que sou hoje.

O núcleo da idéia de tolerância é o reconhecimento do igual direito a conviver, que é reconhecido a doutrinas opostas, bem como o reconhecimento, por parte de quem se considera depositário da verdade, do direito ao erro, pelo menos do direito ao erro de boa-fé. A exigência da tolerância nasce no momento em que se toma consciência da irredutibilidade das opiniões e da necessidade de encontrar um *modus vivendi* (uma regra puramente formal, uma regra do jogo), que permita que todas as opiniões se expressem. Ou a tolerância, ou a perseguição: *tertium non datur*.

Norberto Bobbio[1]

1 BOBBIO, Norberto. *A era dos direitos*. Rio de Janeiro: Elsevier, 2004, p. 195.

SUMÁRIO

PARTE II – CONCEITO E FUNDAMENTOS

CAPÍTULO 3: O CONCEITO DE ERRO DO ADMINISTRADOR PÚBLICO E SUAS CONSEQUÊNCIAS PARA O DIREITO ADMINISTRATIVO BRASILEIRO

CAPÍTULO 4: FUNDAMENTOS DO ESPAÇO JURÍDICO DE TOLERÂNCIA AO COMETIMENTO DE ERROS PELO ADMINISTRADOR PÚBLICO

PARTE III – PARÂMETROS

CAPÍTULO 5: OS PARÂMETROS PARA A TOLERABILIDADE DO ERRO DO ADMINISTRADOR PÚBLICO

PREFÁCIO

Pedro de Hollanda Dionisio é um dos mais expressivos e talentosos publicistas da nova geração formados pelo Programa de Pós-Graduação da Faculdade de Direito da Universidade do Estado do Rio de Janeiro – UERJ. Com a brilhante dissertação *"O direito ao erro do administrador público no Brasil: contexto, fundamentos e parâmetros"*, Pedro obteve o honroso título de Mestre em Direito Público por aquela prestigiosa instituição de ensino, aprovado com os elogios de estilo por Banca da qual tive a honra de participar, na qualidade de orientador e presidente, ao lado dos ilustres professores José Vicente dos Santos Mendonça (UERJ), Patrícia Ferreira Baptista (UERJ) e Floriano de Azevedo Marques Neto (USP). Amadurecido e lapidado pelo autor, o texto vem agora a público, com o selo da Editora GZ, para o deleite da comunidade jurídica de língua portuguesa.

Mas, como assim, *direito ao erro do administrador público*? Haveria algo como um direito subjetivo do gestor público ao cometimento de equívocos? Pedro se apressa em explicar que o título é uma espécie de hipérbole jurídica, um exagero proposital, com a finalidade de demonstrar o óbvio: ao manejar problemas complexos, envolvidos em alto grau de incertezas ou controvérsias, o erro do administrador público não chega a ser um direito, mas é uma inevitabilidade, uma circunstância inexorável, à qual deve corresponder o necessário espaço de tolerância no mundo do direito. O erro é inerente ao processo de aprendizado, inclusive na gestão da coisa pública.

O autor conceitua erro como uma "desconformidade não intencional entre o motivo em que o administrador baseou sua atuação e a realidade fática ou jurídica." Quando escusável, a despeito da nulidade do ato, o erro exclui a responsabilidade administrativa e civil do agente público. Mas, por que romper com a tradição formalista e idealizada do princípio da legalidade e abrir mão de sempre penalizar o autor do equívoco?

De parte seu caráter inevitável, o que inclui um juízo de justiça em favor de quem erra, Pedro alinha outras quatro razões em defesa do espaço de tolerância ao erro escusável: (I) incentivar a inovação e o experimentalismo, o que pressupõe alguma margem para desacertos eventuais; (II) permitir a adequada administração dos riscos inerentes à função administrativa, sem receios desmesurados; (III) permitir a tomada das decisões administrativas dentro de um limite de tempo ótimo, o que exige modulação dos riscos para o administrador; e (IV) não afastar bons quadros da Administração Pública pelo risco excessivo de responsabilização.

Do ponto de vista do direito positivo brasileiro, o autor fundamenta a sua tese no art. 28 da Lei de Introdução às Normas do Direito Brasileiro – LINDB, que limita a responsabilidade pessoal do agente público às hipóteses de dolo e erro grosseiro, assim como nos princípios constitucionais da eficiência e da economicidade. A ideia do autor é que deve haver uma análise de custo-benefício envolvendo a adequada calibragem da repressão ao erro administrativo. Do cotejo sistemático das normas constitucionais e legais pertinentes, Pedro extrai quatro testes bastante pragmáticos acerca da tolerabilidade ao erro. Primeiro, o cumprimento de um dever mínimo de diligência, o que envolve verificar o grau de urgência da medida e da dificuldade na obtenção de informações relevantes para a decisão. Segundo, o grau de proximidade do erro das exigências específicas do cargo, de modo que será tanto mais tolerável o erro que envolva matéria tanto mais afastada das exigências do cargo. Terceiro, a tolerabilidade ao erro aumenta na medida da incerteza ou controvérsia fática ou jurídica da questão. Quarto e último, mas não menos importante, maior será a tolerabilidade ao erro quanto maior for a aderência da decisão tomada aos dados fáticos coletados pela Administração.

Desenvolveu-se no Brasil, nos últimos tempos, o chamado "Direito Administrativo do medo", anomalia que gera duas distorções: de um lado, o desincentivo a qualquer inovação na solução dos problemas administrativos, com a ocupação do espaço dos gestores pelos controladores da Administração (paralisia pelo temor); de outro lado, a proliferação de gestores que assumem seus cargos com propósitos escusos e simplesmente ignoram os limites legais e éticos da gestão pública (destemor calculado e deliberado). Ou seja, estamos, nessa matéria, entre a ineficiência e a inutilidade. Os incentivos gerados ora são contraproducentes, ora são absolutamente irrelevantes.

O lúcido e acurado trabalho de Pedro Dionisio vence essa inércia mental e institucional do país e propõe soluções capazes de dar conta da complexidade do fenômeno do erro administrativo, separando o joio do trigo. O art. 28 da LINDB foi um bom primeiro passo no sentido de um balanceamento mais adequado entre incentivos à legalidade e espaços de criação e inovação. Mas a lei nunca se basta. É preciso pensar fora da caixa e dar impulso ao ciclo da superação do velho pelo novo. Isso é precisamente com o que nos brinda Pedro Dionisio neste precioso livro.

Rio de Janeiro, maio de 2019.

Gustavo Binenbojm
Professor Titular de Direito Administrativo da Faculdade de Direito
da Universidade do Estado do Rio de Janeiro – UERJ

APRESENTAÇÃO DO LIVRO

Este livro é oportuno. É livro útil, livro-instrumento: o advogado pode dele fazer uso para construir defesa; o julgador, para informar sua decisão; o controlador, para pautar seu controle. Só pela oportunidade do tema, já está destinado a se tornar *best-seller*. Mas a obra do Pedro Dionisio é bem mais do que um bom tema.

(Observação importante: não existe, é claro, um direito ao erro, nem do administrador nem de ninguém. Há, isso sim, um espaço de não responsabilização pelo erro escusável. O título comercial da obra não é técnico, mas não poderia ser mais expressivo. Os orientadores do Pedro Dionisio – eu e o Gustavo – assumimos a responsabilidade pela impropriedade. O tema é bom, mas a imprecisão do título é ótima.)

O livro é técnico. É construído com rigor na apresentação dos conceitos. Pedro Dionisio compreende o gestor público como ator relativamente racional – e, portanto, relativamente irracional, cercado de toda sorte de dificuldades. Nem anjo nem demônio: agente humano, imerso em incentivos.

O livro é equilibrado. Não há vieses posicionais. Depois de dezessete anos como professor, já vi juízes defendendo o Judiciário, promotores sublinhando a importância do Ministério Público, especialistas em Direito Internacional reclamando que tratados não são conhecidos, e por aí vai. É natural que seja assim, e, no dinamismo da diversidade de opiniões, talvez se encontre a verdade, equilíbrio de parcialidades. Mas, aqui, Pedro Dionisio, procurador de um tribunal de contas, não faz a defesa das cortes de contas, tampouco planta hoje a advocacia de amanhã. É reflexão prudente: destaca os custos do controle, mas observa que, comparados aos vizinhos latino-americanos, nossos melhores controles podem estar correlacionados ao desenvolvimento de nossa democracia.

O livro supre uma lacuna. O erro não é tratado em obras de Direito Público. O tema é encontrado em obras de Direito Civil – como falha da vontade no negócio jurídico ou fonte de responsabilização – e de Direito Penal (como *erro de tipo* ou *erro de proibição*). De igual modo, não há muitas leis de Direito Público tratando do assunto, exceção para o recente art. 28 da Lei de Introdução às Normas do Direito Brasileiro (e que mereceu análise do autor).

O livro é inteligente. Pedro Dionisio afirma que não se pode crer num administrador Hércules. Ora, também não se pode crer num controlador Hércules. E é igualmente arriscado acreditar num *administrador médio*, fantamasgoria cujos atos coincidem com o padrão de decisão do controlador da vez. É injusto e inseguro agir assim. Melhor apostar na criterização. Critérios não são perfeitos, não resolvem todos os problemas – podem até gerar novos –, mas são auxílio na tarefa de encontrar o justo meio entre liberdade e responsabilização. E, claro, parâmetros devem ser interpretados de modo estrito, para não se tornarem aquilo que já se disse da psicanálise: parte do mal cuja cura pretende ser. São critérios que olham para as condições efetivas em que se deu a tomada de decisão, e não para o momento atual, em que já se conhecem os resultados. Não há que se cometer nenhuma *injustiça epistêmica*: o presente sempre vê os erros do passado como evitáveis. A história pode ser mestra da vida, mas não deve ser palmatória do passado.

O livro é realista. Seus quatro critérios não são exigências nem suprarrogatórias nem triviais. O erro é inescusável se o administrador agiu sem (1.) *grau mínimo de diligência*, isto é, se decidiu sem considerar os dados técnicos e jurídicos relevantes. O critério da diligência se pauta pela urgência – decisões mais urgentes aliviam o requisito – e pela relevância da decisão (a decisão de construir ponte exige diligência mais ampla do que a de retirar as divisórias da repartição), sempre de modo atento às dificuldades de se obter as informações relevantes. (2.) A identificação do erro leva em consideração ainda, o *cargo ocupado pelo decisor* – ninguém é obrigado a saber tudo –, e, no que talvez seja o critério mais importante, (3.) o *grau de incerteza fática ou jurídica envolvida na decisão*. Por fim, a responsabilização se faz com base no (4.) *grau de aderência da decisão às informações coletadas*. Nem escravidão nem drástica dissociação aos dados. Ao deles divergir, motivar. Simples e sofisticado.

O Brasil precisa errar melhor, pois é errando que se inova. O livro do Pedro Dionisio – um livro cercado de acertos – traz algumas lições relevantes sobre isso. Boa leitura.

José Vicente Santos de Mendonça

Professor Adjunto de Direito Administrativo da Faculdade de Direito da UERJ

APRESENTAÇÃO DO AUTOR

Não existe satisfação maior para um professor do que aprender com seus alunos e assistir ao pleno desenvolvimento de suas potencialidades.

Conheci Pedro de Hollanda Dionísio, em 2010, na Graduação em Direito na PUC-RJ, quando foi meu aluno nas disciplinas Direito Administrativo e, posteriormente, Jurisdição Constitucional. Pedro sempre teve ideias próprias e, desde cedo, demonstrava interesse e aptidão para a pesquisa acadêmica.

Tive o prazer de tê-lo orientado na elaboração da monografia de final de curso, cujo título era "Desconstituição da coisa soberanamente julgada inconstitucional: decisões judiciais *contra legem* e a potencial superação das regras jurídicas", defendida e aprovada em 2012. O trabalho realizado evidenciava, já naquele momento, seu enorme talento acadêmico, considerando que sua sofisticada pesquisa e o texto final apresentado assumiam, desde então, os contornos de uma dissertação de mestrado.

Já naquela época, portanto, estava claro que o caminho naturalmente a ser trilhado envolvia o ingresso do curso de mestrado e o aprofundamento da experiência acadêmica. E, de fato, o sucesso vivenciado pelo autor apenas confirma as impressões deixadas em seus primeiros contatos com o universo jurídico.

O tema escolhido por Pedro para sua dissertação de mestrado – intitulada "O direito ao erro do administrador público no Brasil: contexto, fundamentos e parâmetros" –, assume importância central no desafiador ambiente da administração pública no país, em que se deve buscar, de um lado, a atuação equilibrada e eficiente das agências de controle, e, de outro, assegurar a atratividade dos cargos públicos de gestão àqueles verdadeiramente vocacionados para a tarefa. Além de ser inovador, necessário e atual, o trabalho ainda confere ferramentas concretas para a atuação dos órgãos de controle, podendo traduzir-se em ganhos efetivos para a sociedade.

Felizmente, a atuação do autor não se resume ao mundo acadêmico. Em 02/02/2017, tomou posse no cargo de Procurador da Procuradoria Especial do Tribunal de Contas do Município do Rio de Janeiro, após aprovação em concurso público, onde tem exercido sua função com brilhantismo e destaque.

Marianna Montebello Willeman

Conselheira do Tribunal de Contas do Estado do Rio de Janeiro
Doutora e Mestre em Teoria do Estado e Direito Constitucional pela PUC/Rio
Professora de Direito Administrativo e de Jurisdição Constitucional da PUC/Rio

AGRADECIMENTOS

A elaboração deste livro não seria possível sem o auxílio de queridos amigos e a inspiração de grandes docentes. O mínimo que se pode fazer em troca é agradecer.

O livro corresponde, com alguns ajustes, à dissertação de conclusão do mestrado em Direito Público na Universidade do Estado do Rio de Janeiro (UERJ). O trabalho foi defendido e aprovado com distinção e louvor perante qualificada banca, composta pelos Professores Gustavo Binenbojm, José Vicente Santos de Mendonça, Patrícia Ferreira Baptista e Floriano de Azevedo Marques Neto.

Em primeiro lugar, agradeço aos professores da prestigiada pós-graduação *stricto sensu* em Direito Público da UERJ. Lá, encontrei terreno fértil para a livre discussão e o aprofundamento de ideias. Os debates, as aulas e as centenas de livros e artigos lidos ao longo do curso foram essenciais não só para o desenvolvimento do trabalho, mas principalmente para a minha formação intelectual.

Em especial, agradeço ao professor Gustavo Binenbojm, meu orientador ao longo do mestrado. Seu entusiasmo pelo objeto do livro e suas primorosas sugestões foram imprescindíveis. Gustavo é uma das principais referências acadêmicas da minha geração. Exemplo de jurista moderno, no melhor sentido que a palavra pode ter, Gustavo alia sua já conhecida inteligência para tratar de forma inovadora sobre os mais diversos temas do Direito Público com uma didática e gentileza ímpar.

Merece um agradecimento à parte também o professor José Vicente Santos de Mendonça, coorientador da dissertação que originou o presente livro. Zé é exemplo de professor fora da caixa. Em suas aulas, é capaz de discutir temas de diferentes disciplinas, da Microeconomia à Psicologia, com extrema profundidade e peculiar descontração. Dá voz ativa aos alunos, estando sempre aberto a novos questionamentos e ideias.

Agradeço, ainda, à professora Patrícia Ferreira Baptista. Patrícia é dedicada à docência como poucos, além de ser dotada de uma inteligência e pragmatismo intelectual que ainda não havia testemunhado. Além das sugestões ao trabalho, sou grato pelos ensinamentos transmitidos nas disciplinas que tive a felicidade e a honra de cursar.

Ao professor Floriano de Azevedo Marques Neto, prestigioso docente e atual Diretor da Faculdade de Direito da Universidade de São Paulo, agradeço imensamente pela participação na banca de avaliação e pelas imprescindíveis críticas e considerações, muitas das quais respondidas e incorporadas ao presente livro.

À minha turma do mestrado, agradeço pelos frutíferos debates dentro e fora de sala de aula. Alexandre Simões, Ana Luíza Calil, Bruno Arcanjo, Felipe Barboza, João Pedro Accioly, Júlia Iunes, Leonardo Cunha, Marcus Vinícius Ribeiro, Renato Toledo, Teresa Melo e Thales Leba integram um seleto time de juristas com o qual tive o prazer de conviver durante dois anos.

Em especial, levo para a vida a valorosa amizade de Ana e Renato. Extremamente inteligente, gentil e solidária, Ana é daquelas poucas pessoas com quem sempre se pode contar.

Renato, além de possuir um conhecimento e capacidade de raciocínio invejável, é um dos caras mais boa-praça de que já tive notícia.

Agradeço também os amigos que, a partir das aulas ministradas pelo professor José Vicente, participaram da fundação do Laboratório de Regulação Econômica da Universidade do Estado do Rio de Janeiro. O UERJ Reg., fruto do companheirismo acadêmico de seus fundadores, em sua curta existência, já se tornou uma instituição de referência no estudo do Direito Administrativo no Brasil.

Em nome de seu ilustre Presidente, Dr. Thiers Vianna Montebello, e de seu eminente Procurador-Chefe, Dr. Carlos Henrique Amorim Costa, agradeço ao Tribunal de Contas do Município do Rio de Janeiro e a todos os colegas e os amigos que lá fiz. Foi a partir do exercício de minha função na Corte de Contas carioca que surgiram muitos dos questionamentos que motivaram a elaboração deste livro.

Pelos ensinamentos durante o período de graduação, agradeço aos professores da Faculdade de Direito da Pontifícia Universidade Católica do Rio de Janeiro – PUC-Rio. A todos, em especial, agradeço à professora Marianna Montebello Willeman que, por meio de suas aulas de Direito Administrativo e Jurisdição Constitucional, despertou em mim um especial interesse pelo Direito Público.

Sou extremamente grato aos amigos de sempre e aos familiares pelo apoio ao longo de todo o curso, pela compreensão nos momentos de ausência e pelos necessários momentos de descontração. A André Tosta, agradeço pela atenta leitura e pelas pertinentes sugestões ao trabalho. A Sergio Dionisio, agradeço pelos essenciais ensinamentos de administração e *marketing* e, a Daian Borges, pela dedicada revisão.

Registro, por fim, meu especial agradecimento à Anna Carolina Migueis. Anna leu e releu cada linha deste trabalho, fez correções e sugestões imprescindíveis. O livro seria outro, certamente muito menos interessante, sem a sua contribuição. Anna é uma das pessoas mais incríveis e companheiras que já conheci e, para minha sorte, ouviu e discutiu grande parte das minhas inquietudes e conclusões.

A todos, muito obrigado.

INTRODUÇÃO

O erro é inerente ao ser humano. É antigo e propagado o conhecimento de que o indivíduo está permanentemente sujeito a falhas. *Errare humanum est*[1]. Por mais cautelosas ou diligente que sejam, existe sempre a possibilidade de as pessoas incorrerem em equívocos ao longo de seu processo decisório, muitos deles impossíveis (ou extremamente custosos) de serem previstos ou evitados.

Do mesmo modo, o gestor público está permanentemente sujeito a erros. É não só possível, como cotidiano, que administradores incorram em equívocos ao tomar decisões. O surgimento de vícios no processo decisório do gestor pode ser reduzido, mas nunca totalmente evitado. Não se pode crer no mito de um "administrador Hércules"[2].

Diante de tal inexorável fato, como deve o Direito Administrativo brasileiro lidar com o erro do gestor público? Deve ele ser pessoalmente responsabilizado por todo e qualquer equívoco cometido? De outro lado, sua simples boa-fé seria suficiente para isentá-lo de qualquer responsabilidade?

Ao contrário do que indica o título do livro, o erro não é, do ponto de vista técnico, um direito do administrador. Não se trata de uma pretensão oponível a terceiros ou de uma prerrogativa de influir de forma unilateral na esfera jurídica alheia, não constituindo, assim, um direito subjetivo ou potestativo. Tampouco pode ser enquadrado no conceito de direito objetivo, na medida em que nenhuma norma jurídica consagra propriamente o direito de o administrador errar[3].

Reconhece-se, inclusive, que a tentativa de construção de um genérico "direito ao erro", com base em normas constitucionais de textura aberta, padeceria das mesmas críticas direcionadas aos chamados hiperprincípios do Direito Administrativo:

---

1 Trata-se de parte de conhecido provérbio latino segundo o qual *"errare humanum est, perseverare autem diabolicum"*, que significa "errar é humano, mas perseverar no erro é diabólico". Uma de suas variações é atribuída a Santo Agostinho: *"humanum fuit errare, diabolicum est per animositatem in errore manere"* (em tradução livre, "foi humano errar, mas é diabólico permanecer no erro por orgulho"), conforme BARROS, Paulo César. *Commendatur Vobis in Isto Pane Quomodo Unitatem Amare Debeatis*: A eclesiologia eucarística nos *Sermones ad populum* de Agostinho de Hipona e o movimento ecumênico. Roma: Editrice Pontificia Università Gregoriana, 2002, p. 67.

2 Faz-se referência aqui ao hipotético juiz Hércules de Ronald Dworkin, um modelo ideal de julgador dotado de habilidades intelectuais sobre-humanas, conforme DWORKIN, Ronald. *Taking rights seriously*. Cambridge: Harvard University Press, 1978, p. 105.

3 As definições aqui adotadas de direito subjetivo, objetivo e potestativo constam de PEREIRA, Caio Mário da Silva. *Instituições de Direito Civil*: introdução ao Direito Civil – teoria geral de Direito Civil, v. I. 20ª ed. Rio de Janeiro: Forense, 2004, p. 36-39/53-55.

ampla e perigosa indeterminabilidade, baixa operacionalidade e ausência de respaldo no Direito positivo[4].

Não é o que se pretende aqui.

Neste livro, busca-se construir parâmetros objetivos e seguros, que encontrem fundamento imediato em textos normativos e que possam instruir os órgãos de controle na apreciação dos erros cometidos no setor público. Em um contexto de intolerância a equívocos, a licença para a utilização do termo "direito ao erro" busca evidenciar de forma mais intuitiva aquilo que se pretende aqui: o reconhecimento e a delimitação de um espaço de tolerância jurídica ao cometimento de equívocos decisórios por parte de gestores públicos.

Com efeito, o trabalho tem como escopo investigar se, e em quais circunstâncias, o administrador público pode cometer erros sem que, por isso, esteja sujeito a uma responsabilização de caráter pessoal. Busca analisar, em outras palavras, se – e, sobretudo, quando – o Direito Administrativo brasileiro admite como lícitos eventuais equívocos incorridos pelo gestor na interpretação de textos normativos e outras fontes jurídicas ou na apreciação de fatos que embasam uma decisão pública.

A partir da análise das normas que compõem o sistema jurídico brasileiro, procura-se aqui evidenciar que, desde que preenchidos determinados requisitos a serem desenvolvidos ao longo do trabalho, o erro incorrido pelo administrador tem o potencial de eximi-lo de eventual responsabilidade administrativa ou civil.

A responsabilidade do administrador de órgãos e entidades públicas é tema de grande importância jurídica e social. Uma teoria bem desenvolvida e coerente de seu sistema de responsabilidades traz segurança para o gestor, melhorando a qualidade de sua decisão e atraindo bons quadros para o setor público, assim como facilita e confere estabilidade à atuação dos órgãos de controle.

No entanto, o tema é ainda muito pouco tratado no Direito Administrativo brasileiro. Em relação aos casos de erro do gestor público, essa escassez é ainda mais premente. Há, como se verá, parca literatura no país a respeito do conceito e das consequências jurídicas do erro cometido pelo administrador na interpretação das circunstâncias de fatos ou de Direito necessárias à sua atuação.

Em específico, falta ao Direito Público nacional uma teoria sobre a responsabilidade do administrador nas hipóteses em que incorre em um equívoco funcional e, com isso, incida em uma das hipóteses sancionatórias dispostas na legislação ou cause danos à Administração Pública ou a terceiros[5]. É este o espaço que o presente livro pretende – ao menos em parte – preencher.

---

4 Uma ampla crítica à construção e aplicação de hiperprincípios do Direito Administrativo, extraídos pela doutrina do texto constitucional, consta de SUNDFELD, Carlos Ari. *Direito Administrativo para céticos*. 2ª ed. São Paulo: Malheiros, 2014, p. 175-203.

5 Antes da edição da Lei 13.655/2018, que introduziu o artigo 28 à Lei de Introdução às Normas do Direito Brasileiro, a questão raramente era levantada pela doutrina. Uma breve provocação sobre

Destaque-se, todavia, que seu escopo se restringe aos casos de responsabilização pessoal de administradores de pessoas jurídicas de direito público[6] em razão do exercício de suas atividades típicas. Administradores públicos são espécie de agentes do Estado – aqui incluídos servidores estatutários, temporários, empregados públicos, agentes políticos eleitos, particulares em colaboração com o Estado e ocupantes de funções de chefia ou cargos em comissão – que possuem como função gerir bens e recursos que integram o patrimônio da Administração e formular e executar políticas públicas[7].

Além disso, o presente trabalho trata apenas das espécies de responsabilização pessoal abrangidas pelo Direito Administrativo. Inclui, portanto, duas possíveis consequências do exercício de atos funcionais: a aplicação de sanções administrativas e a imposição ao gestor público do dever de ressarcir o erário de eventuais prejuízos que suas decisões ou atos tenham causado (as chamadas responsabilidade administrativa e civil).

O livro tem pretensões descritivas e prescritivas. Em um primeiro momento, busca descrever o cenário normativo-institucional e decisório no qual o administrador está inserido. Em seguida, procura extrair do sistema jurídico nacional, a partir do método indutivo, fundamentos e parâmetros para a exclusão de sua responsabilidade nas hipóteses de cometimento de erros toleráveis[8]. Além disso possui uma proposta

o tema no âmbito de atos de improbidade administrativa é encontrada em Fábio Medina Osório: "Ainda que se admitam modalidades culposas de improbidade, imperioso reconhecer que os agentes públicos têm direito ao erro juridicamente tolerável. Não se pode aniquilar o direito ao erro, que fomenta, indiretamente, a boa gestão pública pela assunção responsável de riscos, pela ousadia e pela complexidade que a Administração Pública exige na tomada de decisões. O direito ao erro está inserido na estrutura normativa básica de cada um dos tipos previstos especialmente nos artigos 9º e 10 da Lei 8.429/92, pois é óbvio que nem toda lesão ao erário ou mesmo aos princípios da Administração Pública hão de transformar-se em um ato típico de improbidade definido nessa legislação". OSÓRIO, Fabio Medina. *Conceito e tipologia dos atos de improbidade administrativa.* Revista de doutrina do Tribunal Regional Federal da 4ª Região, nº 57, 30 dez. 2012, p. 4. Disponível em <http://www.revistadoutrina.trf4.jus.br/index.htm?http://www.revistadoutrina.trf4.jus.br/artigos/edicao050/Fabio_Osorio.html>. Acesso em 30 jul. 2018.

6 O regime de responsabilização de gestores de empresas estatais e de outras pessoas jurídicas de direito privado integrantes da Administração está sujeito a diplomas próprios, como as Leis nº 6.404/76 e nº 13.303/16, e, por esse motivo, não integra o escopo do livro. Algumas ideias, parâmetros e conclusões aqui apresentados, porém, podem ser a eles aproveitados, desde que adequados ao seu peculiar regime.

7 Na falta de uma definição legal ou doutrinária, o presente conceito foi construído a partir das lições de SILVA, De Plácido e. *Vocabulário jurídico.* 31ª ed. Rio de Janeiro: Forense, 2014, p. 114 e FISCHER, Tânia. Administração pública como área de conhecimento e ensino: a trajetória brasileira. In: *Revista de Administração de Empresas*, vol. 24, nº 4, São Paulo, out./dez., 1984.

8 Os termos "tolerável" e "escusável" serão utilizados de forma indistinta para qualificar o erro do administrador público que não implique sua responsabilidade pessoal.

multidisciplinar, agregando lições e ideias de disciplinas como o Direito, a Economia, a Psicologia, a Ciência Política e a Administração Pública e de Empresas.

O livro é dividido em três partes e cinco capítulos, além desta introdução e da síntese conclusiva. A primeira parte, que abrange os dois primeiros capítulos, procura contextualizar o seu objeto. Pretende-se, em síntese, demonstrar quais os contextos normativo-institucional e decisório que servem de pano de fundo para o reconhecimento de um espaço jurídico de tolerância ao erro do gestor público.

A relevância da contextualização decorre de dois principais motivos. O primeiro é a escassa abordagem do tema por parte da doutrina brasileira. Diante do pouco material escrito a respeito e da pouca afinidade da comunidade jurídica com o assunto, acredita-se que ela carece de uma narrativa que inclua uma descrição do cenário em que se encontra inserido.

A segunda – e, talvez, mais importante – razão decorre de uma preocupação do pensamento pragmático. O contexto social, político e econômico e a experiência prática e cotidiana são essenciais para o desenvolvimento das Ciências[9]. No caso do Direito em específico[10], não apenas a criação de novos institutos, mas também a própria interpretação jurídica não prescinde de uma análise contextual[11].

O primeiro capítulo trata do contexto normativo-institucional. Em um primeiro momento, é fixada uma premissa essencial a todo o trabalho: o controle público gera custos relevantes e, por isso, é necessário buscar sua eficiência. Após, procura-se identificar alguns excessos do controle sobre o administrador público brasileiro, sobretudo na busca por sua responsabilização pessoal. A demonstração parte de algumas características das normas que compõem o sistema de controle e de peculiaridades comportamentais de alguns órgãos que o exercem no Brasil.

O segundo capítulo, por sua vez, cuida do contexto decisório. Nele, será descrito como o processo decisório do administrador deveria ocorrer segundo o chamado

---

9 Segundo Thamy Pogrebinschi, as principais ideias contextualistas do pragmatismo filosófico são as seguintes: "a ênfase nos fatos (o método pragmatista, experimental em sua essência, se baseia, sobretudo, nos fatos inquestionáveis da experiência cotidiana e no que pode ser deduzido deles), a relevância da concretude, a importância do social (para o pragmatismo, o pensamento está sempre incrustado em um contexto de prática social), o papel da comunidade, a idéia de adaptação". POGREBINSCHI, Thamy. *Pragmatismo*: teoria social e política. Rio de Janeiro: Relume Dumará, 2005, p. 49-50.

10 Há antiga discussão a respeito do caráter científico do Direito e que não será enfrentada aqui. O assunto é tratado em FERRAZ JR., Tércio Sampaio. *A Ciência do Direito*. 3ª ed. São Paulo: Atlas, 2014.

11 As discussões a respeito do papel do pragmatismo na interpretação e argumentação jurídica constam de MENDONÇA, José Vicente Santos de. *Direito constitucional econômico*: a intervenção do Estado na economia à luz da razão pública e do pragmatismo. 2ª ed. Belo Horizonte: Fórum, 2018, p. 73-103. Críticas ao emprego de argumentos pragmáticos em decisões judiciais podem ser encontradas em PEREIRA, Jane Reis Gonçalves. *As garantias constitucionais entre utilidade e substância*: uma crítica ao uso de argumentos pragmatistas em desfavor dos direitos fundamentais. Direitos Fundamentais & Justiça. Belo Horizonte, ano 10, nº 35, jul./dez. 2016.

"modelo racional". Em seguida, será demonstrado que o gestor público enfrenta uma série de dificuldades, usualmente não consideradas pelo modelo racional, que tornam inevitáveis o cometimento de equívocos. Com efeito, o gestor realiza escolhas em cenários complexos, tomados de riscos e incertezas, e, como todo ser humano, é dotado de racionalidade limitada.

Já a segunda parte do livro traz os principais elementos conceituais do erro do administrador público, assim como os alicerces jurídicos de sua não responsabilização. O terceiro capítulo, em primeira ordem, trata das teorias sobre o erro nas diferentes disciplinas jurídicas e busca estabelecer um conceito útil ao Direito Administrativo brasileiro. Ao final, disserta, segundo o ordenamento jurídico nacional, sobre as potenciais consequências jurídicas do cometimento de equívocos pelo gestor público.

O quarto capítulo cuida dos fundamentos normativos da teoria que se pretende construir. O tópico justificará o reconhecimento da tolerância ao erro do gestor a partir de normas que possuem uma dupla motivação: proteger o administrador público em razão de sua condição de indivíduo e, consequentemente, titular de direitos fundamentais e promover a eficiência na atuação da Administração Pública.

Por fim, a terceira parte, relativa aos contornos da tolerância ao erro, contém o quinto e último capítulo. Nele, após estabelecida a metodologia de análise, serão construídos os parâmetros para a escusabildiade dos erros cometidos por gestores públicos, como o atendimento a um grau mínimo de diligência – que variará de acordo com a urgência e relevância da decisão e com a existência de obstáculos à obtenção de informações –, as específicas exigências do cargo ocupado, o nível de incerteza envolvida e o grau de aderência da escolha realizada pelo administrador aos dados obtidos.

Ao final, na conclusão, serão resumidas as principais ideias que permearam o estudo.

Parte I

CONTEXTO

Capítulo 1

O CONTEXTO NORMATIVO-INSTITUCIONAL

OS EXCESSOS DO CONTROLE SOBRE O ADMINISTRADOR PÚBLICO NO BRASIL

1.1. Introdução

Quanto maior o controle do administrador público, melhor para a sociedade? A eficiência do controle público é diretamente proporcional à sua intensidade e abrangência? Seus custos devem ser ignorados?

Há uma percepção geral – e, adiante-se, equivocada – no Brasil de que o controle dos representantes da sociedade deve ser tanto melhor, quanto mais rígido. O controle, na visão tradicional, seria sempre positivo aos interesses sociais[1], enquanto a liberdade de atuação do gestor é encarada como uma das principais fontes de irregularidades e corrupção[2].

O rigor dos órgãos de controle na responsabilização dos agentes administrativos, assim, serviria como um eficiente mecanismo preventivo e corretivo.

Acredita-se que a incidência de um controle forte sobre o gestor público funcionaria como um instrumento dissuasório ao cometimento de ilícitos. Receoso de sua responsabilização por conta de irregularidades em sua atuação funcional, o admi-

---

1 JORDÃO, Eduardo. Por mais realismo no controle da administração pública. *Revista Direito do Estado*, nº 183, 2016. Disponível em <http://www.direitodoestado.com.br/colunistas/Eduardo-Jordao/por-mais-realismo-no-controle-da-administracao-publica>. Acesso em 23 jul. 2018.

2 Exemplo dessa percepção geral no Brasil é a constante crítica de alguns órgãos da imprensa a propostas de alteração ou substituição da Lei Geral de Licitações e Contratos (Lei Federal nº 8.666/93) que impliquem maior liberdade ao gestor público. Argumenta-se que, quanto mais ampla é a discricionariedade do administrador nas licitações públicas, maior é o risco de corrupção e outros malfeitos, conforme Nossa Opinião. O risco da flexibilização. *O Globo*, Rio de Janeiro, 01 set. 2014. Disponível em <https://oglobo.globo.com/opiniao/o-risco-da-flexibilizacao-13776345>. Acesso em 04 ago. 2018. Tal percepção não é exclusiva da realidade brasileira: "Há uma percepção geral de que o controle é, por si só, algo positivo e, portanto, quanto mais controle tivermos, melhor será." Tradução livre. No original, "A general assumption is that accountability as such is a good thing, and therefore the more accountability we have the better it is". SCHILLEMANS, Thomas e BOVENS, Mark. *The Challenge of Multiple Accountability*: Does Redundancy lead to Overload?, p. 8. Disponível em <https://dspace.library.uu.nl/bitstream/handle/1874/319030/Challenge_multiple_accountability_Schillemans_Bovens_2011.pdf?sequence=1>. Acesso em 23 jul. 2018.

nistrador tenderia a atuar de forma correta. A perspectiva da punição serviria como estímulo para que o gestor adequasse seu comportamento às determinações legais.

Além disso, a maior rigidez na análise das condutas dos administradores serviria para corrigir os erros cometidos na gestão dos recursos públicos. A medida teria o condão de revelar e corrigir equívocos que, de outro lado, um controle fraco não seria capaz[3].

Historicamente, todavia, pouco se discute no Direito Administrativo brasileiro a respeito dos efeitos deletérios de excessos na fiscalização das atividades decisórias do administrador e, em especial, na busca por sua responsabilização pessoal.

Embora, nos últimos anos, debates sobre sua eficiência tenham se intensificado no Brasil[4], o estudo do controle externo é tradicionalmente focado em dois temas principais. Enquanto os manuais se dedicam à identificação e diferenciação dos atores que exercem o controle da Administração Pública, bem como dos procedimentos por eles utilizados, obras específicas costumam tratar da possibilidade e dos limites do controle da discricionariedade administrativa[5].

Não se pode ignorar, no entanto, que o controle público, apesar de imprescindível ao bom funcionamento da Administração Pública, é fonte de custos. Sua sobrecarga pode apresentar maiores efeitos colaterais do que benefícios à sociedade, fenômeno denominado pela literatura especializada de "*accountability overload*", ou excesso de controle[6].

O primeiro capítulo do livro tem por objetivo retratar o contexto normativo-institucional que serve de pano de fundo para o reconhecimento de um espaço de tolerância ao erro do gestor. Busca identificar as principais características e, sobretudo, os excessos do modelo de controle do administrador público existente no Brasil, em especial na busca por sua responsabilização pessoal por atos funcionais.

---

3 Grande parte das críticas formuladas à Lei Federal nº 13.655/2018 e ao projeto que lhe deu origem funda-se na utilização de conceitos jurídicos indeterminados para limitar a responsabilidade do gestor público e a atuação dos órgãos de controle. A medida implicaria impunidade e estimularia que irregularidades fossem cometidas pelos administradores. É o que se argumenta, por exemplo, no Ofício ANAMATRA nº 219/2018, assinado por diversas associações e sindicatos que representam os interesses de magistrados, membros do Ministério Público e auditores fiscais, no qual se sugeria o veto ao então Projeto de Lei nº 7.448/2017. Disponível em <https://www.jota.info/wp-content/uploads/2018/04/ofi%CC%81cio-anamatra-n219_sugesta%CC%83o-de-veto-ao-pl-7448_2017_pr.pdf>. Acesso em 23 jul. 2018.

4 Um dos textos pioneiros sobre o assunto é o seguinte: MARQUES NETO, Floriano de Azevedo. Os grandes desafios do controle da Administração Pública. *Fórum de Contratação e Gestão Pública – FCGP*. Belo Horizonte, ano 9, n. 100, abr. 2010.

5 Os seguintes trabalhos exemplificam o que ora se relata: MEIRELLES, Hely Lopes. *Direito Administrativo Brasileiro*. 41ª ed. São Paulo: Malheiros, 2015 e MELLO, Celso Antônio Bandeira de. *Discricionariedade e Controle Jurisdicional*. 2ª ed. São Paulo: Malheiros, 2003.

6 Não se desconhece que o termo *accountability* tem múltiplos significados, não podendo ser traduzido para o português simplesmente como controle público, conforme CAMPOS, Anna Maria. Accountability: quando poderemos traduzi-la para o português? *Revista de Administração Pública*, nº 24, fev./abr. 1990. O presente estudo, todavia, utilizará as duas expressões de maneira indistinta.

O reconhecimento de um espaço legítimo para que o gestor cometa equívocos, sem que necessariamente seja responsabilizado no âmbito civil ou administrativo, vem justamente na contramão dos excessos narrados no presente capítulo. Acredita-se que a construção de parâmetros de tolerância ao erro é um importante passo na racionalização do controle.

O capítulo é dividido em três partes. A primeira tratará, de forma geral, dos custos do controle público e da necessidade de se buscar um ponto ótimo para seu funcionamento. Será visto que o controle não é gratuito e que, por isso, as instituições que o exercem devem buscar eficiência em sua atuação. A ideia será retomada e desenvolvida de forma específica no capítulo 4, onde se identificarão os prejuízos à eficiência administrativa causados pela intolerância ao erro do administrador público.

Fixada a premissa, far-se-á um breve diagnóstico do controle exercido sobre o administrador público brasileiro. Nesse passo, a segunda parte do capítulo tratará de duas grandes características que decorrem do modelo normativo nacional: a vagueza e amplitude dos textos legislativos que subsidiam a *accountability* e a multiplicidade e sobreposição dos órgãos de controle. Sempre que possível, aspectos positivos das características do modelo adotado no Brasil, trazidos em tese pela doutrina, serão mencionados neste tópico.

A terceira e última parte, por sua vez, analisa alguns excessos do controle sobre o administrador público brasileiro que derivam do comportamento de parte dos agentes controladores. Trata-se de características que, embora influenciadas pelo sistema nacional, não são dele consequências inexoráveis, podendo ser alteradas sem que seja preciso uma ampla revisão do sistema jurídico.

1.2. Os custos do controle público e a busca por sua eficiência

O controle não é gratuito. Embora por vezes ignorados, seu exercício gera custos econômicos elevados. O monitoramento, a avaliação e eventuais correções da atividade administrativa, realizada pelos órgãos de controle, geram custos de transação relevantes ao Estado[7].

O controle da Administração Pública, primeiramente, implica gastos diretos ao erário. A fiscalização das funções administrativas demanda, entre outras despesas, a manutenção de grandes estruturas governamentais, como o pagamento de servidores públicos bem qualificados inteiramente dedicados a essa função e o custeio de espaços físicos que sediam os órgãos de controle.

7 "Na medida em que a eficiência da administração pública depende do comportamento de agentes (burocratas), nem sempre fiscalizáveis e podendo, portanto, agir de forma oculta, o principal (sociedade) fica à mercê da perda de controle sobre a máquina pública (BORSANI, 2004). Temos, então, um custo relevante relacionado ao monitoramento da burocracia, com a criação de um sistema de incentivos e sanções que assegurem que os agentes ajam no sentido de proteger os interesses daqueles que devem ser os beneficiários da política pública e não apenas em seu auto-interesse.". PERES, Úrsula Dias. Custos de Transação e Estrutura de Governança no Setor Público. *Revista Brasileira de Gestão de Negócios*. São Paulo, Vol. 9 nº 24, p. 22, maio/ago. 2007.

Considerando um cenário de permanente escassez, o direcionamento de uma parcela excessiva do orçamento para custear o funcionamento de órgãos de controle pode, em hipóteses de ineficiência[8], prejudicar a realização de direitos sociais e coletivos, como saúde, educação, assistência social e proteção ao meio ambiente, os quais também demandam vultosos recursos do Estado[9].

De forma menos óbvia, mas não menos relevante, o controle público gera custos econômicos indiretos. É o caso dos gastos relacionados à prestação de contas e à adequação das ações da Administração às determinações do agente fiscalizador. O simples cumprimento do dever de prestar de contas e a realização de mudanças das práticas administrativas para atender a uma decisão dos órgãos de controle demandam tempo e esforço dos agentes públicos, gerando, por si só, despesas ao Estado[10].

Outro importante custo econômico de um monitoramento extremamente rígido da gestão pública é o desencorajamento a inovações e a redução da velocidade da máquina administrativa. Em excesso, o controle pode fazer com que o gestor público ignore novas oportunidades[11]. Além disso, pode tornar as decisões administrativas mais lentas do que o desejado e, no limite, causar uma verdadeira paralisia organizacional (*"analysis paralysis"*)[12].

Além dos custos econômicos diretos e indiretos acima descritos, Adrian Vermeule aponta que o aumento da rigidez do controle pode gerar custos não econômicos. Primeiramente, a elevação da intensidade da fiscalização sobre os agentes públicos – apesar de, em tese, reduzir o cometimento de irregularidades pela Administração – aumenta o risco de que as próprias instituições que o exercem incorram em ilicitudes. O controle depende da construção de uma estrutura investigativa e sancionatória que, por si só, é fonte de possíveis abusos[13].

---

8 Como se verá à frente, porém, os gastos com controle também podem gerar importantes retornos ao interesse público, inclusive tornando a gestão pública mais eficiente.

9 Segundo Adrian Vermeule, em tradução livre, "o objetivo de evitar abusos de agentes públicos deve ser ponderado com o objetivo de produzir a miríade de bens sociais que o estado administrativo fornece, como o combate à pobreza, saúde, segurança e proteção ao meio ambiente e ao consumidor.". No original, "the goal of preventing official abuses trades off against the goal of producing the myriad of welfare goods that the administrative state supplies, such as poverty relief, health, safety, environmentalism, and consumer protection.". VERMEULE, Adrian. Optimal Abuse of Power. Northwestern University Law Review, nº 109, 2015, p. 675.

10 JORDÃO, Eduardo. *Por mais realismo no controle da administração pública*. Disponível em <http://www.direitodoestado.com.br/colunistas/Eduardo-Jordao/por-mais-realismo-no-controle-da-administracao-publica>. Acesso em 23 jul. 2018.

11 Tratando do legalismo como causa de engessamento da Administração, ver MENDONÇA, José Vicente Santos de. Direito Administrativo e Inovação: limites e possibilidades. *A&C – Revista de Direito Administrativo & Constitucional*, v. 17, nº 69, 2017, p. 175-176.

12 O tema será retomado no capítulo 4, quando se tratará de forma específica das consequências negativas de um dos excessos do controle: a intolerância ao erro do administrador.

13 VERMEULE, Adrian. Optimal Abuse of Power. *Northwestern University Law Review*, nº 109, 2015, p. 677.

Além disso, segundo o professor da Faculdade de Direito de Harvard, o controle em excesso prejudica a função do Estado de conter os abusos praticados por particulares. Ao buscar realizar seus próprios interesses, empresas e outros atores econômicos podem lesar bens jurídicos constitucionalmente tutelados, como a concorrência e o meio ambiente. Um controle extremamente rígido de eventuais irregularidades cometidas por agentes públicos no exercício da regulação econômica, por exemplo, pode inibir o combate estatal aos abusos praticados por atores privados[14].

No limite, os excessos do controle podem causar sua sobrecarga, que ocorre quando as medidas de fiscalização da Administração Pública acabam por trazer maiores malefícios ao interesse público do que vantagens. O excesso do controle e seus efeitos adversos sobre a gestão pública são assim descritos por Marianna Montebello Willeman:

> "Assiste-se atualmente um fenômeno que pode ser caracterizado como *accountability overload,* ou seja, à sobrecarga e à superposição de instâncias de controle sobre a ação administrativa que, não raro, chega a comprometer a própria eficiência da gestão pública em decorrência de seus excessos e de suas patologias. Em outros termos, o culto à cultura do controle não pode ignorar suas externalidades negativas e seus efeitos indesejados. A tomada de decisão pública submete-se a tantas instâncias de controle hoje em dia que o administrador público chega a ser desencorajado a pensar em soluções criativas e heterodoxas para os problemas enfrentados, tantos são os riscos que acaba por assumir. De certa forma, o excesso de controle inibe o administrador público, que muitas vezes prefere permanecer em sua "zona de conforto", ainda que isso acarrete a estagnação e a paralisia da administração pública"[15]

É inegável, porém, que o controle dos gestores públicos também gera benefícios. Necessitamos de órgãos autônomos e instrumentos que corrijam os equívocos por eles praticados e inibam a corrupção e outros tipos de malversação de recursos por parte de nossos representantes, vez que não são anjos[16].

---

14 Segundo o autor, "abusos de poder podem ocorrer em ambos os lados da divisão entre ações 'públicas' e 'privadas'. Os arquitetos do moderno Estado Administrativo não estavam apenas preocupados com o abuso de poder por parte de oficiais do governo; eles estavam igualmente preocupados com os abusos 'privados' – abusos causados pelo comportamento auto interessado de atores econômicos". No original, "abuses of power can occur on both sides of the divide between 'public' and 'private' actions. The architects of the modern administrative state were not only worried about abuse of power by governmental officials; they were equally worried about 'private' abuses – abuses effected through the self-interested behavior of economic actors". VERMEULE, Adrian. Optimal Abuse of Power. *Northwestern University Law Review*, nº 109, 2015, p. 675.

15 WILLEMAN, Marianna Montebello. *Accountability democrática e o desenho institucional dos Tribunais de Contas no Brasil.* Belo Horizonte: Fórum, 2017, p. 293.

16 James Madison, no famoso Federalista nº 51, destaca a necessidade do controle sobre governos formados por homens: "Se os homens fossem anjos, nenhuma espécie de governo seria necessária. Se fossem os anjos a governar os homens, não seriam necessários controles externos ou internos sobre o governo. Ao construir um governo em que a administração será feita por homens sobre outros homens, a maior dificuldade reside nisto: primeiro é preciso habilitar o governo a con-

Cientistas políticos apontam, inclusive, que uma das principais causas do expressivo desenvolvimento da democracia brasileira em relação aos seus vizinhos sul-americanos ao longo das últimas décadas foi a existência de órgãos de controle da Administração Pública independentes e qualificados, como o Poder Judiciário, o Ministério Público e os Tribunais de Contas.

Nesse passo, ao comparar o funcionamento da democracia de diferentes nações da América Latina, os professores Marcus André Melo e Carlos Pereira afirmam que "os países que possuem as instituições judiciais e de auditoria mais independentes e eficientes, bem como os meios de comunicação autônomos e pluralistas, são os que, sistematicamente, possuem melhor desempenho"[17].

Os custos econômicos relacionados ao controle dos administradores, por isso, são inevitáveis em qualquer organização pública[18] e as externalidades negativas por ele geradas, até certo ponto, são justificadas pelas vantagens dele decorrentes. Há, aqui, uma relação de custo-benefício de difícil equação e que ainda está longe de ser solucionada pela literatura especializada[19].

---

trolar os governados; e, seguidamente, obrigar o governo a controlar-se a si próprio.". No original, "If men were angels, no government would be necessary. If angels were to govern men, neither external nor internal controls on government would be necessary. In framing a government which is to be administered by men over men, the great difficulty lies in this: you must first enable the government to control the governed; and in the next place oblige it to control itself.". The Federalist Papers nº 51 Disponível em <http://avalon.law.yale.edu/18th_century/fed51.asp>. Acesso em 25 jul. 2018.

17 Segundo eles, ainda, "as medidas existentes sugerem que o Brasil e o Chile estão entre os melhores". No original, "the countries that possess the most independent and effective judicial and audit institutions as well as autonomous and pluralistic media are the ones that systematically have been performing better. (...) the existing measures suggests that Brazil and Chile are among the top performers.". MELO, Marcus André e PEREIRA, Carlos. *Making Brazil Work*: Checking the President in a Multiparty System. Londres e Nova Iorque: Palgrave Macmillan, 2013, p. 41-42. Uma visão geral sobre os impactos da *accountability* em diferentes setores da Economia e sobre os métodos de avaliação encontra-se em GAVENTA, John; MCGEE, Rosemary. The Impact of Transparency and Accountability Initiatives. *Development Policy Review*, nº 31, 2013. Disponível em <https://onlinelibrary.wiley.com/doi/abs/10.1111/dpr.12017>. Acesso em 23 ago. 2018.

18 GUIMARÃES, Fernando Vernalha. *O Direito Administrativo do Medo*: a crise da ineficiência pelo controle. Disponível em <http://www.direitodoestado.com.br/colunistas/fernando-vernalha-guimaraes/o-direito-administrativo-do-medo-a-crise-da-ineficiencia-pelo-controle>. Acesso em 23 ago. 2018.

19 "O controle, portanto, pode envolver benefícios e consequências negativas. Na literatura, as opiniões sobre o efeito geral do controle no desempenho divergem. Primeiramente, há uma variedade de autores que veem um efeito positivo (...). Essa visão é contrariada por aqueles que veem um conflito entre controle e desempenho.". No original, "Accountability can thus involve both benefits and negative consequences. In the literature, opinions about the overall effect of accountability on performance diverge. First, there is a range of authors who see a positive effect (...). This view is contradicted by those who see a conflict between accountability and performance.". STEETS, Julia. *Accountability in Public Policy Partnerships*. Londres e Nova Iorque: Palgrave Macmillan, 2010,

É por isso que, no setor privado, costuma-se defender que o custo do controle deve ser diretamente proporcional aos potenciais benefícios econômicos dele decorrentes. Em outras palavras, a relevância dos danos decorrentes do evento monitorado deve justificar eventual elevação dos custos do controle.

Lógica semelhante – apesar de não idêntica – deveria ser aplicada à Administração, na medida em que ela lida com recursos escassos para atender a numerosas e crescentes demandas e, por isso, não pode simplesmente desperdiçá-los. Os benefícios do controle devem, em alguma medida, justificar os gastos com ele incorridos. A imposição de um controle extremamente rígido e custoso pode não se justificar como forma de evitar eventos indesejados que tenham um baixíssimo impacto econômico para o setor público[20].

É claro, porém, que o controle tem uma importante função simbólica para a Administração Pública que é diferente da desempenhada no setor privado. Além disso, a *accountability* oferece importantes benefícios de longo prazo que são de difícil aferição[21]. Por isso, pode ser justificável que seus custos, em alguma extensão,

---

p. 33. Em sentido semelhante, tratando do dilema entre *performance* e *accountability*: "Assim, há uma tensão entre desempenho e controle, e um maior controle não produz necessariamente um melhor governo (Bouckaert e Peters, 2002). A tensão entre os requisitos do controle e os requisitos de uma administração efetiva é um dilema clássico da administração pública. Assim, não podemos confiar na suposição de que o controle melhora o desempenho. Em vez de agir como um impulsionador do desempenho, o controle tende a desacelerar as melhorias. Em situações de reforma, muitas vezes há discordância sobre a efetiva existência de melhorias e para quem os seus benefícios são direcionados, o que torna a relação entre desempenho e controle ainda mais turva." No original, "Thus there is a tension between performance and accountability, and more accountability does not necessarily produce better government (Bouckaert and Peters 2002). The tension between the requirements of accountability and those of effective executive action is a classic dilemma of public administration. Thus we cannot rely on the assumption that accountability improves performance. Rather than acting as a driver of improved performance, accountability tends to slow down improvements. In reform situations there is often disagreement about what constitutes improvement and for whose benefit improvements are made, which makes the relationship between performance and accountability even more blurred.". LÆGREID, Per. Accountability and New Public Management. In: BOVENS, M.; SCHILLEMANS, T.; GOODIN, R. (Eds.). *The Oxford Handbook of Public Accountability*. Oxford: Oxford University Press, 2014, p. 330.

---

20 "Imagine que você está avaliando o risco de retiradas indevidas de material de expediente em determinado setor. Em bom português, você quer saber o nível de risco de algum servidor levar um pacote de papel A4 ou coisas do gênero para casa, 'confundindo' o público com o privado. Nessa avaliação, você pode identificar que, mesmo que aconteça, o impacto na organização é mínimo. Entretanto, por algum motivo, há diversos controles implementados para que esse desvio ético não aconteça. A gestão de riscos, nesse exemplo, poderá fazer com que você chegue à conclusão de que os custos dos controles existentes são maiores do que os benefícios gerados por eles, sendo que uma resposta aos riscos avaliados poderá ser, inclusive, a retirada dos controles, levando a uma economia no processo". MIRANDA, Rodrigo Fontenelle de A. *Implementando a gestão de riscos no setor público*. Belo Horizonte: Fórum, 2017, p. 42.

21 CHANG, Welton; et. al. Accountability and adaptive performance under uncertainty: A long-term view. *Judgment and Decision Making Journal*, v. 12, nº 6, novembro de 2017.

superem os seus benefícios econômicos imediatos. Os gastos com o controle público, contudo, não podem ser simplesmente ignorados.

Com algumas exceções[22], não é o que usualmente ocorre. Observa-se uma enorme resistência à adoção de raciocínios econômicos e consequecialistas na definição do grau do controle público[23]. Há uma irracional expectativa, decorrente de pressões políticas, da mídia e da opinião pública, de que eventuais irregularidades sejam encontradas e punidas independentemente dos custos envolvidos. A diferença de percepções dos custos do controle no setor público e privado é confirmada por Arie Halachmi nos seguintes termos:

> "No setor privado, não se espera que os administradores gastem um dólar para descobrir onde estão os 25 centavos faltantes. A expectativa no setor público, no entanto, é que, por questão de princípio, eles encontrem o dinheiro perdido independentemente do custo envolvido. Como diz o ditado, 'se você não pode explicar os vinte e cinco centavos perdidos, o que mais você pode estar perdendo ou desconhecer estar perdendo?'. Essas expectativas dos auditores, da mídia e do público criam uma pressão que leva a um excesso do controle.

---

22 Exemplo de racionalização econômica do controle no Brasil é a fixação, por grande parte dos Tribunais de Contas, de valor mínimo para que haja obrigatoriedade da remessa de instrumentos contratuais para análise das referidas Cortes. É o que ocorre no Tribunal de Contas do Município do Rio de Janeiro, cujo Regimento Interno (Deliberação nº 183/2011) dispõe, em seu artigo 218, II, "d", item 2., que as entidades da Administração municipal remeterão à Corte "cópia dos contratos formais e instrumentos congêneres decorrentes de licitação, ou de sua dispensa ou inexigibilidade, quando o valor do instrumento for igual ou superior a R$ 650.000,00 (seiscentos e cinquenta mil reais)". Disponível em <http://www.tcm.rj.gov.br/WEB/Site/Noticia_Detalhe.aspx?noticia=616&detalhada=1&downloads=1>. Acesso em 01 ago. 2018.

23 Mais uma vez, as críticas formuladas às exigências de análises consequencialistas no exercício do controle externo da Administração Pública – inovações introduzidas pela Lei Federal nº 13.655/2018 à LINDB – demonstram tal resistência. Confira-se, como exemplo, o seguinte trecho da Nota Técnica Conjunta nº 1/2018 elaborada por diferentes órgãos do Ministério Público Federal, a qual sugeria o veto integral ao então Projeto de Lei nº 7.448/2017: "Ao julgador, compete aplicar a lei, confirmando a validade ou invalidando o ato (...). Ora, as consequências práticas, quer de ordem jurídica, quer de ordem administrativa, da invalidação do ato estão preestabelecidas no ordenamento jurídico, sendo de se pressupor que sejam de conhecimento de todos, sobretudo do administrador público. Daí porque, tomando-se inteiramente pertinente a invocação do dispositivo vigente da própria Lei de Introdução às Normas do Direito Brasileiro (Art. 3º Ninguém se escusa de cumprir a lei, alegando que não a conhece), parece excessivo exigir-se do órgão que exerce o controle, manifestação expressa das consequências jurídicas da sua decisão. Há um risco de se converter os órgãos de controle e órgãos judiciais em órgãos de consultoria jurídica da própria Administração. Parece impensável, do mesmo modo, supor que o magistrado ou o órgão controlador possa analisar o exame das "alternativas possíveis", como quer o parágrafo único, porque essa atividade é essencialmente do gestor. Resultado dessa situação esdrúxula seria o desvirtuamento da função judicial, por exemplo, para atividade de consultoria do administrador, perscrutando alternativas e consequências em seu benefício.". Disponível em <http://www.mpf.mp.br/pgr/documentos/Oficio_NotaTecnica_130418_PGR00192069_2018.pdf>, p. 5. Acesso em 23 ago. 2018.

> Além disso, no setor público, o custo de um erro tem um preço político que muitas vezes excede o seu custo econômico. Por outro lado, insistir em um maior nível de supervisão, independentemente de seu custo de oportunidade, pode gerar benefícios políticos devido ao valor simbólico que tais ações têm para os observadores ingênuos que formam a maioria dos eleitores."[24]

Um controle rigoroso não é necessariamente ruim ou ineficiente. Ele possui uma medida ideal e contingente[25], que variará de acordo com diversos fatores, como a relevância da atividade fiscalizada, os custos decorrentes da fiscalização e a ineficácia de medidas alternativas. O controle da Administração Pública possui ponto ótimo além do qual se torna excessivo e acaba por causar maiores prejuízos do que benefícios. É preciso, em suma, que se busque uma medida certa[26].

Dito isso, passa-se a realizar um breve diagnóstico a respeito do controle sobre o administrador público brasileiro, de essencial importância para contextualizar o reconhecimento de um espaço de erro. Os próximos tópicos tratarão das principais características do controle sobre o administrador público no Brasil, decorrentes tanto das normas constitucionais e infraconstitucionais que subsidiam o controle, quanto do comportamento de parte dos órgãos que o exercem.

---

24 "In the private sector, managers are not expected to spend a dollar to find out where the missing quarter (25 cents) is. The expectation in the public sector, however, is they have to find the missing money regardless of cost because of the principle. As the saying goes, 'if you cannot account for the missing quarter what else might you be missing or be unaware of?'. Such expectations by auditors, the media, and the public create a pressure that leads to over-accountability. In addition, in the public sector the cost of a mistake has a political price that often exceeds the economic cost of the blunder. On the other hand, to insist on a greater level of oversight, regardless of its opportunity cost, can generate political benefits because of the symbolic value that such actions have for naive observers who form the majority of prospective voters.". HALACHMI, Arie. Accountability overloads. In: BOVENS, M.; SCHILLEMANS, T.; GOODIN, R. (Eds.). *The Oxford Handbook of Public Accountability*. Oxford: Oxford University Press, 2014, p. 567.

25 Em sentido semelhante, PALMA, Juliana Bonacorsi de. *A medida do controle da Administração Pública*. Disponível em <https://www.jota.info/colunas/controle-publico/a-medida-do-controle-da--administracao-publica-05042017>. Acesso em 25 ago. 2018.

26 A respeito da dificuldade de conciliação entre controle e eficiência: "O direito administrativo tem, pois, a missão de harmonizar os dois objetivos, quase antagônicos, que se lhe apresentam. De um lado, aperfeiçoar o controle da Administração e, de outro, assegurar sua eficiência. Trata-se de tarefas de difícil conciliação, pois o aprofundamento do controle pode comprometer a eficiência, e vice-versa. Construir um sistema de equilíbrio entre ambos parece ser o maior desafio dessa disciplina jurídica.". BAPTISTA, Patrícia. *Transformações do direito administrativo*. 2ª ed. Rio de Janeiro: Lumen Juris, 2018, p. 20

1.3. Características normativas do sistema de controle sobre o administrador público no Brasil[27]

1.3.1. *Vagueza e amplitude dos textos legislativos*

A primeira característica normativa do controle sobre os administradores públicos no Brasil é a vagueza dos textos legislativos que subsidiam seu exercício.

Em geral, os textos normativos que embasam as atividades dos agentes de controle, inclusive o sancionamento de agentes públicos, valem-se de princípios, cláusulas gerais e conceitos jurídicos indeterminados para estabelecer seus parâmetros, o que permite que sejam razoavelmente interpretadas de diversas e até contraditórias maneiras.

A hipótese pode ser verificada, de modo indutivo, por meio de três exemplos.

O artigo 70 da Constituição da República inaugura a seção do texto constitucional que se dedica à fiscalização contábil, financeira e orçamentária da Administração Pública, trazendo seus princípios gerais. Trata-se do dispositivo constitucional que fundamenta e limita o controle público exercido sobre o administrador brasileiro.

Segundo ele, o Poder Legislativo, o Tribunal de Contas e os órgãos de controle interno de cada Poder[28] exercem seu múnus em múltiplas esferas: contábil, financeira, orçamentária, operacional e patrimonial. Ademais, devem balizar sua atuação nos princípios da legalidade, legitimidade e economicidade.

São definidos aqui a *abrangência* e o *conteúdo* do controle, ou seja, a amplitude das competências dos órgãos controladores e os parâmetros que eles devem seguir na supervisão da Administração Pública.

O artigo 70 da Constituição da República de 1988 inovou ao ampliar sensivelmente as competências do controle. As fiscalizações contábil, financeira, orçamentária e patrimonial dizem respeito ao exame de conformidade da atuação administrativa e já eram tradicionalmente praticadas no Brasil[29].

A elas, acresceu-se a fiscalização de natureza operacional, permitindo, com isso, que a *accountability* seja exercida também em relação à eficiência administrativa. Os

---

27 O presente tópico é, em parte, inspirado em palestra proferida pelo Professor José Vicente Santos de Mendonça em seminário de comemoração aos 25 anos da Lei de Improbidade Administrativa, ocorrido em 02.06.2017 no Salão Nobre da Universidade do Estado do Rio de Janeiro (UERJ). A mesma palestra foi ministrada em evento da Associação de Funcionários do BNDES e pode ser obtida em vídeo no seguinte endereço: <https://www.youtube.com/watch?v=IPzVRURTsuM>. Acesso em 25 ago. 2018.

28 Note-se que o artigo 70 da Constituição da República direciona-se não só ao controle externo exercido pelo Poder Legislativo e pelo Tribunal de Contas da União, mas também ao "sistema de controle interno de cada Poder".

29 WILLEMAN, Marianna Montebello. *Accountability democrática e o desenho institucional dos Tribunais de Contas no Brasil*. Belo Horizonte: Fórum, 2017, p. 264.

órgãos de controle devem medir não só a regularidade formal da atuação do administrador, ou seja, o atendimento às exigências legais e regulamentares, mas também seu desempenho. Verificam se os escassos recursos públicos foram utilizados da forma mais adequada e eficiente possível pelo gestor[30].

Já quanto ao conteúdo da fiscalização, o dispositivo não se restringe a determinar que os órgãos e entidades de controle interno e externo do Poder Executivo confiram se a aplicação dos recursos públicos pelo administrador ocorreu nos termos das normas jurídicas em vigor, aspecto relacionado à legalidade da ação administrativa controlada.

Além da análise de conformidade, o artigo 70 da Constituição inclui como parâmetros do controle a *legitimidade* e a *economicidade* da ação administrativa. Com base nelas, determina-se que os órgãos de fiscalização da Administração Pública verifiquem, também, se a conduta do gestor gerou resultados positivos diante dos custos e benefícios envolvidos – ou seja, se ela "valeu a pena"[31] –, bem como se foi concretizada da forma menos onerosa possível, minimizando custos e maximizando receitas[32].

Grande parte da doutrina enxerga com bons olhos o abandono, pela Constituição da República de 1988, de um modelo único e formalista de *accountability*, que vigorava na ordem anterior[33], para a adoção de um modelo misto, que congrega os controles de conformidade e de desempenho.

Aponta-se que o controle formal não seria capaz de melhorar de forma satisfatória a qualidade da ação administrativa, na medida em que focaria apenas em falhas procedimentais, muitas vezes irrelevantes. Ao se deixar de lado aspectos substantivos

---

30 WILLEMAN, Marianna Montebello. *Accountability democrática e o desenho institucional dos Tribunais de Contas no Brasil*. Belo Horizonte: Fórum, 2017, p. 265-266.

31 "O controle da legitimidade é o que se exerce sobre a legalidade e a economicidade da execução financeira e orçamentária. As finanças públicas no Estado Social de Direito que, ao contrário do Estado Guarda-Noturno ou do Estado Liberal do século passado. tem a sua dimensão intervencionista e assistencialista. não se abre apenas para a tomada de contas ou para o exame formal da legalidade, senão que exige também o controle de gestão, a análise de resultados e a apreciação da justiça e do custo/benefício, a ver se o cidadão realmente obtém a contrapartida do seu sacrifício econômico." TORRES, Ricardo Lobo. A legitimidade democrática e o tribunal de contas. *RDA – Revista de Direito Administrativo*. Rio de Janeiro: Fundação Getúlio Vargas, nº 149, out./dez. 1993, p. 39.

32 "Controle da economicidade significa controle da eficiência na gestão financeira e na execução orçamentária, consubstanciada na minimização de custos e gastos públicos e na maximização da receita e da arrecadação. Transcende o mero controle da economia de gastos, entendida como aperto ou diminuição de despesa, pois abrange também a receita, na qual aparece como efetividade na realização das entradas orçamentárias.". TORRES, Ricardo Lobo. A legitimidade democrática e o tribunal de contas. *RDA – Revista de Direito Administrativo*. Rio de Janeiro: Fundação Getúlio Vargas, nº 149, out./dez. 1993, p. 37. Sobre o tema, ver também PASCOAL, Valdecir. *Direito Financeiro e Controle Externo*. Rio de Janeiro: Forense; São Paulo: Método, 2015, p. 153.

33 TORRES, Ricardo Lobo. A legitimidade democrática e o tribunal de contas. *RDA – Revista de Direito Administrativo*. Rio de Janeiro: Fundação Getúlio Vargas, nº 149, out./dez. 1993, p. 32.

essenciais, os órgãos de controle exerceriam uma supervisão míope e limitada, que não melhoraria a qualidade da gestão pública[34].

Além disso, o controle de desempenho, sobretudo aquele realizado pelos Tribunais de Contas, abriria um importante canal de diálogo e colaboração entre o órgão de controle e o administrador público, permitindo uma interação institucional que aperfeiçoaria a gestão pública. Isso somente seria possível na medida em que, ao contrário do que ocorre com o Poder Judiciário, cuja principal atribuição é a solução de litígios, as Cortes de Contas podem emitir recomendações e orientações de aprimoramento aos seus "jurisdicionados"[35].

De qualquer sorte, ao estabelecer a legitimidade e a economicidade como princípios orientadores da *accountability*, bem como ao incluir a fiscalização operacional no rol de atribuições do controle público, a Constituição da República permite que os órgãos de fiscalização interfiram em matérias antes reservadas à discricionariedade do Executivo (notadamente, decisões sobre alocação de recursos orçamentários) por meio de conceitos vagos e abrangentes.

A segunda hipótese que exemplifica a amplitude e relativa indeterminação dos enunciados normativos que embasam o controle e sancionamento do administrador público no Brasil é oriunda da Lei de Improbidade Administrativa (Lei Federal nº 8.429/92).

Segundo seu artigo 11, comete ato de improbidade administrativa – podendo, por conseguinte, ser punido com multa, perda da função pública, suspensão dos direitos políticos, entre outras penas (artigo 12) – qualquer agente público que pratique ação ou omissão que atente contra os "princípios da administração".

Permitir que agentes públicos sejam condenados por improbidade em razão de atos que, genericamente, violem princípios jurídicos concede aos legitimados para o ajuizamento da ação – no caso, o Ministério Público ou a pessoa jurídica interessada, conforme dispõe o artigo 17 da Lei nº 8.429/92 – ampla margem de conformação.

---

34 É o caso de WILLEMAN, Marianna Montebello. *Accountability democrática e o desenho institucional dos Tribunais de Contas no Brasil*. Belo Horizonte: Fórum, 2017, p. 267-268. Para uma defesa ampla do controle de resultado como referencial do Direito Administrativo, ver MOREIRA NETO, Diogo de Figueiredo. *Mutações do direito administrativo*. Rio de Janeiro: Renovar, 2007, p. 175-194. Já uma análise comparada da prática das auditorias operacionais em diferentes países consta de POLLITT, Christopher; et. al. *Desempenho ou legalidade?* Auditoria operacional e de gestão pública em cinco países. Belo Horizonte: Fórum, 2008.

35 WILLEMAN, Marianna Montebello. *Accountability democrática e o desenho institucional dos Tribunais de Contas no Brasil*. Belo Horizonte: Fórum, 2017, p. 286-289. Ressalte-se que também o Ministério Público e outras entidades de controle, como o Conselho Administrativo de Defesa Econômica – CADE, podem se valer de medidas consensuais na adequação do comportamento da Administração, sendo comum a utilização de Termos de Ajustamento de Conduta para este fim. O tema é amplamente tratado em PALMA, Juliana Bonacorsi. *Sanção e acordo na Administração Pública*. São Paulo: Malheiros, 2015.

Os princípios, por definição, não se ocupam de impor ou proibir comportamentos específicos, mas somente estabelecem estados e objetivos gerais que desejam ser alcançados[36]. É corriqueiro que a conduta de um gestor restrinja, em algum grau, determinado "princípio da administração". Não parece razoável, entretanto, que, em qualquer caso, seja ela considerada ímproba.

Veja-se o exemplo do administrador que, em razão do excesso de trabalho, intencionalmente deixa de publicar uma versão resumida do instrumento de um contrato, em contrariedade ao estabelecido pelo artigo 61, parágrafo único, da Lei nº 8.666/93. Deveria ele, por violação ao princípio da publicidade, ser condenado em ato de improbidade administrativa?

Além disso, em razão de sua amplitude semântica, a mesma conduta de um agente público pode ser razoavelmente interpretada pelos diferentes órgãos de fiscalização como indiferente, realizadora ou como violadora dos objetivos estabelecidos nos princípios da Administração, o que demonstra a insegurança de sua utilização como parâmetro de responsabilização.

Como exemplo, há profundas divergências na doutrina econômica sobre o melhor modelo licitatório a ser utilizado em diferentes ocasiões[37]. Nesse contexto, como avaliar se a opção do administrador em deixar de utilizar o Regime Diferenciado de Contratações Públicas para licitar a hipotética obra de um hospital[38], valendo-se do modelo da Lei nº 8.666/93, violou ou não o princípio da eficiência?

É verdade que o referido dispositivo, ao longo de seus nove incisos, detalha alguns atos que, à luz do critério geral disposto no *caput*, devem ser considerados ímprobos por violação aos princípios da Administração. No entanto, mesmo os subtipos estabelecidos no artigo 11 da Lei de Improbidade são genéricos. Veja-se, *e.g.*, o primeiro inciso, o qual considera ímprobo o agente que "praticar ato visando fim proibido em lei ou regulamento ou diverso daquele previsto, na regra de competência".

Ao ponto, vale acrescentar que é entendimento pacífico da doutrina brasileira e da jurisprudência dos Tribunais Superiores que o rol de condutas estabelecido nos artigos 9, 10 e 11 da Lei nº 8.429/92 é meramente exemplificativo, podendo outras condutas serem extraídas de seu *caput*[39].

---

36 Segundo Ana Paula de Barcellos, "as regras descrevem comportamentos, sem se ocupar diretamente dos fins que as condutas descritas procuram realizar. Os princípios, ao contrário, estabelecem estados ideais, objetivos a serem alcançados, sem explicitarem necessariamente as ações que devem ser praticadas para obtenção desse fim.". BARCELLOS, Ana Paula de. *Ponderação, racionalidade e atividade jurisdicional*. Rio de Janeiro: Renovar, 2005, p. 169-170.

37 Sobre o tema, ver NÓBREGA, Marcos. Novos marcos teóricos em licitação no Brasil: um olhar para além do sistema jurídico. *Revista Eletrônica de Direito do Estado*, número 30, abril/maio/junho de 2012. Disponível em <http://www.direitodoestado.com.br/codrevista.asp?cod=617>. Acesso em 25 jul. 2018.

38 A utilização do RDC nesse caso é autorizada pelo artigo 1º, V, da Lei 12.462/2011.

39 Brasil. Superior Tribunal de Justiça. Embargos de Declaração no Mandado de Segurança nº 16.385/DF, Rel. Ministro Arnaldo Esteves Lima, 1ª Seção, julgado de 27.02.2013 e Recurso Especial nº

Embora relativamente indeterminados, os tipos previstos no artigo 11 da Lei de Improbidade possuem enorme relevância no sistema sancionatório brasileiro. Ao que parece, grande parte das condenações no Brasil por ato de improbidade administrativa justifica-se na violação a princípios jurídicos.

O Conselho Nacional de Justiça (CNJ) realizou um amplo estudo sobre o perfil das ações de improbidade administrativa ajuizadas e julgadas no país[40]. A pesquisa, que seguiu um processo de amostragem, analisou as ações de improbidade em trâmite perante seis Tribunais, incluindo o Superior Tribunal de Justiça, integrantes de todas as cinco regiões do país.

A análise promovida pelo CNJ verificou que, durante o período de 2010 a 2013, o número de condenações em segunda instância por simples violação a princípios foi semelhante à soma das condenações por enriquecimento ilícito (cujos tipos são previstos no artigo 9º da Lei de Improbidade) e por dano ao erário (artigo 10). Especificamente no Tribunal de Justiça do Estado de São Paulo, maior Tribunal do Brasil em volume de processos[41], as condenações por violação a princípios foram nada menos do que seis vezes superiores às condenações por enriquecimento ilícito ou dano ao erário[42].

A vagueza das normas que subsidiam o controle sobre o administrador público, porém, não se resume ao artigo 70 da Constituição e aos tipos sancionatórios previstos na Lei de Improbidade. Outro importante exemplo de indeterminação dos *standards* de controle é a possibilidade, estabelecida no artigo 25, §2º da Lei Geral de Licitações e Contratos (Lei Federal nº 8.666/93), de responsabilização pessoal do gestor público no caso de "comprovado superfaturamento".

1.130.318/SP, Relator Ministro Herman Benjamin, 2ª Turma, julgado de 27.04.2010. A doutrina tenta buscar alguma concretização para o dispositivo, sem que, contudo, haja consenso sobre o tema. É o caso de Fábio Medina Osório, que exige que imputações de improbidade administrativa não sejam baseadas somente na violação a princípios jurídicos, sendo necessário que o ato também viole uma determinada regra jurídica que integre o sentido do princípio invocado. Segundo o autor, "não é admissível cogitar-se de improbidade em razão da pura violação a princípios, sendo imprescindível que ocorra violação a regras completivas". OSÓRIO, Fabio Medina. *Improbidade administrativa na Constituição de 1988*: uma ilegalidade qualificada. Disponível em <http://bdjur.stj.jus.br/jspui/bitstream/2011/63419/improbidade_administrativa_constituicao_osorio.pdf>, p. 83. Acesso em 25 jul. 2018.

40 A pesquisa é denominada "Justiça Pesquisa – Lei de Improbidade Administrativa, Obstáculos à Plena Efetividade do Combate aos Atos de Improbidade", tabela 35, p. 65. Disponível em <http://www.cnj.jus.br/files/conteudo/destaques/arquivo/2015/06/1ef013e1f4a64696eeb89f0fbf3c1597.pdf>. Acesso em 25 jul. 2018.

41 Disponível em <http://www.tjsp.jus.br/QuemSomos>. Acesso em 25 jul. 2018.

42 Leitura semelhante da pesquisa é feita por SUNDFELD, Carlos Ari. *O controle público como espetáculo*. Disponível em <https://jota.info/colunas/controle-publico/o-controle-publico-como-espetaculo-18012017>. Acesso em 25 jul. 2018.

Em nenhum momento, a referida lei, ou qualquer outro ato normativo complementar, define o que, em termos quantitativos, entende-se por superfaturamento. Mais importante, sequer é estabelecido o parâmetro de preço que o órgão de controle deve se basear para analisar sua eventual ocorrência.

Como intuitivo, o genérico dispositivo gera controvérsias sobre o seu sentido. Afinal, o parâmetro de preços a ser utilizado para analisar o superfaturamento seria aquele constante de tabelas referenciais genéricas, o preço praticado por todo o mercado, inclusive agentes privados, ou o preço pago somente pela Administração Pública em contratos semelhantes[43]? Cuida-se, mais uma vez, de dispositivo genérico e amplo que subsidia a atuação de órgãos de fiscalização no controle e responsabilização pessoal do gestor público, conferindo-lhes grande liberdade de definição.

O sistema de responsabilização do administrador no Brasil, assim, é tomado de princípios e conceitos jurídicos indeterminados, sendo conferido aos órgãos competentes pela sua execução a definição de grande parte de seu sentido.

O caráter aberto e amplo dos textos normativos que fundamentam o controle, porém, não é, em si, um defeito do modelo nacional. Pelo contrário, a indeterminação do texto pode ter o importante papel de permitir que os órgãos de controle – que, em tese, possuem maior capacidade institucional do que o legislador sobre o tema – adequem os dispositivos legais de forma célere à realidade com a qual se deparam.

Ao longo do tempo, podem concretizar, por meio de seu poder normativo[44], os comandos da legislação estabelecendo parâmetros mais específicos de fiscalização, o que solucionaria os problemas decorrentes da vagueza normativa. No entanto, como à frente se verá, a vagueza e relativa indeterminação dos textos legislativos que sub-

---

43 No sentido da necessária utilização de parâmetros de mercado para a verificação de sobrepreço, ver Brasil. Tribunal de Contas da União. Acórdão nº 2.796/2013, Plenário, Relator Ministro José Jorge, julgado em 16.10.2013. Sobre as críticas à utilização de tabelas referenciais de preço pelos órgãos de controle para aferir a existência de sobrepreço, ver SUNDFELD, Carlos Ari e CAMPOS, Rodrigo Pinto de. O Tribunal de Contas e os preços dos contratos administrativos. In: SUNDFELD, Carlos Ari (org.). *Contratações públicas e seu controle*. São Paulo: Malheiros, 2013, p. 219 e ss. e GUIMARÃES, Fernando Vernalha. *O Direito Administrativo do Medo*: a crise da ineficiência pelo controle. Disponível em <http://www.direitodoestado.com.br/colunistas/fernando-vernalha-guimaraes/o-direito-administrativo-do-medo-a-crise-da-ineficiencia-pelo-controle>. Acesso em 23 ago. 2018.

44 A Lei Federal nº 8.443/92, por exemplo, em seu artigo 3º, expressamente atribui ao Tribunal de Contas da União poder regulamentar, autorizando-o a "expedir atos e instruções normativas sobre matéria de suas atribuições e sobre a organização dos processos que lhe devam ser submetidos". Além disso, no artigo 1º, inciso XVII, concede à Corte competência para responder a consultas de autoridades a respeito de dúvida suscitada na aplicação de enunciados normativos. Conforme André Rosilho, trata-se de outro instrumento normativo em poder das Cortes de Contas, na medida em que as permite fixar entendimentos gerais e abstratos sobre enunciados legais e regulamentares. ROSILHO, André Janjácomo. *Controle da Administração Pública pelo Tribunal de Contas da União*. (Doutorado em Direito) – Faculdade de Direito da Universidade de São Paulo, São Paulo, 2016, p. 122-136.

sidiam a atividade dos múltiplos órgãos de supervisão da Administração Pública têm, por vezes, propiciado o exercício de um controle de mera opinião, descoordenado e contraditório.

1.3.2. Multiplicidade, sobreposição e autonomia dos órgãos de controle

O sistema de controle público no Brasil é exemplo típico do que a doutrina costuma denominar *"multiple accountability"*[45].

A atuação do gestor público brasileiro é controlada por uma multiplicidade de órgãos e entidades que possuem diferentes competências, muitas vezes sobrepostas. Além de serem diversas as instituições controladoras, múltiplas também são as questões submetidas à fiscalização, ao mesmo tempo, de mais de um órgão diferente. Há, em alguma medida, redundância do controle[46].

Outra característica do ordenamento brasileiro é que não há, ao menos em princípio, um sistema de hierarquia entre os órgãos que participam do controle interno e externo da Administração Pública. Os entendimentos firmados por um determinado agente controlador, como regra, não serão vinculantes para os demais.

Isto se dá por dois motivos principais. O primeiro é o reconhecimento pela jurisprudência e doutrina nacionais da relativa independência entre as instâncias cível, administrativa e criminal[47]. Eventual condenação ou absolvição em uma dessas instâncias não impede que, em razão dos mesmos fatos, o agente público seja condenado ou absolvido em outra. A exceção se dá no caso de absolvição no âmbito penal por inexistência do fato ou negativa de autoria.

De um lado, admitem-se possíveis incoerências entre instâncias de responsabilização persecutórias ou decisórias. A condenação criminal pode ser acompanhada da absolvição administrativa ou cível, e vice-versa. De outro, permite-se a ocorrência de múl-

---

45 Utilizando a mesma definição adotada no presente trabalho, ver SCHILLEMANS, Thomas e BOVENS, Mark. *The Challenge of Multiple Accountability*: Does Redundancy lead to Overload? Disponível em <https://dspace.library.uu.nl/bitstream/handle/1874/319030/Challenge_multiple_accountability_Schillemans_Bovens_2011.pdf?sequence=1>. Acesso em 23 jul. 2018.

46 Diagnóstico semelhante, ainda que com foco nas críticas, é apresentado por Floriano de Azevedo Marques Neto: "Nos últimos anos, assistiu-se a uma fragmentação do quadro normativo e institucional das atividades de controle, o que muitas vezes faz com que as competências sejam exercidas de maneira sobreposta e excessiva. Nem sempre, no entanto, a multiplicidade de controles gera eficiência, podendo mesmo, se exercido de maneira randômica e sobreposta, constituir entrave ao bom funcionamento da máquina estatal.". MARQUES NETO, Floriano de Azevedo. Os grandes desafios do controle da Administração Pública. Fórum de Contratação e Gestão Pública - FCGP. Belo Horizonte, ano 9, n. 100, abr. 2010.

47 Nesse sentido, por exemplo, Brasil. Superior Tribunal de Justiça. Recurso Especial nº 1.633.901/PA, Relator Ministro Herman Benjamin, Segunda Turma, julgado em 18.05.2017 e Agravo Regimental no Recurso em Mandado de Segurança nº 19.006/PE, Relator Ministro Nefi Cordeiro, Sexta Turma, julgado em 04.08.2015.

tiplas condenações do administrador público em diferentes esferas fundadas na mesma conduta (*bis in idem*), o que pode tornar a resposta punitiva estatal desproporcional[48].

O entendimento é baseado no princípio da separação de poderes (artigo 2º da Constituição da República) e em diversos dispositivos legais, como o artigo 935 do Código Civil, os artigos 66 e 67, III, do Código de Processo Penal, 12 e 21, III, da Lei de Improbidade Administrativa e 125 e 126 da Lei Federal nº 8.112/90.

A segunda razão é a autonomia que é conferida pela Constituição a grande parte dos principais atores do controle público brasileiro. Magistrados, promotores e demais membros do Ministério Público possuem independência funcional, de modo que, em assuntos relacionados à sua atividade funcional, estão, em regra, vinculados apenas à própria consciência jurídica[49]. Da mesma forma, os Tribunais de Contas são reconhecidos como órgãos constitucionais autônomos, inclusive em relação ao Poder Legislativo[50].

Para que se tenha uma melhor noção do quadro descrito acima, tome-se como hipótese a situação do ordenador de despesa de uma determinada Universidade Pública Federal. Em sua atuação administrativa, o referido servidor estará sujeito à fiscalização – e eventual sanção – de, pelo menos, 4 (quatro) órgãos controladores diferentes, sendo grande parte deles independente entre si.

Sua atuação administrativa é sujeita, ao menos, ao controle (i) do *Tribunal de Contas da União*, na forma do artigo 71, II, da Constituição da República; (ii) da *Procuradoria Federal* junto à respectiva instituição, conforme disposto no artigo 10 da Lei Federal nº 10.480/02; (iii) do *Ministério Público Federal*, frente ao que dispõe o artigo 37, I, da Lei Complementar nº 75/93 e, finalmente, (iv) da *Controladoria-Geral da União*, nos termos do artigo 51, I, da atual Medida Provisória nº 870/2019.

Todos esses órgãos possuem atribuições constitucionais e legais distintas. Porém, é inegável a existência, em alguma medida, de sobreposição de competências. A todos eles é outorgado o papel de, em conjunto ou separadamente, fiscalizar os atos administrativos praticados pelos servidores que integrem as autarquias federais.

---

48 "No sistema brasileiro, a subordinação da autoridade administrativa à autoridade judicial, no campo do Direito Administrativo Sancionador, é bastante limitada, mormente em matéria de ilícitos relacionados a especiais relações de sujeição, sobretudo no terreno disciplinar. Menor ainda é a subordinação da autoridade judiciária extrapenal à autoridade judiciária penal, na clássica tradição do princípio da independência das instâncias e das autoridades. (...). O problema ocorre quando tais instâncias passam a atuar contraditoriamente, sem o mínimo de coerência, gerando descrédito, insegurança e falta de proporção nas respostas punitivas.". OSÓRIO, Fábio Medina. *Direito Administrativo Sancionador*. 5ª ed. São Paulo: Editora Revista dos Tribunais, 2015, p. 295-296.

49 MAZZILLI, Hugo Nigro. *Regime jurídico do Ministério Público*. 7ª ed. São Paulo: Saraiva, 2013, p. 157-158; MENDES, Gilmar Ferreira; BRANCO, Paulo Gustavo Gonet. *Curso de direito constitucional*. 8ª ed. São Paulo: Saraiva, 2013, p. 898-899.

50 Nesse sentido, Brasil. Supremo Tribunal Federal. Medida Cautelar em Ação Direta de Inconstitucionalidade nº 4.190, Relator Ministro Celso de Mello, julgado em 01.07.2009.

É visível aqui, como também se verá nos próximos tópicos, a potencial existência de entendimentos conflitantes entre os referidos órgãos, sendo ainda possível que, caso provocado, o Poder Judiciário Federal – que, embora com a peculiaridade da inércia, pode ser citado como um quinto órgão de controle a que está submetido o administrador público em hipótese – tenha outra percepção sobre a questão discutida.

O modelo estabelecido no Brasil, baseado na multiplicidade, sobreposição e autonomia de órgãos fiscalizadores, porém, não necessariamente torna o controle contraditório ou menos eficaz. Aliás, pode apresentar vantagens em relação a modelos alternativos mais centralizados, avaliação que não prescinde de uma análise empírica[51].

O principal argumento de defesa do controle redundante ou complementar é que a existência de diferentes e independentes canais de supervisão da atividade administrativa torna mais fácil que eventuais falhas de determinada instituição sejam compensadas pela atuação das demais. A redundância seria um substituto para instituições infalíveis, impossíveis na prática[52].

Outras potenciais vantagens dessa sobreposição seriam a oportunidade de incorporar diferentes valores ao controle público que são trazidos pelas diferentes instituições, bem como a redução da assimetria de informações entre controladores e controlados, resultado da multiplicidade de órgãos de controle a demandar e disputar informações[53].

Além disso, a independência dos órgãos de controle é tida como condição necessária à existência de qualquer Estado Democrático de Direito. No Brasil, como visto, a autonomia do Ministério Público, do Poder Judiciário e dos Tribunais de Contas tem sido fator fundamental para que grandes casos de corrupção e outros desvios sejam descobertos e seus autores devidamente punidos[54].

As desvantagens do modelo de controle por múltiplos órgãos devem ser aferidas em concreto, de forma empírica, não sendo sua existência inerente e necessária ao

---

51 Interessantes avaliações a respeito dos efeitos da descentralização no controle da Administração Pública de diferentes países são realizadas em SHAH, Anwar. *Balance, Accountability and Responsiveness*: Lessons about Decentralization. Policy Research Working Paper nº 2021, 1998. The World Bank, Washington, DC. Disponível em <http://documents.worldbank.org/curated/pt/392211468742509872/pdf/multi-page.pdf>. Acesso em 31 jul. 2018.

52 CARSON, Lindsey D.; PRADO, Mariana Mota. Using institutional multiplicity to address corruption as a collective action problem: Lessons from de Brazilian case. *The Quartely Review of Economics and Finance*, nº 62, 2016, p. 59.

53 BENDOR, Jonathan B. *Parallel Systems*: Redundancy in Government. Berkeley: University of California Press, 1985, p. 257.

54 MELO, Marcus André e PEREIRA, Carlos. *Making Brazil Work*: Checking the President in a Multiparty System. Londres e Nova Iorque: Palgrave Macmillan, 2013, p. 20-21 e 41-42.

referido sistema. O comportamento das instituições de controle parece ser fator fundamental para isso[55]. É o que se analisará nos próximos tópicos.

1.4. Características institucionais: os excessos do controle sobre o administrador público brasileiro

Até aqui foram mencionadas duas grandes características do controle do administrador público que decorrem do próprio ordenamento jurídico brasileiro. O conjunto de normas que integram o nosso Direito *determina* que o controle seja baseado em princípios e conceitos jurídicos indeterminados, bem como instrumentalizado por múltiplos e independentes órgãos.

Diferentemente, o presente tópico irá abordar peculiaridades do sistema brasileiro de responsabilização do gestor público decorrentes do comportamento de parte dos órgãos de controle. São elas, de fato, propiciadas e influenciadas pelo modelo construído pela legislação nacional, mas não a ele inerentes, podendo ser evitadas sem que seja necessária uma ampla revisão do sistema jurídico[56].

Além disso, tais características, ao contrário das tratadas no tópico anterior, não são onipresentes ou comuns a todos os órgãos de controle brasileiros. Não se acredita, inclusive, que sequer representam a maior parte do controle no Brasil. No entanto, são excessos relevantes e mais comuns do que o desejado, razão pela qual também merecem contextualizar o reconhecimento de um espaço de erro do administrador público.

Feitas estas ressalvas, passa-se a tratar da primeira, e talvez mais grave, peculiaridade por vezes observada: o controle exercido por meio da mera opinião de seu titular.

1.4.1. O controle de mera opinião

O controle de mera opinião pode assumir dois diferentes sentidos. Em um primeiro, retrata o comportamento do agente fiscalizador que busca impor sua particular leitura de determinado enunciado normativo à interpretação realizada pelo administrador público, ainda que razoável, inclusive por meio de sua responsabilização pessoal.

Como se sabe, o texto normativo não se confunde com a norma que dele se extrai. O texto é o Direito escrito, positivado pelo Estado. A norma, de outro lado, é o sentido construído a partir da interpretação sistemática de textos normativos. Em

55 É o que demonstra pesquisa realizada a respeito do controle redundante exercido por instituições holandesas em SCHILLEMANS Thomas e BOVENS Mark. *The Challenge of Multiple Accountability*: Does Redundancy lead to Overload?, p. 27. Disponível em <https://dspace.library.uu.nl/bitstream/handle/1874/319030/Challenge_multiple_accountability_Schillemans_Bovens_2011.pdf?sequence=1>. Acesso em 23 jul. 2018.

56 As diferentes soluções para os excessos do controle sobre o administrador público brasileiro não serão aqui tratadas por fugir do escopo do presente livro.

decorrência de tal distinção, é possível que, de um mesmo dispositivo, sejam extraídas normas distintas e, até mesmo, contraditórias[57].

O administrador público desempenha papel fundamental na construção do sentido da norma. Ao contrário da perspectiva tradicional[58], fundada em uma visão estrita do princípio da legalidade, as atividades administrativas não são uma mera execução das leis, havendo um inegável papel criativo do gestor. Afinal, administrar é, também, criar[59].

O agente fiscalizador, ao realizar o controle de mera opinião, discorda de uma interpretação possível realizada pelo agente público e busca sua punição, sob o argumento de que, do ordenamento jurídico, deveria ser extraída norma diversa, contrária àquela construída pelo gestor.

Note-se que o controle sancionatório ora descrito, por definição, não é fundado em textos normativos que permitem uma única hermenêutica razoável. Tampouco é baseado em entendimentos sedimentados pela jurisprudência, pela Administração, ou pelos próprios órgãos de controle, mas sim em uma interpretação própria e peculiar do agente controlador – ainda que razoável – sobre o sentido único de determinado comando jurídico[60].

O controle de mera opinião desconsidera interpretações jurídicas razoáveis realizadas por membros de Poder e busca substituir o administrador em uma função que lhe é própria.

Tal excesso do controle público é propiciado pela vagueza dos textos normativos que embasam o seu exercício. Somente é possível, ainda, em razão da multiplicidade e independência de órgãos que compõe o sistema de fiscalização da Administração Pública brasileira. No entanto, não é consequência necessária de tais características,

---

57 ÁVILA, Humberto. *Teoria dos princípios*: da definição à aplicação dos princípios jurídicos. 13ª edição. São Paulo: Malheiros, 2012, p. 33-34 e LARENZ, Karl. *Metodologia da ciência do direito*. Tradução de José Lamego. 3ª ed. Lisboa: Fundação Calouste Gulbenkian, 1997, p. 439.

58 MELLO, Celso Antônio Bandeira de. *Curso de Direito Administrativo*. 32ª ed. São Paulo: Malheiros, 2015, p. 102-109.

59 SUNDFELD, Carlos Ari. *Direito Administrativo para céticos*. 2ª ed. São Paulo: Malheiros, 2014, p. 236.

60 "Mesmo as normas sendo nacionais, cada ente da Federação, e respectivos órgãos de controle externo (tribunais de contas), as interpreta por si e lhes dá execução com liberdade. Isso leva a aplicações bem distintas. E incentiva o personalismo. Nosso sistema normativo público é instável demais. O resultado? Gestores paralisados, à espera do fim das dúvidas jurídicas, que surgem a toda hora dentro da própria administração, no controle externo e no Judiciário. Criamos um sistema que incentiva demais os questionamentos. Parece bom para a democracia. Mas o sistema não consegue resolver nada e termina por gerar manipulação, sabotagem e ineficiência. Alguém no Brasil tem de cuidar de modo permanente da coerência e da estabilidade jurídica do estado administrativo, em seus diversos níveis e funções. É preciso controlar o caos de interpretações nos temas-chave.". SUNDELD, Carlos Ari. *A criação de uma instância administrativa nacional*. Disponível em <https://www.jota.info/colunas/controle-publico/criacao-de-uma-instancia-administrativa-nacional-10012018>. Acesso em 31 jul. 2018.

na medida em que as instituições de controle poderiam, ainda assim, comportar-se de forma coordenada ou deferente.

O controle de mera opinião pode ser adotado, ainda, em um segundo sentido, de ausência de empiria. Cuida-se da fiscalização exercida com base em um mero palpite ou intuição do agente controlador a respeito das consequências concretas de sua decisão ou sobre outras conclusões científicas nela adotadas. É o que Conrado Hübner Mendes denomina “consequenciachismo”[61].

Há acesa discussão acerca da conveniência de se permitir aos julgadores meditarem, de forma prévia, sobre as consequências de suas decisões[62]. Em razão da escassez de tempo e de recursos, além da falta de conhecimento científico sobre todas as áreas do saber, não seria possível ao julgador avaliar e sopesar, *ex ante* e a cada novo caso, as consequências de suas possíveis decisões.

São diversas, porém, as defesas à utilização do consequencialismo. Argumenta-se que o controle deve ser entendido como um instrumento a serviço da realização do interesse público, e não um fim em si mesmo. Por isso, devem os agentes de fiscalização ponderar os efeitos positivos e negativos de sua atuação[63].

De qualquer sorte, a ordem jurídica brasileira parece ter feito uma opção em exigir que os órgãos de controle considerem as consequências extrajurídicas envolvidas em sua atividade fim. É que, além de ter permitido aos órgãos de controle externo e interno o exercício da fiscalização operacional e determinado que pautem sua atuação funcional nos princípios da legitimidade e economicidade, incorporou, por meio da Emenda Constitucional nº 19/98, a eficiência ao rol de princípios da Administração Pública[64].

Tais normas autorizam que as instituições que exercem sua fiscalização exijam a produção de resultados pela Administração Pública. Além disso, a Lei Federal nº 13.665/2018 introduziu dispositivos à LINDB, como seus artigos 20 e 21, que, de forma ainda mais específica, exigem dos órgãos de controle que considerem e explicitem as potenciais consequências jurídicas e práticas de suas decisões. A análise de eficiência

---

61 A expressão foi cunhada em MENDES, Conrado Hübner. *Jurisprudência impressionista*. Disponível em https://epoca.globo.com/conrado-hubner-mendes/jurisprudencia-impressionista-23066592>. Acesso em 31 jul. 2018.

62 Uma leitura crítica é feita, por exemplo, em SHUARTZ, Luis Fernando. Consequencialismo Jurídico, Racionalidade Decisória e Malandragem. *RDA – Revista de Direito Administrativo.* Rio de Janeiro: Fundação Getúlio Vargas, v. 248, 2008.

63 MARQUES NETO, Floriano de Azevedo. Os grandes desafios do controle da Administração Pública. *Fórum de Contratação e Gestão Pública - FCGP*. Belo Horizonte, ano 9, n. 100, abr. 2010.

64 Sobre a incorporação do consequencialismo na argumentação jurídica pelo princípio da eficiência, ver LEAL, Fernando. Propostas para uma abordagem teórico-metodológica do dever constitucional de eficiência. *Revista Eletrônica de Direito Administrativo Econômico*, número 15, agosto/setembro/outubro de 2008. Disponível em <http://www.direitodoestado.com/revista/REDAE-15-AGOSTO-2008-FERNANDO%20LEAL.pdf>. Acesso em 28 ago. 2018.

das políticas públicas, entretanto, não dispensa uma avaliação multidisciplinar e, mais importante, empírica dos dados envolvidos.

Ocorre que é corriqueiro que órgãos de controle no Brasil utilizem do consequencialismo de maneira retórica, não tendo a preocupação de fundamentar de maneira empírica suas análises. As conclusões, muitas vezes, são alcançadas com base em palpites, hipóteses mentais e especulações, destituídas de dados científicos e de uma metodologia de análise minimante séria[65].

A análise consequencialista simplesmente não pode ser realizada sem a obtenção e devido processamento de dados empíricos. Em específico, a investigação sobre a eficiência econômica e social da atuação administrativa deve ser acompanhada de uma observação empírica e metodológica da realidade concreta[66].

1.4.2. O controle contraditório e descoordenado

Além do controle de mera opinião nos dois sentidos aqui assinalados, é possível observar, por parte de alguns órgãos que integram o sistema de controle público brasileiro, o exercício de uma fiscalização contraditória e descoordenada.

Com efeito, há uma expectativa de que a existência de parâmetros vagos de controle, a multiplicidade de agentes independentes, a falta de diálogo e o pouco apreço aos precedentes impliquem contradições entre entendimentos e decisões dos órgãos que dele participam. Tais circunstâncias possibilitam – e, em alguns casos, até estimulam – que entendimentos contrapostos coexistam dentro de um mesmo sistema de controle público. Trata-se de fenômeno semelhante ao denominado "*Multiple Accountability Disorder*", descrito por Jonathan Koppel da seguinte forma:

> "Organizações que tentam atender a expectativas conflitantes provavelmente são disfuncionais, não agradam a ninguém enquanto tentam agradar a todos. Ironicamente, isso pode incluir falhas de controle – em todos os sentidos imagináveis. A segunda seção deste artigo descreve esse fenômeno e o denomina 'multiple accountabilities disorder' (MAD). A nova tipologia dos conceitos do controle é empregada para mostrar os desafios de uma organização que tenta atender ao controle em múltiplos sentidos. A alegação é que a organização que

---

65 A respeito do fenômeno no Poder Judiciário, "consequenciachistas julgam conhecer o mundo social por intuição e experiência, aderem ao consequencialismo inconsequente, impressionismo com verve retórica. A jurisprudência impressionista, com muita convicção e pouca evidência, esbanja palpites sobre causas e efeitos. As anedotas se bastam como fonte. A imodéstia cognitiva e o baixo traquejo com argumentos empíricos são cacoetes da formação jurídica bacharelesca. Argumentos convincentes, nessa tradição, dependem menos de consistência do que de gosto, e o bom gosto é definido pela autoridade de bacharéis.". MENDES, Conrado Hübner. *Jurisprudência impressionista.* Disponível em https://epoca.globo.com/conrado-hubner-mendes/jurisprudencia-impressionista-23066592>. Acesso em 28 ago. 2018.

66 POSNER, Richard A. *Overcoming law*. Cambridge, MA: Harvard University Press, 1995, p. 7.

sofre de MAD oscila entre comportamentos que são consistentes com noções conflitantes do controle."[67]

A ausência de uniformidade de entendimentos cria um ambiente de insegurança jurídica que, em primeira ordem, prejudica as decisões tomadas por particulares que desejam se relacionar com o Estado. A imprevisibilidade do posicionamento dos órgãos de controle afasta a iniciativa privada das relações com o Poder Público, receosa de ter seus investimentos prejudicados por posições contraditórias daqueles que controlam os ajustes celebrados pela Administração[68].

A descoordenação gera, ainda, uma elevação dos custos diretos e indiretos do controle[69] e, no que interessa de forma mais detida ao presente livro, tende a tornar o administrador público excessivamente cauteloso. Isso se dá na medida em que, diante de um cenário de contradições, o gestor receia que seu posicionamento, ainda que respaldado por determinado órgão, encontre discordância em outra instituição fiscalizatória e que, por isso, busque sua responsabilidade pessoal[70].

Não é incomum que o administrador, ao ponderar sobre opções decisórias, depare-se com entendimentos contrapostos dos órgãos que supervisionam suas ações. O contexto cria incentivos à inercia na gestão pública, impede que administradores pensem em soluções inovadoras para os problemas e demandas de seu setor e, no limite, ossifica a Administração Pública[71].

---

67 No original, "Organizations trying to meet conflicting expectations are likely to be dysfunctional, pleasing no one while trying to please everyone. Ironically, this may include failures of accountability—in every sense imaginable. The second section of this article describes this phenomenon and labels it multiple accountabilities disorder (MAD). The novel typology of accountability concepts is employed to show the challenges for an organization that attempts to be accountable in multiple senses. The contention is that the organization suffering from MAD oscillates between behaviors that are consistent with conflicting notions of accountability.". KOPPEL, Jonathan J. S. Pathologies of Accountability: ICANN and the Challenge of "Multiple Accountabilities Disorder". Yale School of Management: *Public Administration Review*, janeiro/fevereiro 2005, vol. 65, nº 1, p. 95.

68 KLINGNER, Donald E., NALBANDIAN, John, ROMZEK, Barbara S. Politics, Administration, and Markets: Conflicting Expectations and Accountability. *American Review of Public Administration*, nº 32, junho de 2002.

69 POLITT, Christopher *The essential public manager*. Londres: Open University Press, 2003, p. 95.

70 "A multiplicação de instâncias que exercem atividades de controle assistida nos últimos anos nem sempre é acompanhada pela complementariedade de sua atuação. O exercício da atividade de controle muitas vezes de maneira sobreposta e excessiva faz com que inexista uma uniformidade das orientações veiculadas pelos órgãos de controle, o que acaba por propiciar um desenho complexo do arcabouço de controle, mas sem a devida sistematização e definição das atividades desenvolvidas por cada instituição.". MARQUES NETO, Floriano de Azevedo. Os grandes desafios do controle da Administração Pública. *Fórum de Contratação e Gestão Pública - FCGP*. Belo Horizonte, ano 9, n. 100, abr. 2010.

71 SCHILLEMANS, Thomas e BOVENS, Mark. *The Challenge of Multiple Accountability*: Does Redundancy lead to Overload?, p. 9. Disponível em <https://dspace.library.uu.nl/bitstream/han-

Exemplo comum de descoordenação é a prática (ou, ao menos, a sua ameaça) de atos contraditórios ao conteúdo de Termos de Ajustamento de Conduta ou acordos de leniência por órgãos de fiscalização que não participaram de sua assinatura[72]. Em tese, é possível que tais ajustes sejam desconsiderados por outras instituições e até por outros membros do próprio órgão que os celebrou, desde que dotados de independência funcional.

1.4.3. O negativismo e a disputa pelo controle

Viu-se acima que o controle público brasileiro é exemplo do que vem sendo denominado na doutrina de *multiple accountability*: os órgãos de fiscalização da gestão dos recursos públicos são muitos, autônomos, e, por vezes, possuem competências sobrepostas.

A multiplicidade de órgãos de controle com funções comuns é fator que pode estimular – o que, repita-se, não necessariamente ocorre – uma postura mais restritiva da fiscalização por eles exercida sobre a Administração Pública, resultando em um cenário de negativismo.

Os órgãos de controle têm por vocação institucional a busca por irregularidades e por seus culpados. Uma de suas funções primordiais é encontrar eventuais ilicitudes na atividade administrativa para, em seguida, sancionar seus responsáveis. É verdade que desempenham diversas outras atividades relevantes, além da fiscalização e sanção de agentes públicos[73]. No entanto, é razoável admitir, ao menos, que são essas as funções mais visíveis ao público externo.

Desse modo, em um cenário de abundância de agentes controladores, ao lado da vagueza dos critérios utilizados, há o risco de que os órgãos de fiscalização estabeleçam um veto exagerado à atividade do administrador público. É o que Thomas Schillemans e Mark Bovens, em artigo dedicado ao tema, denominam de "negativismo":

> "Em situações de multiplicidade de controle, existem vários fóruns exigindo informações de um ator. A lógica inerente desse processo é que os fóruns de controle são instados a procu-

---

dle/1874/319030/Challenge_multiple_accountability_Schillemans_Bovens_2011.pdf?sequence=1>. Acesso em 23 jul. 2018.

---

72 Nesse sentido, por exemplo, PIRES, Breno. TCU quer declarar inidoneidade da Andrade Gutierrez. *O Estado de São Paulo*. Disponível em <https://economia.estadao.com.br/noticias/geral,tcu-quer-declarar-inidoneidade-da-andrade,70002267799>. Acesso em 23 jul. 2018.

73 É o caso, por exemplo, da função dialógica exercida pelos Tribunais de Contas, tratada em WILLEMAN, Marianna Montebello. *Accountability democrática e o desenho institucional dos Tribunais de Contas no Brasil*. Belo Horizonte: Fórum, 2017, p. 288-290. Uma interessante crítica à utilização do termo *accountability* como sinônimo de punição é feita em MANSBRIDGE, Jane. A Contingency Theory of Accountability. *The Oxford Handbook of Public Accountability*. Oxford: Oxford University Press, 2014, p. 54 a 66.

rar erros, falhas e outras formas de insucesso. O controle evolui facilmente para missões de detecção de falhas, que descarrilam em um clima de negativismo (Mulgan 2003, 29) ou de busca a "bodes-expiatórios" (Mulgan 2003, 3)."[74]

Nenhuma instituição pretende a própria inutilidade. É natural que busquem atuar nos espaços deixados pelas demais e não repetir entendimentos anteriormente firmados. A multiplicidade funciona como um estímulo aos órgãos controladores a, na dúvida a respeito da licitude de determinada conduta do administrador, responderem de forma negativa[75].

O fenômeno do negativismo pode ser explicado também por eventuais disputas entre órgãos de controle e a utilização da visibilidade social como instrumento de embate. Em busca pela proeminência do controle, há incentivos para que instituições busquem atrair a atenção do público atuando estrategicamente de forma impactante e rígida com seus fiscalizados. Afinal, quem não é visto, não é lembrado[76]. E quanto mais irregularidades e escândalos descobertos e punidos, maior a visibilidade da respectiva instituição controladora[77].

Exemplo interessante de antiga e conhecida contenda entre órgãos de controle (não só da Administração Pública) se deu entre a Polícia Judiciária e o Ministério Público Federal a respeito de atribuições investigatórias. A questão debatida era se, à luz da Constituição da República, as Polícias possuiriam exclusividade na investigação penal ou se também o Ministério Público poderia exercer tal função.

---

74 "In situations of multiple accountability there are multiple forums demanding information from one actor. The inherent logic of this process is that the accountability forums are urged to look for flaws, faults, and other forms of failure. Accountability easily evolves into fault-finding missions that derail into a climate of negativism (Mulgan 2003, 29) or in sheer scape goating (Mulgan 2003, 3)". SCHILLEMANS, Thomas e BOVENS, Mark. *The Challenge of Multiple Accountability*: Does Redundancy lead to Overload?, p. 8. Disponível em <https://dspace.library.uu.nl/bitstream/handle/1874/319030/Challenge_multiple_accountability_Schillemans_Bovens_2011.pdf?sequence=1>. Acesso em 23 jul. 2018.

75 O comportamento pode ser explicado pelo chamado "viés de comprometimento com a missão". Segundo ele, as instituições tendem a acreditar que, em matérias que dizem respeito à missão por elas desempenhada, sua atuação seria sempre positiva. Sobre o tema, ver MENDONÇA, José Vicente Santos de. *Direito constitucional econômico*: a intervenção do Estado na economia à luz da razão pública e do pragmatismo. 2ª ed. Belo Horizonte: Fórum, 2018, p. 374-375.

76 Os indivíduos tendem a basear suas escolhas em informações que estejam mais facilmente disponíveis na memória, ao invés de examinar todas as opções existentes. Trata-se da chamada heurística da disponibilidade, tratada em TVERSKY, Amos e KAHNEMAN, Daniel. Availability: A heuristic for judging frequency and probability. *The Hebrew University of Jerusalem and the Oregon Research Institute*: Cognitive Psychology, nº 5, 1973.

77 SUNDFELD, Carlos Ari. *O controle público como espetáculo*. Disponível em <https://www.jota.info/colunas/controle-publico/o-controle-publico-como-espetaculo-18012017>. Acesso em 25 jul. 2018.

Retrata a disputa narrada o fato de que a Proposta de Emenda à Constituição nº 37/2011, a qual pretendia conferir exclusividade às polícias nas apurações penais[78], foi apelidada de "PEC da legalidade" por associação de classe de Delegados de Polícia e de "PEC da impunidade"[79] por entidades representativas de Procuradores da República[80].

É de se observar, portanto, que, embora não determine, a existência de uma multiplicidade de órgãos controladores cria incentivos ao desenvolvimento de uma cultura do negativismo no controle público brasileiro.

1.4.4. A intolerância ao erro do administrador

Por fim, uma última característica observada em parte das instituições de controle no Brasil, e que pode ser classificada como um excesso a ser combatido, é a intolerância aos erros cometidos pelos administradores públicos. Como se verá no próximo capítulo, o cometimento de erros pelo gestor é, em alguma medida, inevitável. Por maiores que sejam as precauções tomadas, a existência de riscos e incertezas e a limitação da racionalidade humana fazem com que determinados equívocos não possam ser razoavelmente evitados.

No entanto, percebe-se que parcela dos órgãos de controle no Brasil, ao buscar a responsabilização pessoal dos administradores por atos praticados no exercício de suas funções, não analisa de forma minimamente profunda se o erro cometido se justificava pelo contexto em que a decisão foi tomada, na forma do que impõe o artigo 22, *caput* e parágrafo 1º, da LINDB.

Em algumas ocasiões, não se costuma atentar, por exemplo, que o grau de diligência a ser exigido do administrador na busca por informações que instruem uma determinada decisão pública (as quais são fundamentais para evitar equívocos) deve

---

78 A proposta pretendia acrescentar um 10º parágrafo ao artigo 144 da Constituição Federal, que passaria a determinar que "A apuração das infrações penais de que tratam os §§ 1º e 4º deste artigo, incubem privativamente às polícias federal e civis dos Estados e do Distrito Federal, respectivamente". A PEC foi rejeitada por ampla maioria do Plenário da Câmara dos Deputados (430 votos a 9 e 2 abstenções) e, em seguida, arquivada. Mais tarde, o Supremo Tribunal Federal firmou tese em repercussão geral no sentido de que, atendidas certas garantias, o Ministério Público tem competência para promover investigações de natureza penal. Brasil. Supremo Tribunal Federal. Recurso Extraordinário nº 593.727, Relator Ministro Cezar Peluso, Relator para acórdão Ministro Gilmar Mendes, Tribunal Pleno, julgado em 14.05.2015.

79 Nesse sentido, <http://www.adepolrj.com.br/adepol/Admin/Noticias/ImagensNoticias/CARTILHA.pdf> e <http://www.mpf.mp.br/rn/migracao/noticias-migrar-1/mpf-participa-de-ato-publico-contra-pec-da-impunidade-nesta-sexta-em-natal#box-container>. Acesso em 23 jul. 2018.

80 Sobre o tema, ver LUPION, Bruno. Polícia Federal e Ministério Público travam disputa velada na Lava Jato. Qual o papel de cada um. *Nexo Jornal*. <https://www.nexojornal.com.br/expresso/2017/04/18/Pol%C3%ADcia-Federal-e-Minist%C3%A9rio-P%C3%BAblico-travam-disputa-velada-na-Lava-Jato.-Qual-o-papel-de-cada-um>. Acesso em 23 jul. 2018.

variar de acordo com a sua importância econômica e social e com a sua urgência, entre outros fatores.

Por vezes, o ambiente e as circunstâncias em que o equívoco foi cometido são simplesmente ignorados. Quer se saber apenas se a conduta do gestor infringiu em abstrato norma que preveja uma sanção administrativa ou a sua responsabilidade pessoal pelo eventual prejuízo causado ao erário. A influência do contexto na interpretação da lei e, sobretudo, na aplicação de sanções aos administradores públicos é vista como um indevido afrouxamento dos mecanismos de controle[81].

A intolerância ao cometimento de equívocos decisórios por administradores públicos parece encontrar fundamento teórico em uma concepção tradicional do princípio da legalidade administrativa, bem como na suposta superioridade dos interesses representados pelo Estado, crença que foi incorporada pelo Direito Administrativo brasileiro por meio dos princípios da supremacia e da indisponibilidade do interesse público[82].

Com efeito, se ao gestor cabe apenas aplicar a lei de ofício, na qual todo o conteúdo da atuação administrativa estaria suficientemente descrito, a ele não seria permitido cometer equívocos em sua atuação funcional. A realização de uma tarefa tão simples e mecânica, como exteriorizar de maneira acrítica os comandos unívocos do legislador, não admitiria acidentes de percurso[83].

---

81 É o que demonstra as críticas apostas pela já mencionada Nota Técnica Conjunta nº 1/2018, elaborada por diferentes órgãos do Ministério Público Federal, ao conteúdo do artigo 22 da atual LINDB "O artigo 22 veicula norma que poderá, na prática, inviabilizar a responsabilização do administrador. Mais uma vez aqui, o legislador recorreu a expressões abertas, lacunosas, propensas a subjetivismos e, portanto, passíveis de levar os processos de responsabilização por caminhos insondáveis, já que seria imprevisível o alcance dos termos "obstáculos" e "dificuldades reais" do gestor. Cada órgão de controle ou órgão julgador teria naturalmente percepção muito particular sobre uns e outros, resultando em instabilidade e insegurança jurídica, que o projeto de lei precisamente diz querer combater. O dispositivo, em verdade, não esconde a tentativa de afrouxar os mecanismos de controle da Administração Pública, cada vez mais necessários. Em tempos que se descortina corrupção sistêmica e em que as instituições de controle da Administração Pública vêm atuando com destacado rigor e eficiência, a pretensão de incluir parâmetros exegéticos mais benevolentes ao administrador e de dificultar o controle sobre os atos praticados, caminha na contramão dos anseios mais legítimos da sociedade brasileira. O artigo 22 quer inaugurar um microssistema jurídico específico do gestor público, distante dos comandos constitucionais contidos, especialmente, no art. 37, § 6º, da Constituição da República". Disponível em <http://www.mpf.mp.br/pgr/documentos/Oficio_NotaTecnica_130418_PGR00192069_2018.pdf>., p. 6-7. Acesso em 23 ago. 2018.

82 A centralidade dos referidos princípios para a escola tradicional do Direito Administrativo brasileiro é destacada em MARQUES NETO, Floriano de Azevedo. *Regulação estatal e interesses públicos*. São Paulo: Malheiros, 2002, p. 79-81.

83 BINENBOJM, Gustavo; CYRINO, André. O art. 28 da LINDB. A cláusula geral do erro administrativo. *RDA – Revista de Direito Administrativo*. Rio de Janeiro: Fundação Getúlio Vargas. Edição Especial: Direito Público na Lei de Introdução às Normas de Direito Brasileiro, nov. 2018, p. 204-205.

A superior importância dos interesses por ele geridos, ademais, torna inconcebível que eventuais erros não sejam prontamente sancionados. Na gestão de bens jurídicos tão caros ao Direito, como o são os interesses da coletividade, não seria autorizado ao administrador cometer deslizes, sob pena de por eles responder de maneira pessoal. Exige-se máxima cautela e habilidade daqueles que lidam com os sagrados ativos do Estado, de modo que a incidência de falhas na tomada de decisão, ainda que de boa-fé, deve sempre ser desautorizada pelos órgãos de controle[84].

Além disso, se é vedado ao gestor público transacionar e dispor dos bens e recursos a ele confiados, com maior razão lhe deve ser proibido cometer equívocos na intepretação de fatos ou normas jurídicas que embasam a atuação administrativa e que venham a prejudicar os interesses estatais.

É justamente tal entendimento que o presente trabalho busca contestar. Procura-se defender que, observados determinados parâmetros, eventuais erros na interpretação de fatos ou da legislação existente não devem, à luz do ordenamento jurídico brasileiro, gerar a responsabilização pessoal do administrador público.

Encontram-se identificadas, assim, algumas das principais características, normativas e institucionais, do modelo de controle do administrador público brasileiro, cenário que serve de pano de fundo para o reconhecimento de um espaço jurídico de erro do gestor público.

O próximo capítulo, por sua vez, retrata o contexto decisório do instituto aqui tratado. Ver-se-á que, em cenários de risco ou incerteza, o erro na tomada de decisões é, em certa medida, inevitável, sobretudo frente ao reconhecimento pela Economia Comportamental das limitações cognitivas do indivíduo.

---

84 A histórica maximização das sujeições sobre os agentes estatais, sobretudo em relação a agentes privados, é sustentada em SUNDFELD, Carlos Ari. *Direito Administrativo para céticos*. 2ª ed. São Paulo: Malheiros, 2014, p. 140/142.

Capítulo 2

O CONTEXTO DECISÓRIO

A TOMADA DE DECISÃO NA ADMINISTRAÇÃO PÚBLICA E A INEVITABILIDADE DO ERRO DO GESTOR

2.1. Introdução

No capítulo anterior, foram identificadas algumas das principais características, normativas e institucionais, do modelo de controle que incide sobre o administrador público no Brasil. Trata-se de um primeiro cenário que serve de pano de fundo ao reconhecimento de um espaço de tolerância jurídica ao cometimento de equívocos.

Este capítulo, por sua vez, retrata de forma específica o contexto da tomada de decisão pelos gestores de órgãos e entidades públicas. Assim como ocorre com o panorama tratado no capítulo anterior, acredita-se que compreender o cenário em que o processo decisório dos administradores públicos se dá é fundamental na demonstração de um necessário espaço jurídico de tolerância a erros.

Busca-se aqui utilizar de algumas descobertas e *insights* de disciplinas como a Administração Pública e de Empresas, a Psicologia e a Economia Comportamental para o aperfeiçoamento das instituições jurídicas, em específico da teoria da responsabilidade dos administradores públicos[1].

Para tanto, em um primeiro momento, descrever-se-á como o processo de convencimento do administrador público deveria ocorrer de acordo com o conhecido "modelo racional", o que se dará a partir da exposição de suas diferentes e consecutivas etapas. A análise do referido método parece demonstrar que a tomada de decisão consiste em um processo relativamente simples e objetivo.

Em seguida, no entanto, serão demonstradas as diferentes dificuldades enfrentadas pelo gestor e as razões pelas quais falhas nunca podem ser afastadas por completo. Por mais que se cerque de cautelas ao escolher entre suas diferentes alternativas decisórias, é sempre possível que ele incorra em equívocos na apreciação dos fatos

---

1 O emprego da Economia Comportamental como forma de aperfeiçoar instituições públicas é discutida de forma ampla em SEPÚLVEDA, Antônio Guimarães; QUIRINO, Carina de Castro. A economia comportamental como instrumento de otimização institucional. In BOLONHA, Carlos; BONIZZATO, Luigi; MAIA, Fabiano (coord.). *Teoria institucional e constitucionalismo contemporâneo*. Curitiba: Juruá, 2016.

ou dos textos normativos que embasam sua atuação. O contexto decisório permite demonstrar que o cometimento de erros pelo gestor é, em certa medida, inevitável.

Isso se dá por dois motivos principais, os quais serão esmiuçados e desenvolvidos ao longo deste capítulo.

A primeira razão para a inafastabilidade do erro na tomada de decisão é que as escolhas realizadas pelos gestores públicos, cotidianamente, têm como objeto sistemas complexos, como é o caso dos espaços urbanos e dos sistemas educacional, de transporte e de saúde. Tais sistemas são caracterizados pela constante mutabilidade e interação entre os elementos que o integram e, por conseguinte, são permeados de riscos e incertezas. A imprevisibilidade do ambiente de escolha determina a ocorrência de falhas daqueles que buscam influenciá-los.

Mesmo fora de cenários de complexidade, as decisões tomadas pelos administradores públicos costumam lidar com riscos e incertezas. Basta que seu sucesso dependa da ocorrência ou da não verificação de eventos futuros e incertos. Em tais casos, ver-se-á que é impossível prever de forma precisa e isenta de falhas o resultado e as consequências das ações administrativas. Tal contexto, igualmente, torna inevitável que eventuais erros de projeção sejam cometidos.

O segundo motivo para a inevitabilidade do erro desenvolvido no capítulo é a racionalidade limitada do administrador público. Ao contrário do que sustenta a escola econômica clássica, as habilidades intelectuais do indivíduo, como sua capacidade de captar, compreender e, sobretudo, processar informações, são permanentemente sujeitas a falhas e vieses cognitivos.

A apreensão das informações relevantes à tomada de decisão demanda tempo e dinheiro, recursos econômicos escassos. Por conseguinte, ao administrador, em geral, estará disponível apenas uma parcela dos dados essenciais à escolha a ser assumida. Ademais, mesmo em cenários ideais em que o gestor possui todas as informações relevantes ou em que riscos e incertezas não representam um problema para a tomada de decisão, não é possível evitar que, em certo grau, equívocos ocorram na compreensão e utilização dos dados que integram seu processo de convencimento[2].

---

2 Conforme Adrian Vermeule, a incerteza ("uncertainty") e a racionalidade limitada ("bounded rationality") são também as duas grandes dificuldades enfrentadas por magistrados em seu processo interpretativo: "Se os tribunais tivessem informações completas sobre as questões empíricas relevantes e a capacidade ilimitada de processá-las com precisão, o caráter empírico da escolha institucional traria poucas dificuldades. Mas nem condições de informação completa nem de compreensão plena descrevem de forma plausível o contexto real da escolha interpretativa. Em vez disso, os juízes devem fazer escolhas interpretativas com base em informações incompletas, possuem apenas uma capacidade limitada para gerar as informações necessárias por meio do adiamento de decisões ou por meio da condução de experimentos, e têm capacidade limitada para processar com precisão as informações que obtêm. Essas condições fazem da escolha interpretativa um exercício de decisão sob condições de incerteza empírica e racionalidade limitada". Tradução livre. No original, "If courts had full information about the relevant empirical issues and unbounded ability to process that information accurately, the empirical character of institutional choice would

2.2. O modelo racional de tomada de decisão

O administrador público é chamado a decidir a todo instante. Demanda-se, cotidianamente, que o gestor escolha, entre diversas opções possíveis e muitas vezes excludentes entre si, aquela que seja mais adequada para a resolução dos múltiplos problemas de responsabilidade do Estado[3].

O chamado "modelo racional" é um dos mais importantes e utilizados métodos de tomada de decisão em organizações públicas ou privadas. Afirma-se que a obediência ao referido modelo teria o condão de direcionar o agente à opção que melhor atenda aos critérios e objetivos por ele definidos ou a ele impostos[4].

Segundo o método em questão, o processo decisório deve ser constituído de diferentes e consecutivos estágios, iniciando-se pela identificação e definição de um determinado problema. Nessa primeira etapa, o administrador deve especificar de forma precisa o problema em relação ao qual está diante, evitando diagnosticá-lo equivocadamente a partir de seus sintomas ou de suas propostas de solução ou, ainda, de forma exagerada ou subestimada[5].

Em um segundo momento, cabe a ele identificar, de um lado, os objetivos que com a eventual solução do problema deseja alcançar e, de outro, aqueles que poderão ser sacrificados com a medida. Ao final, como se verá, a realização em concreto de tais objetivos será avaliada e servirá de critério para a escolha da alternativa mais adequada.

Como exemplo, ao buscar solucionar o problema de falta de vagas em estabelecimentos escolares de determinada região, o administrador almeja, entre outros objetivos, melhorar a qualidade do ensino e reduzir a evasão escolar. É possível, todavia,

pose few difficulties. But neither the conditions of full information nor the condition of full comprehension plausibly describes the actual setting of interpretive choice. Rather, judges must make interpretive choices in the face of impoverished information, have only limited capacity to generate the needed information by postponing interpretive choices or by conducting experiments, and have limited capacity to accurately process the information they do obtain. These conditions make interpretive choice an exercise in choice under conditions of empirical uncertainty and bounded rationality". VERMEULE, Adrian. *Judging under uncertainty*: an institutional theory of legal interpretation. Cambridge: Harvard University Press, 2006, p. 157-158.

3 Entende-se que há uma decisão a ser tomada nas hipóteses em que o indivíduo se depara com um problema que, por definição, possui diferentes alternativas de solução, conforme ABRAMCZUC, André Ambrosio. *A prática da tomada de decisão*. São Paulo: Atlas, 2009, p. 1-2.

4 Os modelos de tomada de decisão são classificados por Chun Wei Choo, professor da Universidade de Toronto, em quatro categorias: racional, processual, político e anárquico. Sobre o tema, ver CHOO, Chun Wei. *A organização do conhecimento*: como as organizações usam a informação para criar significado, construir conhecimento e tomar decisões. São Paulo: Editora Senac São Paulo, 2003, p. 274 e ss.

5 O modelo decisório apresentado é baseado nas lições de BAZERMAN, Max H; MOORE, Don A. *Processo decisório*. 8ª ed. Rio de Janeiro: Elsevier, 2014, p. 3 e ss.

que, com isso, acabe por prejudicar finalidades econômicas da Administração, como limitar a execução de despesas que estejam próximas ou acima do limite legal e atingir metas fiscais fixadas na respectiva legislação[6].

O terceiro estágio consiste em atribuir a cada um dos objetivos identificados um determinado peso em abstrato. É o que, posteriormente, instrumentalizará a comparação das alternativas decisórias[7].

As pretensões estatais, assim como os objetivos políticos de determinado governo, possuem um nível de importância variável. Do ponto de vista jurídico, costuma-se afirmar que as finalidades meramente patrimoniais, referentes à preservação dos bens e dos recursos públicos, possuem um peso *a priori* menor do que aquelas que guardam uma relação direta e imediata com direitos fundamentais[8]. Do ponto de vista político, as prioridades estatais são determinadas pelo projeto político vitorioso no processo eleitoral, obedecidos os limites e parâmetros estabelecidos pelo Direito[9].

---

6 Conforme previsto na Lei Complementar nº 101/00 (Lei de Responsabilidade Fiscal), os entes federativos devem obedecer a certos limites de endividamento e de despesas com pessoal. Além disso, devem cumprir as metas fiscais previstas na Lei de Diretrizes Orçamentárias. A perspectiva de não cumprimento dos referidos limites ou metas impõe limitações na execução de despesas, nos termos dos artigos 9º, 21, II, e 31, §1º, II, do referido diploma.

7 "Quando os critérios de preferências são muitos (pelo menos dois), devem eles mesmos ser ordenados numa escala de valores. Esta nada mais é que do que um instrumento criado pelo pensamento com a finalidade de oferecer um sistema de aferição comparativo de alternativas. Se não existir tal sistema, é impossível elaborar uma ordenação de alternativas e determinar qual delas é a mais adequada a dado propósito.". ABRAMCZUC, André Ambrosio. *A prática da tomada de decisão.* São Paulo: Atlas, 2009, p. 35.

8 A prevalência do interesse público primário, relativo ao bem-estar da sociedade, sobre o secundário, relacionado à preservação do patrimônio do Estado, é defendida por boa parte da doutrina nacional com base nas lições de Renato Alessi. É o caso de BARROSO, Luís Roberto. Prefácio: O Estado contemporâneo, os direitos fundamentais e a definição da supremacia do interesse público. In: SARMENTO, Daniel (Org.). *Interesses públicos versus interesses privados*: desconstruindo o princípio da supremacia do interesse público. Rio de Janeiro: Lumen Juris, 2005. p. vii-xviii. Críticas à ideia de uma supremacia de interesses podem ser encontradas em BINENBOJM, Gustavo. *Uma teoria do direito administrativo*: direitos fundamentais, democracia e constitucionalização. 2ª ed. Rio de Janeiro: Renovar, 2008, p. 100-102. Já objeções à própria distinção conceitual entre interesses públicos primários e secundários constam de ARAGÃO, Alexandre Santos de. *Empresas Estatais*: O Regime Jurídico das Empresas Públicas e Sociedades de Economia Mista. Rio de Janeiro: Forense, 2017, p. 102.

9 Nem sempre as prioridades políticas do administrador serão juridicamente possíveis. Como exemplo, sabe-se que, por exigências legais e constitucionais, o gestor deve obedecer a uma série de limites mínimos e máximos de despesa em áreas como saúde, educação e pessoal. Em um cenário de recursos escassos, tais limites podem impedir a realização de certas pretensões chanceladas pelas urnas. Sobre a capacidade, ainda que relativa, do Direito em limitar pretensões políticas, ver BARROSO, Luís Roberto. Constituição, democracia e supremacia judicial: direito e política no Brasil contemporâneo. *Revista da Faculdade de Direito da UERJ*, vol. 2, nº 21, janeiro/junho de 2012.

Em quarto lugar, cumpre ao administrador listar as diferentes alternativas que tenham o condão de resolver ou, ao menos, atenuar o problema identificado. Na hipótese acima citada, a ausência de vagas no sistema educacional pode ser enfrentada por meio da construção de novas escolas e admissão de mais professores, do aumento do número de alunos por sala, da implantação de um sistema de aprovações automáticas ou da concessão de *vouchers* para que alunos hipossuficientes possam frequentar a rede privada de ensino.

Por fim, deve valorar cada alternativa de acordo com o grau de realização (ou de sacrifício) em concreto dos objetivos definidos na primeira fase do processo decisório. A pergunta a ser respondida é: em que medida a decisão atende ou prejudica no caso em análise as finalidades da Administração Pública?[10]

Com efeito, cada uma das alternativas identificadas será acompanhada de um pacote de potenciais consequências positivas e negativas, as quais devem ser antecipadas e mensuradas. A classificação das opções decisórias, então, será realizada por meio da comparação do grau de concretização ou restrição dos objetivos públicos definidos e valorados de forma abstrata na segunda e terceira etapas do processo decisório[11].

Por se tratar de uma avaliação em concreto, a classificação das opções disponibilizadas dependerá, nessa quinta e última etapa, essencialmente do contexto em que a decisão se encontra inserida.

Aproveitando-se mais uma vez da hipótese citada acima, soluções mais econômicas, como o aumento do número de alunos por sala ou a implantação de um modelo de aprovação automática, tendem a ser melhor classificadas no caso de entidades públicas com graves limitações orçamentárias ou com despesas próximas ou além dos limites legais. Já nos casos de entes federativos que possuam fracos indicadores de aprendizado, as referidas medidas podem prejudicar ainda mais a qualidade do ensino público, razão pela qual ganham força soluções que envolvam a construção de novas escolas e admissão de professores ou mesmo que busquem o auxílio da iniciativa privada.

---

10 Interessante notar que a conferência de pesos em abstrato e em concreto é método também utilizado na fórmula ponderativa proposta por Robert Alexy. Em eventual conflito entre princípios, a solução deve considerar a importância abstrata de cada um deles e o grau de restrição ou realização no caso concreto. O método está descrito em ALEXY, Robert. *On Balancing and Subsumption*. A Structural Comparison. Blackwell Publishing: Ratio Juris, vol. 16, nº 4, dezembro de 2003, p. 443 e ss.

11 "Se qualquer uma das estratégias possíveis for escolhida e seguida, ocorrerão certas consequências. A tarefa da decisão racional é selecionar uma das estratégias que possui o conjunto de consequências preferido". Tradução livre. No original, "If any one of the possible strategies is chosen and followed out, certain consequences will result. The task of rational decision is to select that one of the strategies which is followed by the preferred set of consequences". SIMON, Herbert Alexander. *Administrative behavior*: a study of decision-making processes in administrative organizations. 4ª ed. Nova Iorque: The Free Press, 1997, p. 77.

Valoradas e ranqueadas as alternativas de acordo com sua importância abstrata e, em seguida, conforme o grau de concretização ou de restrição dos objetivos públicos potencialmente atingidos, passa a ser possível ao administrador público identificar a opção de ação mais adequada a ser seguida. É, ao menos, o que promete o modelo racional de tomada de decisão.

Ocorre que o múnus de realizar escolhas em nome da Administração Pública não é uma tarefa tão simples e objetiva como faz parecer o método decisório acima descrito. É que, como será visto nos próximos tópicos, o processo decisório envolve uma série de dificuldades que tornam inevitável o cometimento de erros. Inicie-se pelo contexto de complexidade, risco e incerteza que envolve as decisões tomadas pelo administrador público.

2.3. A inevitabilidade do erro em decisões administrativas tomadas em cenários de complexidade, risco e incerteza

Os sistemas complexos são objeto de interesse de múltiplas disciplinas. São estudados por ciências exatas e biológicas, como a Física, a Medicina e a Biologia, para descrever fenômenos como as atividades do cérebro humano, o clima mundial ou o funcionamento de uma floresta tropical[12]. Além disso, seus *insights* foram incorporados pelas ciências humanas, como a Ciência Política e a Administração para explicar a dinâmica de organismos como o Poder Legislativo e grandes organizações administrativas[13].

Tais sistemas são caracterizados pela mutabilidade, interdependência e intensa interação entre os múltiplos elementos que o integram. A influência mútua entre os seus elementos resulta em propriedades emergentes, que não podem ser controladas individualmente por qualquer de seus integrantes[14].

O padrão de desenvolvimento de uma cidade, um dos clássicos casos de sistemas complexos, é uma propriedade emergente que resulta da atuação conjunta de múltiplos fatores, como preferências de moradia, interesses econômicos de construtoras e empreiteiras, decisões tomadas por agentes públicos a respeito do planejamento urbano, fenômenos ambientais, entre outros. Nenhuma entidade dentro

---

12 MITCHEL, Melanie. *Complexity*: a guided tour. Oxford: Oxford University Press, 2009.

13 ALMEIDA, Acir. *Superando o caos*: legislativos como sistemas complexos adaptativos. In FURTADO, Bernardo Alves; SAKOWSKI, Patrícia Alessandra Morita e TÓVOLL, Marina Haddad (eds.). *Modelagem de sistemas complexos para políticas públicas*. Brasília: IPEA, 2015, p. 375 e SILVA, Anielson Barbosa da; REBELO, Luiza M. Bessa. A emergência do pensamento complexo nas organizações. *Revista de Administração Pública*. Rio de Janeiro: Fundação Getúlio Vargas, vol. 37, nº 4, 2003.

14 Não há consenso a respeito dos elementos essenciais de um sistema como complexo. No entanto, a intensa mutabilidade e interação entre os agentes que o compõem é apontada como uma de suas características conceituais, conforme HOLLAND, John H. *Complexity*: a very short introduction. Oxford: Oxford University Press, 2014, p. 3-6.

desse sistema tem a capacidade de, sozinha, definir o modo pelo qual ocorrerá a sua evolução[15].

O próprio sistema jurídico (e, mais especificamente, o sistema constitucional) é, por alguns autores, considerado uma hipótese de sistema complexo. É que a permanente e mutável construção de sentido das normas jurídicas ocorre por meio de uma complexa interação entre textos legislativos e diferentes instituições e agentes, como órgãos jurisdicionais, doutrinadores, integrantes do Poder Executivo e atores econômicos[16].

Outra importante peculiaridade dos sistemas complexos – esta, fundamental para os fins do presente estudo – é que a interação entre os elementos que os compõem ocorre de forma não linear e, em algumas hipóteses, até mesmo caótica. Justamente por esse motivo, costuma-se dizer que tais sistemas são extremamente difíceis de prever, controlar e gerenciar. Pequenas alterações em algum elemento deles integrantes podem resultar em consequências dificilmente antecipáveis[17].

A imprevisibilidade dos sistemas complexos pode ser demonstrada pela diferenciação realizada entre os conceitos de "complexidade" e "complicação". Embora considerados sinônimos no dicionário[18], trata-se de termos científicos que não se confundem. Um sistema complicado é aquele integrado por muitos elementos, mas cujas interações obedecem a um padrão simples e previsível. É o caso do sistema de funcionamento de um automóvel, que, apesar de composto por milhares de peças, é compreendido e previsto de maneira precisa pela engenharia tradicional.

---

15 RAND, William. Sistemas complexos: conceitos, literatura, possibilidades e limitações. In FURTADO, Bernardo Alves; SAKOWSKI, Patrícia Alessandra Morita e TÓVOLL, Marina Haddad (eds.). *Modelagem de sistemas complexos para políticas públicas*. Brasília: IPEA, 2015, p. 47.

16 Segundo Vermeule, "qualquer ordem constitucional complexa, incluindo a nossa, é melhor entendida como um sistema de sistemas (...). A análise constitucional examina a interação entre instituições que são, elas próprias, arranjos de equilíbrio que resultam da interação entre seus membros". Tradução livre. No original, "any complex constitutional order, including our own, is best understood as a system of systems (...). Constitutional analysis examines the interaction among institutions, which are themselves equilibrium arrangements that result from the interaction of their individual members". VERMEULE, Adrian. *The system of the constitution*. Oxford: Oxford University Press, 2011, p. 4.

17 "Devido às interações complexas destes sistemas e à forma não linear em que os elementos de um sistema complexo dão origem a padrões gerais de comportamento, sistemas complexos podem ser muito difíceis de prever, de controlar e de gerenciar. Portanto, o melhor uso dos métodos de análise de sistemas complexos para a avaliação de políticas públicas não se dá em um contexto de previsão perfeita". RAND, William. *Sistemas complexos*: conceitos, literatura, possibilidades e limitações. In FURTADO, Bernardo Alves; SAKOWSKI, Patrícia Alessandra Morita e TÓVOLL, Marina Haddad (eds.). *Modelagem de sistemas complexos para políticas públicas*. Brasília: IPEA, 2015, p. 44.

18 "Complexo (cs) *adj*. Confuso, complicado, intricado." FERREIRA, Aurélio Buarque de Holanda. *Miniaurélio:* o minidicionário da língua portuguesa. 7ª ed. Curitiba: Ed. Positivo, 2008. p. 250.

De outro lado, o tráfego de carros em uma cidade é considerado um sistema complexo. Motoristas interagem e adaptam seu comportamento no trânsito de acordo com diversos fatores, como a meteorologia, hábitos de direção, expectativas a respeito da conduta de terceiros e até a incidência de diferentes emoções. Por isso, embora seja possível identificar tendências a respeito do fluxo de veículos, sua previsão nunca poderá ser realizada de forma absolutamente correta[19].

Grande parte das decisões tomadas por administradores públicos têm por objeto ou são condicionadas por sistemas de alta complexidade. Entre outros sistemas complexos, as escolhas administrativas formuladas no âmbito de políticas públicas são condicionadas pelo sistema jurídico vigente e costumam influenciar de forma determinante os espaços urbanos, a economia, o meio ambiente e os sistemas de saúde, educação e de transportes:

> "O conceito central de sistemas complexos pressupõe sistemas dinâmicos, não lineares, que contêm grande número de interações entre as partes. Esses sistemas se modificam, de modo a aprenderem, evoluírem e adaptarem-se e geram comportamentos emergentes e não determinísticos. (...). Políticas públicas também abarcam uma série de questões setoriais que são entrelaçadas, assíncronas e espacialmente sobrepostas. Esse entendimento cruzado de sistemas complexos e de políticas públicas sugere que a maioria dos objetos de políticas públicas – sejam eles de natureza econômica ou urbana, de consequências ambientais ou políticas – podem ser vistos como sistemas complexos."[20]

Ao serem desenvolvidas em ambientes complexos e, por isso, dinâmicos e instáveis, as decisões tomadas pelo gestor público costumam gerar consequências de difícil ou impossível antecipação, podendo influenciar áreas totalmente distintas daquelas que, em princípio, são objeto da opção administrativa. Em um sistema complexo, por conta da intensa interação dos elementos que o compõem e da consequente atuação de causas imprevistas, não é incomum que pequenas intervenções impliquem efeitos supreendentemente intensos ou que grandes mudanças gerem consequências desprezíveis[21].

---

19 OECD. *Applications of Complexity Science for Public Policy*: New Tools for Finding Unanticipated Consequences and Unrealized Opportunities. Setembro de 2009, Sicília, p. 2. Disponível em <https://www.oecd.org/sti/sci-tech/43891980.pdf >.

20 FURTADO, Bernardo Alves; SAKOWSKI, Patrícia Alessandra Morita e TÓVOLL, Marina Haddad. Abordagens de sistemas complexos para políticas públicas. In FURTADO, Bernardo Alves; SAKOWSKI, Patrícia Alessandra Morita e TÓVOLL, Marina Haddad (eds.). *Modelagem de sistemas complexos para políticas públicas*. Brasília: IPEA, 2015, p. 21.

21 Segundo relatório produzido pela Organização para a Cooperação e Desenvolvimento Económico ("OCDE") a respeito do tema, "agentes públicos e outros tomadores de decisão cada vez mais se deparam com uma classe assustadora de problemas que envolve sistemas que são compostos de diversas partes interativas. Esses sistemas são propensos a comportamentos surpreendentes, em grande escala e aparentemente incontroláveis. Essas são as características do que os cientistas chamam de sistemas complexos". Tradução livre. No original, "Government officials and other deci-

A realização de escolhas administrativas em cenários de complexidade é permeada por riscos e incertezas. Matérias complexas e variadas, como crises econômicas, calamidades naturais e uma demanda incerta e variável de pessoas que necessitam de serviços públicos de saúde, educação e transporte fazem parte do dia a dia da Administração Pública[22].

Diz-se que há risco, com efeito, quando não se tem confiança absoluta a respeito da ocorrência de um evento futuro, mas é viável, ao menos, mensurar a probabilidade de sua verificação. Já a incerteza propriamente dita ocorre em situações em que sequer se faz possível identificar ou quantificar do ponto de vista probabilístico as consequências de determinada decisão[23].

Como consequência, os resultados das escolhas firmadas por gestores públicos dificilmente podem ser assegurados *ex ante*. Os formuladores e executores de políticas estatais criam incentivos que visam a alcançar os objetivos almejados, mas, em regra, não poderão garantir que eles serão, ao fim, atingidos. Inúmeros fatores, muitos deles de difícil ou impossível previsão, podem atuar para que as finalidades da ação pública não sejam alcançadas[24]. Nesses cenários, erros decisórios são inevitáveis[25].

---

sion makers increasingly encounter a daunting class of problems that involve systems composed of very large numbers of diverse interacting parts. These systems are prone to surprising, large-scale, seemingly uncontrollable, behaviors. These traits are the hallmarks of what scientists call complex systems." OECD. *Applications of Complexity Science for Public Policy*: New Tools for Finding Unanticipated Consequences and Unrealized Opportunities. Setembro de 2009, Sicília, p. 2. Disponível em < https://www.oecd.org/sti/sci-tech/43891980.pdf >. Acesso em 23 out. 2018.

---

22 MIRANDA, Rodrigo Fontenelle de A. *Implementando a gestão de riscos no setor público*. Belo Horizonte: Fórum, 2017, p. 37.

23 "Na incerteza, sequer se pode determinar a probabilidade de um evento, o que inviabiliza qualquer tentativa de se estabelecer um seguro quanto a tal ocorrência. Por outro lado, em um contexto de risco, o agente de decisão poderá empreender um cálculo atuarial quanto à possibilidade desse evento". MONTEIRO, Jorge Vianna. A conjuntura das escolhas públicas. *Revista de Administração Pública*: Rio de Janeiro, volume 30, nº 3, maio/jun. 1996, p. 158. Esta é diferenciação clássica entre risco e incerteza defendida pelo economista e ex-professor da Universidade de Chicago, Frank Hyneman Knight, em obra clássica sobre o tema: KNIGHT, Frank Hyneman. *Risk, uncertainty and profit*. New York: Cosimo Classics, 2006, p. 19-20. O termo "incerteza" é também utilizada de forma ampla, como gênero das espécies "risco" e "incerteza propriamente dita". Para uma classificação mais ampla das espécies de incerteza, conferir DHAMI, Sanjit; AL-NOWAIHI, Ali; SUNSTEIN, Cass R.. *Heuristics and Public Policy*: Decision Making Under Bounded Rationality. Junho de 2018. Disponível em <https://ssrn.com/abstract=3198739>. Acesso em 19 out. 2018.

24 MUELLER, Bernardo. *Sistemas complexos em políticas públicas no Brasil*. In FURTADO, Bernardo Alves; SAKOWSKI, Patrícia Alessandra Morita e TÓVOLL, Marina Haddad (eds.). *Modelagem de sistemas complexos para políticas públicas*. Brasília: IPEA, 2015, p. 294-295.

25 "Embora seja possível evitar erros sérios com a adoção de melhores práticas na gestão da segurança e do risco, incluindo uma completa análise de eventos que porventura ocorram, pequenas falhas em processos são inevitáveis. Considerá-las algo ruim é não só ignorar como um sistema complexo funciona, mas também contraproducente". EDMONDSON, Amy C. *Estratégias para aprender com o erro*. Harvard Business Review Brasil, 17 de novembro de 2014. Disponível em <http://hbrbr.uol.com.br/estrategias-para-aprender-com-o-erro/>. Acesso em 16 out. 2018.

Exemplo do que ora se relata é a dificuldade de se prever de que maneira determinada ação administrativa na área da educação poderá impactar no aprendizado dos alunos. Isso se dá na medida em que o sistema de ensino é um sistema complexo, visto que integrado por uma série de elementos de natureza heterogênea, como alunos, professores, diretores e conselhos escolares, além de agentes estatais de diferentes níveis federativos, os quais interagem entre si de forma intensa e não linear.

O aprendizado, uma das propriedades emergentes do sistema educacional, resulta não somente das informações transmitidas pelos professores, sendo um produto também das interações entre os estudantes e inúmeros outros fatores. Sabe-se, por exemplo, que o nível de violência da comunidade em que residem e a escolaridade e posição socioeconômica de suas famílias impactam de forma determinante no desempenho acadêmico dos alunos[26]. Por esse motivo, a realização de investimentos em educação pode não impactar da forma esperada a qualidade do ensino em comunidades extremamente pobres ou com altos índices de criminalidade.

Além de tornar imprevisível o resultado das ações administrativas, a complexidade do cenário de decisão faz com que os custos sociais[27] decorrentes de uma determinada opção assumida pelo gestor possam não ser por ele antecipados, dando origem às chamadas "*unanticipated consequences*"[28].

No setor público, inclusive, o administrador deve levar em consideração uma gama de possíveis efeitos colaterais de suas decisões muito mais ampla do que aquela que, em geral, é entendida como relevante por gestores particulares. Com algumas exceções, como é o caso das políticas de sustentabilidade[29], as organizações privadas costumam considerar apenas os efeitos de sua decisão que afetem diretamente suas atividades econômicas. De outro lado, espera-se que órgãos e entidades públicas levem em conta os impactos de suas opções em relação ao bem-estar da sociedade em geral, o que eleva a complexidade do processo de escolha de alternativas[30].

---

26 O tema é explorado em SAKOWSKI, Patrícia A. Morita; TÓVOLLI Marina H. Perspectivas da complexidade para a educação no Brasil. In FURTADO, Bernardo Alves; SAKOWSKI, Patrícia Alessandra Morita e TÓVOLL, Marina Haddad (eds.). *Modelagem de sistemas complexos para políticas públicas*. Brasília: IPEA, 2015, p. 351-352.

27 Em Economia, "custos sociais" são definidos como os impactos negativos de uma determinada decisão empresarial sobre a sociedade em geral. Sobre o tema, conferir COASE, Ronald. The Problem of Social Cost. *The Journal of Law & Economics*, vol. 3, outubro de 1960. A expressão é aqui utilizada, porém, para retratar os custos das decisões estatais em áreas inicialmente não previstas.

28 Sobre o tema, ver MERTON, Robert K. The unanticipated consequences of purposive social action. *American Sociological Review*, vol. 1, nº 6, dezembro de 1936.

29 Trata-se de ações e investimentos realizados por empresas que, em princípio, não geram um retorno econômico direto, embora sejam relevantes para o desenvolvimento de sua imagem. O assunto é tratado em KIRON, David; et. al. Sustainability Nears a Tipping Point. *MIT Sloan Management Review*, vol. 53, 2012. Disponível em <http://sloanreview.mit.edu/article/sustainability-nears-a-tipping-point/>. Acesso em 14 dez. 2018.

30 SIMON, Herbert Alexander. *Administrative behavior*: a study of decision-making processes in administrative organizations. 4ª ed. Nova Iorque: The Free Press, 1997, p. 79.

As questões envolvidas na construção de um grande hospital em um município integrante de desenvolvida região metropolitana retratam o nível de complexidade aqui tratado. Embora tenha o potencial de aumentar o número de atendimentos à população, a opção por construir a unidade pública de saúde em questão pode ter como efeitos adversos (e de difícil antecipação), entre outros, o aumento do tráfego de veículos, a produção de resíduos hospitalares prejudiciais ao meio ambiente, a desvalorização dos imóveis da região e o desestímulo a que municípios vizinhos construam ou mantenham unidades de saúde próprias.

O cometimento de erros em políticas públicas torna-se inevitável pela complexidade do contexto factual no qual opções decisórias são realizadas. De fato, quanto maior é a complexidade do ambiente de tomada de decisão, maiores são os riscos e incertezas envolvidos e, por conseguinte, mais intensa é a imprevisibilidade dos resultados das ações administrativas.

Mesmo quando suas decisões não possuem como objeto sistemas complexos, o administrador público lida com riscos e incertezas sempre que, em seu processo de convencimento, realiza opções no presente que pressupõem a ocorrência ou a não verificação de determinado evento futuro e incerto[31].

Ao integrar aos fundamentos de sua decisão projeções de futuros acontecimentos, o gestor público condiciona o acerto de sua opção, ainda que de forma parcial, ao acaso. Por definição, os efeitos esperados da escolha realizada poderão nunca ser verificados no mundo dos fatos, o que torna ocorrência de erros na tomada de decisão inevitável[32].

Em suma, é impossível ao gestor antecipar, com absoluta segurança, os resultados e consequências – diretas ou indiretas, positivas ou negativas – das decisões por ele tomadas. A natureza complexa do ambiente de tomada de decisão e a presença

---

31 "Risco relaciona-se diretamente ao problema da decisão, no presente, sobre algo que pode acontecer em um futuro incerto. A sociedade moderna experimenta o futuro sob a forma do risco de decisão, e a tomada de decisões, por seu turno, só é possível no presente e somente tem cabimento na medida em que o que vai acontecer é incerto. Daí, como Luhmann anota, que o risco é uma forma de descrição presente do futuro sob o ponto de vista de uma decisão sobre diferentes alternativas. Só há sentido em falarmos de risco quando consequências (no futuro) resultam de decisões (tomadas no presente)". JÚNIOR, Alceu Maurício. *O Estado de risco*: o Estado Constitucional de Direito no paradigma social do risco. (Doutorado em Direito) – Pontifícia Universidade Católica do Rio de Janeiro, 2011, p. 24.

32 Para alguns autores, o fato de uma determinada decisão não surtir os efeitos esperados não implica o reconhecimento de um erro. As decisões não seriam propriamente certas ou erradas, mas apenas atenderiam ou não aos fins pretendidos. É a opinião de BRIGAGÃO, Pedro Henrique Castello. *A Administração de Companhias e a Business Judgement Rule*. São Paulo: Quartier Latin, 2017, p. 30. Como à frente se verá, no entanto, conceitua-se erro no presente trabalho como uma desconformidade não intencional entre o motivo em que o administrador público baseou sua atuação e a realidade fática ou jurídica subjacente, o que inclui divergências entre previsão e realidade. Não obstante, reconhece-se que o erro é um conceito relativo. Sobre o tema, ver o próximo capítulo e, em especial, o item 3.3, *infra*.

de riscos e incertezas é, assim, um primeiro fator que determina o cometimento de equívocos decisórios pelos administradores públicos.

2.4. A *behavioral public choice* e a racionalidade limitada do administrador público

Um dos grandes desafios das Ciências Econômicas ao longo da história é prever o comportamento e as reações dos indivíduos aos fatores existentes no ambiente. Para tanto, a teoria econômica tradicional costuma partir de uma ficção: o indivíduo possui um conhecimento completo a respeito das informações relevantes do meio em que se encontra inserido e com base nele toma suas decisões de forma racional e de modo a maximizar seus interesses[33]. Trata-se do conhecido mito do "homem econômico".

Presume-se que o indivíduo funciona com uma capacidade cognitiva sobre-humana. É capaz de obter e armazenar todas as informações relevantes, antecipar todas as alternativas possíveis e conhecer, com exatidão, as probabilidades de sua ocorrência. Além disso, o *homo economicus* pondera de forma objetiva e completa todos os custos e benefícios das alternativas existentes[34].

Seguindo o modelo de tomada de decisão descrito no item 2.2 acima, o homem objetivamente racional seria capaz de dimensionar o problema de forma adequada, identificar todos os critérios de julgamento existentes, ponderar com perfeição todos os critérios segundo a dimensão de peso a eles atribuídos, conhecer todas as alternativas decisórias possíveis e avaliá-las de acordo com os critérios existentes. Ao fim, seria capaz de ponderar as alternativas identificadas e escolher aquela que se apresenta como a mais adequada aos interesses defendidos[35].

---

33 BECK, Garry Stanley. *The economic approach to human behavior*. Chicago e Londres: The University of Chicago Press, 1978, p. 14.

34 "Se examinarmos de perto os conceitos 'clássicos' de racionalidade delineados acima, vemos imediatamente quais são as severas exigências que eles realizam. O organismo deve ser capaz de avaliar recompensas de forma definitiva (ou, pelo menos, uma gama definida de custos e benefícios) para cada resultado possível. Isso, é claro, envolve também a capacidade de especificar a natureza exata dos resultados – não há espaço no esquema para 'consequências imprevistas'. As recompensas devem ser devidamente ordenadas – deve sempre ser possível especificar, de maneira consistente, que um resultado é melhor, tão bom, ou pior do que qualquer outro". Tradução livre. No original, "If we examine closely the 'classical' concepts of rationality outlined above, we see immediately what severe demands they make upon the choosing organism. The organism must be able to attach definite pay-offs (or at least a definite range of pay-offs) to each possible outcome. This, of course, involves also the ability to specify the exact nature of the outcomes – there is no room in the scheme for 'unanticipated consequences'. The pay-offs must be completely ordered – it must always be possible to specify, in a consistent way, that one outcome is better than, as good as, or worse than any other". SIMON, Herbert Alexander. A behavioral model of rational choice. *The Quarterly Journal of Economics*, v. 69, nº 1, fevereiro de 1955, p. 103-104.

35 SIMON, Herbert Alexander. *Administrative behavior*: a study of decision-making processes in administrative organizations. 4ª ed. Nova Iorque: The Free Press, 1997, p. 93. De forma semelhante,

Para alguns autores, tal concepção seria um dos principais fundamentos da ideologia libertária pregada pela escola econômica da Universidade de Chicago. A fé na racionalidade humana e na plena consciência do indivíduo em relação às suas escolhas justificaria a desnecessidade (e mesmo a imoralidade) de o Estado intervir para proteger as pessoas dos efeitos adversos de suas próprias decisões[36].

A premissa da escolha racional serviu de base também para a construção original da teoria da *public choice*[37]. A grande contribuição de tal teoria para o Direito Público foi a de esclarecer que, assim como ocorre com os atores econômicos em um ambiente de mercado, os agentes públicos também buscam maximizar seus interesses pessoais. Segundo sustentado pelos seus teóricos clássicos, ao tomar decisões em nome do Estado, políticos sempre levariam em consideração, de maneira racional, os efeitos de tais escolhas sobre seu próprio patrimônio, seu desempenho eleitoral e sobre os interesses de poderosos grupos que os apoiam, ainda que minoritários na sociedade[38].

Uma primeira onda de críticas à teoria da escolha pública, todavia, demonstrou que as opções realizadas pelos agentes políticos são influenciadas por múltiplos fatores. Em seu processo decisório, os agentes estatais podem ser instigados por diversos objetivos que não estão relacionados com a perseguição de benefícios individuais ou patrimoniais. Também pesam em suas escolhas incentivos não econômicos, como o

---

Jon Elster afirma que "a ação racional, então, envolve três operações otimizadoras: encontrar a melhor ação para determinadas crenças e desejos; formar a melhor crença fundamentada para determinada evidência; e coletar a quantidade certa de evidências para determinados desejos e crenças anteriores". Tradução livre de "rational action, then, involves three optimizing operations: finding the best action, for given beliefs and desires; forming the best-grounded belief, for given evidence; and collecting the right amount of evidence, for given desires and prior beliefs". ELSTER, Jon. *Solomonic judgements*: studies in the limitation of rationality. Cambridge: Cambridge University Press, 1989, p. 4.

---

36 É a opinião de KAHNEMAN, Daniel. *Rápido e devagar*: duas formas de pensar. 1ª ed. Rio de Janeiro: Objetiva, 2012, p. 518.

37 "Estudiosos da Public Choice estavam originalmente focados em exportar a abordagem da escolha racional para áreas de pesquisa fora do mercado e não consideraram uma modificação de seus próprios métodos analíticos". Tradução livre. No original, "Public Choice scholars were originally focused on exporting the rational choice approach to non-market areas of research, and did not consider a modification of their own analytic methods". SCHNELLENBACH, Jan; SCHUBERT, Christian. Behavioral public choice: A survey. *Freiburger Diskussionspapiere zur Ordnungsökonomik*, nº 14/03, 2014, p. 1.

38 A respeito do tema, são clássicas as seguintes obras: ARROW, Kenneth. *Social Choice and Individual Values*. Nova Iorque: John Wiley and Sons, 1963; BUCHANAN, James; TULLOCK, Gordon. *The Calculus of Consent*. Ann Arbor: University of Michigan Press, 1962 e OLSON, Mancur. *The Logic of Collective Action* (Public Goods and the Theory of Groups). Cambridge: Harvard University Press, 1965. No Brasil, conferir MONTEIRO, Jorge Vianna. *O lado escuro da escolha pública*. Revista de Administração Pública: Rio de Janeiro, volume 41, nº 3, maio/jun. 2007.

espírito cívico, a perseguição de ideologias, a realização de vaidades e a busca por poder e influência[39].

Mais recentemente, passou-se a contestar a escola clássica da escolha pública por um segundo motivo, também relacionado à adoção irrefletida da premissa do *homo economicus*. Estudos oriundos da economia comportamental evidenciaram que o indivíduo está sujeito às mais variadas falhas cognitivas, as quais não é capaz de evitar de forma consistente[40]. Desse modo, ao contrário do que prega a teoria tradicional da *public choice*, a racionalidade limitada do agente estatal o torna incapaz de, a todo momento, perseguir de forma racional seus próprios interesses.

A incorporação das ideias trazidas pela economia comportamental para o ambiente de decisão no setor público deu origem à chamada *"behavioral public choice"* ou "teoria da escolha pública comportamental"[41]. Por meio de seus estudos, as premissas da racionalidade limitada e da consequente inevitabilidade do cometimento de equívocos decisórios passaram a orientar não só a avaliação do comportamento de atores econômicos, mas também do processo de formação da vontade dos eleitores e, no que interessa ao presente livro, dos agentes estatais[42].

O raciocínio em que baseia a teoria é simples: o Estado atua por meio de indivíduos que estão sujeitos às mesmas falhas cognitivas que acometem os demais seres humanos. As habilidades psicológicas e cognitivas dos governantes e demais atores que atuam em nome da Administração não são infalíveis e estão permanentemente sujeitos ao cometimento de equívocos[43].

---

39 FARBER, Daniel A.; FRICKEY, Philip P. *Law and Public Choice*: a critical introduction. Chicago e Londres: The University of Chicago Press, 1991, p. 23-33.

40 O estudo clássico a respeito do tema é de SIMON, Herbert Alexander. A behavioral model of rational choice. *The Quarterly Journal of Economics*, v. 69, nº 1, fevereiro de 1955. Aplicações da economia comportamental no Direito são tratadas em JOLLS, Christine; SUNSTEIN, Cass R.; THALER, Richard. Behavioral approach to Law & Economics. *Stanford Law Review*, nº 1471, janeiro de 1998.

41 A tradução da expressão para o português e uma análise jurídica a respeito do tema são realizadas em QUIRINO, Carina de Castro. Irracionalidade do agente público e teoria da escolha pública comportamental: notas sobre um elefante na sala. *Revista Quaestio Iuris*, vol. 11, nº 2, Rio de Janeiro, 2018.

42 Uma ampla avaliação da literatura sobre a teoria da escolha pública comportamental consta de SCHNELLENBACH, Jan; SCHUBERT, Christian. *Behavioral public choice*: A survey, Freiburger Diskussionspapiere zur Ordnungsökonomik, nº 14/03, 2014.

43 Segundo Cass Sunstein, "mesmo que estejam bem motivados, agentes públicos também são humanos e não há razão para pensar que estão imunes aos de vieses cognitivos que afetam as pessoas comuns. Nós podemos ir mais longe. O campo da 'teoria da escolha pública comportamental' está em seus estágios iniciais e se desenvolverá com o tempo. A teoria da escolha pública comportamental deve complementar o padrão vigente, explorando em que medida os agentes públicos erram, visto que cometem os mesmos equívocos que enfatizei aqui". Tradução livre. No original, "even if they are well motivated, officials are human too, and there is no reason to think that they are immune from the kinds of biases that affect ordinary people. We can go further. The field of 'behavioral public choice theory' is in its early stages, and it will develop over time. Behavioral pub-

A existência de erros inevitáveis por parte do administrador público, nesse passo, não decorre apenas do contexto de complexidade, risco e incerteza no qual se encontra inserido. Eles são resultantes também da limitação da racionalidade humana e da consequente incapacidade do gestor de captar, compreender e processar de forma perfeita as informações disponibilizadas.

Em primeira ordem, restrições de tempo e de custo limitam a quantidade e qualidade dos dados disponíveis. O gestor público conta com tempo e recursos finitos para captar informações, de modo que, fatalmente, nem todos os dados necessários à tomada de decisão estarão, a tempo e a hora, disponíveis.

Situações de extrema urgência, inclusive, podem demandar do administrador respostas rápidas ou quase automáticas, nas quais a busca de dados é praticamente impossibilitada[44]. Em qualquer caso, é preciso ter em conta que o conhecimento que o gestor possui a respeito das alternativas decisórias, assim como das potenciais consequências de suas decisões, é necessariamente incompleto[45].

Além de não poder contar com todos os dados necessários à realização de sua escolha, sabe-se que o gestor, como todo e qualquer indivíduo, possui limitações de cognição e de percepção, as quais restringem sua capacidade de processar informações em grandes volumes e, com precisão, identificar a escolha ideal dentro do universo de alternativas que se fazem disponíveis[46].

Mesmo quando consegue antecipá-las ou obtém informações suficientes para instruir suas escolhas, o gestor público pode apresentar sérias dificuldades em avaliar de maneira objetiva as opções decisórias em jogo. Muitas vezes, não é capaz de se livrar de subjetivismos, preferências pessoais e ideológicas, assim como outras deficiências cognitivas para julgar as possibilidades por ele identificadas. A todo momento, ao longo de seu processo decisório, está sujeito à miopia, à

lic choice theory should supplement the standard accounts by exploring the extent to which public officials go wrong because they make the same errors that I have emphasized here". SUNSTEIN, Cass. *Why nudge?* The Politics of Libertarian Paternalism. Yale University Press, 2012, p. 99.

44 O ponto será retomado no último capítulo, quando se analisará os fatores que influenciam o cumprimento do dever de diligência pelo administrador público, entre os quais a urgência da decisão.

45 "A racionalidade implica um conhecimento completo e inatingível das consequências exatas de cada escolha. Na realidade, o ser humano nunca tem mais do que um conhecimento fragmentário das condições que cercam sua ação, nem mais do que uma pequena percepção dos regulamentos e leis que lhe permitiriam antecipar consequências futuras a partir do conhecimento das circunstâncias atuais". No original, "Rationality implies a complete, and unattainable knowledge of the exact consequences of each choice. In actuality, the human being never has more than a fragmentary knowledge of the conditions surrounding his action, nor more than a slight insight into the regularities and laws that would permit him to induce future consequences from a knowledge of present circumstances". SIMON, Herbert Alexander. *Administrative behavior*: a study of decision-making processes in administrative organizations. 4ª ed. Nova Iorque: The Free Press, 1997, p. 94-95.

46 BAZERMAN, Max H; MOORE, Don A. *Processo decisório.* 8ª ed. Rio de Janeiro: Elsevier, 2014, p. 8.

impulsividade, à procrastinação e, consequentemente, ao cometimento de erros, comissivos e omissivos[47].

Uma das manifestações mais conhecidas e estudadas dos limites da racionalidade humana e da consequente inevitabilidade de falhas cognitivas são as chamadas heurísticas de julgamento. Trata-se de atalhos mentais utilizados pelos indivíduos em seu pensamento intuitivo para facilitar e agilizar a tomada de decisão. Consistem em regras simplificadoras predefinidas pelo cérebro que orientam de forma implícita, rápida e intuitiva nossos julgamentos[48].

Algumas das mais importantes heurísticas foram identificadas pelo economista Amos Tversky e pelo psicólogo Daniel Kahneman em artigo seminal sobre o tema[49]. A heurística da representatividade, por exemplo, leva a que o ser humano construa seus julgamentos a respeito de pessoas, objetos ou eventos, com base em experiências pessoais e estereótipos formados anteriormente[50]. Já segundo a heurística da disponibilidade, os indivíduos tendem a calcular a probabilidade de determinado evento de acordo com a facilidade com que ocorrências semelhantes estejam imediatamente disponíveis em sua memória. Não por outro motivo, causas de morte mais espetaculares e excepcionais (e, consequentemente, mais noticiadas pela mídia), como acidentes de avião e ataques de tubarão, costumam

---

47 SUNSTEIN, Cass. The Storrs Lectures: Behavioral Economics and Paternalism. *Yale Law Journal*, vol. 122, 2013, p. 1830-1831. É o que também aponta Adrian Vermeule, em lição direcionada a juízes, mas estendida pelo autor a todo e qualquer tomador de decisão: "Construído em um sentido amplo, [o problema da racionalidade limitada] inclui limites na capacidade de processamento de informações de agentes supostamente racionais. Tomadores de decisão do mundo real, incluindo juízes, têm capacidade limitada para entender e usar até mesmo as informações que possuem. O problema da informação limitada é amplificado pela capacidade limitada de tomada de decisão. A racionalidade limitada, no entanto, também é relevante em um sentido mais específico. Juízes, como outros tomadores de decisão, nunca são totalmente racionais. Como outros tomadores de decisão, eles são vítimas de falhas cognitivas, incluindo o uso de heurísticas que falham, produzindo vieses cognitivos". No original, "Construed in a broad sense, this [the bounded rationality] include limits on the information-processing capacity of otherwise rational agents. Real-world decisionmakers, including judges, have limited capacity to understand and use even the information they do have. The problem of bounded information is amplified by bounded decisionmaking capacity. Bounded rationality, however, is also relevant in a more pointed sense. Judges, like other decisionmakers, are never fully rational. Like other decisionmakers, they are prey to cognitive failings, including the use of heuristics that misfire in particular cases, producing cognitive bias". VERMEULE, Adrian. *Judging under uncertainty*: an institutional theory of legal interpretation. Cambridge: Harvard University Press, 2006, p. 155.

48 MENDONÇA, José Vicente Santos de. Heurísticas: Yes, a opinião pública também é irracional! *Revista Insight Inteligência*, nº 60, janeiro/fevereiro/março de 2013, p. 76 e BAZERMAN, Max H; MOORE, Don A. *Processo decisório*. 8ª ed. Rio de Janeiro: Elsevier, 2014, p. 9.

49 TVERSKY, Amos e KAHNEMAN, Daniel. Judgment under Uncertainty: Heuristics and Biases. *Science*, New Series, vol. 185, nº 4.157, setembro de 1974.

50 BAZERMAN, Max H; MOORE, Don A. *Processo decisório*. 8ª ed. Rio de Janeiro: Elsevier, 2014, p. 13.

ser superestimadas em relação a causas mais ordinárias, como câncer e ataques cardíacos[51].

As heurísticas são atalhos mentais extremamente úteis, na medida em que agilizam a tomada de decisão e reduzem os seus custos. Em diversos casos, os benefícios decorrentes do tempo economizado com a sua utilização compensam os eventuais prejuízos da redução da qualidade decisória. O contexto pode exigir do tomador de decisão uma solução rápida para o problema, razão pela qual, por vezes, o custo na utilização de tais atalhos pode ser menor do que as vantagens de uma ágil escolha[52].

Apesar de seus benefícios e mesmo de sua essencialidade para a sobrevivência humana[53], as heurísticas têm o potencial de gerar erros cotidianos de julgamento: os chamados vieses cognitivos. Aliás, tais atalhos criados pelo cérebro humano não causam apenas percalços ocasionais, sendo capazes de determinar que os indivíduos incorram em equívocos sistemáticos e recorrentes[54].

Justamente em razão de seus benefícios práticos, heurísticas costumam ser utilizadas por administradores em seu processo decisório. Elas oferecem aos gestores públicos, pressionados pela urgência em decidir, um modo simples e rápido de resolver problemas complexos e cotidianos[55]. No entanto, embora pessoas treinadas – como, em geral, é o caso de administradores e outros profissionais do setor público – tendam a evitar equívocos elementares, seus julgamentos estão permanentemente sujeitos a falácias induzidas por atalhos mentais, ainda que mais complexas e sutis[56].

Há quem aponte, inclusive, que a tomada de decisão por agentes políticos é, em geral, mais propensa a vieses cognitivos e irracionalidades do que as escolhas realizadas por atores privados. É que, entre outros motivos, os problemas enfrentados pela Administração Pública são mais complexos do que aqueles que acometem particulares. Além disso, a responsividade de autoridades públicas, por depender do processo eleitoral, costuma ter um caráter mais difuso e mediato do que de gestores privados[57].

---

51 CIARELLI, Gustavo; ÁVILA, Marcos. A influência da mídia e da heurística da disponibilidade na percepção da realidade: um estudo experimental. *Revista de Administração Pública*. Rio de Janeiro: Fundação Getúlio Vargas, vol. 43, nº 3, maio/jun. 2009.

52 MENDONÇA, José Vicente Santos de. Heurísticas: Yes, a opinião pública também é irracional! *Revista Insight Inteligência*, nº 60, janeiro/fevereiro/março de 2013, p. 76.

53 TONETTO, Leandro Miletto, et. al. O papel das heurísticas no julgamento e na tomada de decisão sob incerteza. Campinas: *Estudos de Psicologia*, vol. 23, nº 2, abril/junho de 2006, p. 187.

54 QUIRINO, Carina de Castro. Irracionalidade do agente público e teoria da escolha pública comportamental: notas sobre um elefante na sala. *Revista Quaestio Iuris*, vol. 11, nº 2, Rio de Janeiro, 2018, p. 972.

55 BAZERMAN, Max H; MOORE, Don A. *Processo decisório*. 8ª ed. Rio de Janeiro: Elsevier, 2014, p. 10.

56 TVERSKY, Amos e KAHNEMAN, Daniel. *Judgment under Uncertainty*: Heuristics and Biases. Science, New Series, vol. 185, nº 4.157, setembro de 1974, p. 1.130.

57 LUCAS JR., Gary M.; TASIĆ, Slaviša. Behavioral Public Choice and the Law. *West Virginia Law Review*, vol. 118, 2015, p. 260-263. Ressalte-se que os autores apenas se referem aos agentes eleitos, o que, como visto na introdução, representa apenas uma parcela dos administradores públicos.

Nesse contexto, as heurísticas da disponibilidade e da representatividade podem tornar os administradores indiferentes a probabilidades estatísticas e, assim, distorcer as avaliações de riscos por eles realizadas[58]. Não é incomum que, na formulação e execução de políticas públicas, perigos raros, mas relacionados a eventos recentes ou que integrem experiências passadas do gestor, sejam superestimados, ao passo que riscos mais prováveis, porém de difícil recordação, não sejam objeto de qualquer ação preventiva do Estado. Cass Sunstein trata da inevitável sujeição das autoridades públicas a vieses cognitivos da seguinte maneira:

> "Não há dúvida de que o viés da disponibilidade pode desempenhar um papel nas arenas públicas. Eventos infelizes recentes podem levar as pessoas a pensar que um problema é mais sério do que realmente é, enquanto sua ausência pode levar as pessoas a negligenciar problemas reais, pois nenhum infortúnio é lembrado. As autoridades dificilmente estão imunes ao viés de disponibilidade: se um mau resultado ocorreu no passado recente, ele é altamente saliente e pode afetar decisões finais (...). Para cada viés identificado para os indivíduos, há um viés correspondente na esfera pública."[59]

De fato, há meios que permitem minimizar as limitações cognitivas e, consequentemente, o cometimento de equívocos no setor público. É o caso, por exemplo, do emprego de especialistas para orientar decisões de caráter técnico tomadas por gestores. Aposta-se que profissionais habilitados tenham, ao menos dentro de seu campo de *expertise*, maior capacidade de evitar falhas do sistema de pensamento, bem como de identificar outros riscos decisórios. Tendem, dessa maneira, a aperfeiçoar as escolhas realizadas na esfera pública que envolvam sua área de conhecimento[60].

Outro instrumento capaz de reduzir irracionalidades é permitir, sempre que possível, a participação de múltiplos atores no processo de tomada de decisão, como servidores públicos de diferentes esferas e especialidades e membros da sociedade civil. A criação de fóruns coletivos e a decorrente ampliação do espaço de deliberação na Administração Pública tende a aumentar a quantidade e a qualidade de informa-

---

58 TVERSKY, Amos e KAHNEMAN, Daniel. Judgment under Uncertainty: Heuristics and Biases. *Science*, New Series, vol. 185, nº 4.157, setembro de 1974, p. 1.127.

59 Tradução livre. No original, "There is no question that availability bias can play a role in public arenas. Recent unfortunate events might lead people to think that a problem is more serious than it actually is, and the absence of such events might lead people to neglect real problems because no misfortunate comes to mind. Officials are hardly immune from availability bias: If a bad outcome has occurred in the recent past, it is highly salient, and it may affect ultimate decisions. (...) For every bias identified for individuals, there is an accompanying bias in the public sphere." SUNSTEIN, Cass. *Why nudge?* The Politics of Libertarian Paternalism. Yale University Press, 2012, p. 99-100.

60 LUCAS JR., Gary M.; TASIĆ, Slaviša. Behavioral Public Choice and the Law. *West Virginia Law Review*, vol. 118, 2015, p. 249-250.

ções e argumentos a serem considerados nas decisões, o que auxilia a mitigar vieses ideológicos[61].

Do mesmo modo, pensa-se hoje na utilização de *nudges* – ou seja, pequenas intervenções capazes de direcionar de forma previsível o comportamento humano, sem proibir ou impor qualquer opção – para reduzir as falhas cognitivas incorridas pelos formuladores de políticas públicas[62].

Os *nudges*, embora tradicionalmente pensados como instrumentos de influência do Estado no comportamento dos cidadãos, podem auxiliar na correção de vieses dos próprios agentes públicos. Ideia de política nesse sentido é exigir que administradores, antes de colocar em prática determinadas decisões, avaliem – preferencialmente por escrito – potenciais falhas e formas de correção. A medida tem o potencial de destacar pontos fracos e, com isso, mitigar o excesso de confiança, viés cognitivo extremamente comum entre agentes públicos[63]. Ademais, a preferência pela análise por escrito apresenta como vantagens facilitar o posterior controle da atuação administrativa e impor um esforço de racionalização ao agente público ao transformar seu *iter* decisório em palavras organizadas.

Mesmo com esses instrumentos, contudo, não é possível impedir que o comportamento humano, em algum momento, desvie daquilo que se esperaria de uma racionalidade plena[64]. A utilização de instrumentos como *nudges*, orientação técnica de *experts* e a ampliação dos espaços de deliberação na Administração Pública são capazes apenas de reduzir eventuais irracionalidades na tomada de decisão, mas nunca de evitá-las por completo.

Não é demais destacar que especialistas possuem seus próprios limites cognitivos, estando sujeitos a uma série de vieses específicos, como é o caso da visão de túnel, de tendências ideológicas, do excesso de confiança, entre outras falhas in-

---

61 LUCAS JR., Gary M.; TASIĆ, Slaviša. Behavioral Public Choice and the Law. *West Virginia Law Review*, vol. 118, 2015, p. 244-245.

62 "*Nudge*, como usaremos o termo, é qualquer aspecto da arquitetura de escolha que altere o comportamento das pessoas de uma maneira previsível, sem proibir nenhuma opção ou alterar significativamente seus incentivos econômicos. Para contar como um simples *nudge*, a intervenção deve ser fácil e barata de evitar." Tradução livre. No original, "A nudge, as we will use the term, is any aspect of the choice architecture that alters people's behavior in a predictable way without forbidding any options or significantly changing their economic incentives. To count as a mere nudge, the intervention must be easy and cheap to avoid". THALER, Richard; SUNSTEIN, Cass R. *Nudge: Improving Decisions about Health, Wealth, and Happiness*. New Haven: Yale University Press, 2008, p. 6.

63 HALLSWORTH, Michael; EGAN, Mark. *Why Governments Need to Nudge Themselves*. Behavioral Scientists, setembro de 2018. Disponível em <http://behavioralscientist.org/why-governments--need-to-nudge-themselves/>. Acesso em 22 out. 2018.

64 JOLLS, Christine; SUNSTEIN, Cass R.; THALER, Richard. Behavioral approach to Law & Economics. *Stanford Law Review*, nº 1471, janeiro de 1998, p. 1487.

telectuais. Contar com sua orientação, por isso, não é uma garantia de ausência de irracionalidades[65].

A inevitabilidade do erro do gestor público, desse modo, além do cenário de complexidade, risco e incerteza, decorre de sua parcial irracionalidade. Embora seja possível se utilizar de instrumentos específicos para mitigar o cometimento de falhas cognitivas, a incapacidade humana de captar e processar informações e a sua permanente sujeição a vieses cognitivos faz com que, em alguma medida, erros sejam inevitáveis na atuação funcional do administrador.

O presente capítulo buscou retratar o ambiente de tomada de decisão do gestor público. Por meio de sua descrição, procurou demonstrar que a complexidade das escolhas realizadas, a presença de riscos e incertezas, bem como as limitações da racionalidade humana tornam o erro, em alguma medida, inevitável ao administrador. Ao lado dos excessos do controle, tratados no capítulo anterior, as dificuldades decisórias retratam o contexto que serve de pano de fundo para o reconhecimento de um espaço de erro do gestor público.

Ainda não se enfrentou, porém, o que deve ser entendido por erro. É esse o espaço que o próximo capítulo buscará preencher. Nele, será apresentado um conceito de erro útil ao Direito Administrativo, o qual é baseado nas lições da doutrina jurídica, nacional e estrangeira, que se dedica ao assunto. É a partir da definição apresentada que serão desenvolvidas as demais ideias do presente livro.

65 LUCAS JR., Gary M.; TASIĆ, Slaviša. Behavioral Public Choice and the Law. *West Virginia Law Review*, vol. 118, 2015, p. 253-257

PARTE II

CONCEITO E FUNDAMENTOS

Capítulo 3

O CONCEITO DE ERRO DO ADMINISTRADOR PÚBLICO E SUAS CONSEQUÊNCIAS PARA O DIREITO ADMINISTRATIVO BRASILEIRO

3.1. Introdução

Viu-se no capítulo anterior que as limitações cognitivas do indivíduo e a consequente inevitabilidade do erro na elaboração de decisões em cenários de risco ou incerteza são temas de intenso interesse e estudo da Economia Comportamental. Em contraponto a uma visão simplificadora, que enxergava o indivíduo – e, em especial, o administrador público – como um racional perseguidor de interesses próprios, a teoria econômica moderna reconhece suas limitações intelectuais.

No âmbito do Direito Administrativo, porém, nem sempre se teve a noção de que os agentes do Estado poderiam cometer equívocos ou desvios. Ao longo do período Absolutista, com base no suposto direito divino do Rei, vigorava o princípio de que o soberano não poderia cometer erros e, consequentemente, ser responsabilizado por eventuais danos causados aos seus súditos. A irresponsabilidade do monarca era consagrada pelas máximas "*The king can do no wrong*" ou, segundo os franceses, "*Le Roi ne peut mal faire*" [1].

A ideia geral que subsidiava tal teoria era a de que o soberano possui um direito divino, de modo que sua vontade se confundiria com a própria vontade de Deus. Além disso, o Rei seria a fonte essencial do ordenamento jurídico e, por isso, nunca poderia violá-lo. O Direito, na medida em que produzido pelo próprio monarca, não poderia ser por ele próprio contrariado, sob pena de se incorrer em uma inafastável contradição[2].

Os estudos jurídicos evoluíram para reconhecer que a Administração Pública e, no que interessa ao presente trabalho, os agentes públicos que a presentam[3] podem

1 A teoria da irresponsabilidade do Estado é tratada em CRETELLA JÚNIOR, José. *O Estado e a obrigação de indenizar*. São Paulo: Saraiva, 1980, p. 61 e ss.

2 CAHALI, Yussef Sahid. *Responsabilidade civil do estado*. 3ª ed. São Paulo: Editora Revista dos Tribunais, 2007, p. 20-21.

3 Como se desenvolverá no próximo capítulo de forma mais detalhada, segundo a teoria do órgão, os agentes não representam o Estado em sua atuação funcional, mas, sim, o presentam. A representação pressupõe a existência de duas personalidades jurídicas e vontades autônomas, o que não ocorre na relação entre Administração e administrador. A vontade e as ações do Estado são constituídas pela atuação de seus agentes que, por meio deles, se faz presente.

cometer equívocos no exercício de suas funções e, por isso, ser sancionados ou arcar com eventuais prejuízos causados por seus atos. Após a adoção de concepções civilistas, o Direito Público buscou desenvolver teorias próprias a respeito da responsabilidade do Estado e de seus agentes[4].

Como se verá, no entanto, ao contrário do que ocorreu em outros países e em outros ramos do Direito nacional, houve pouca preocupação entre os administrativistas brasileiros em desenvolver uma teoria a respeito dos equívocos cometido por agentes de Estado no exercício de suas atividades típicas e de sua consequente responsabilidade civil e administrativa.

Diante desta lacuna existente em nossa cultura jurídica, justifica-se que este capítulo inicie a segunda parte do livro trazendo os principais aspectos conceituais do erro do administrador público. Cuida-se de essencial ponto de partida para o reconhecimento de um espaço jurídico de tolerância à sua ocorrência, que será objeto de justificação do próximo capítulo.

3.2. As teorias sobre o erro no Direito brasileiro

A formação imperfeita da vontade do indivíduo em decorrência de uma equivocada apreensão da realidade é tema de interesse clássico das Ciências Jurídicas. Profundos estudos foram desenvolvidos tanto por parte do Direito Público, quanto do Direito Privado. Em especial, o erro, compreendido como a falsa percepção de elementos fáticos ou jurídicos que motivam a atuação do agente, é objeto tradicional de interesse do Direito Civil e do Direito Criminal, os quais possuem antigas e bem desenvolvidas teorias sobre o assunto.

No Direito Civil, o erro é entendido como uma falsa representação da realidade que influencia de maneira determinante a manifestação de vontade[5]. A noção imperfeita do mundo por parte do agente ocorre de tal modo que sua vontade é, por conta de tal circunstância, emitida de modo diverso de seu desejo real. Segundo conhecida lição de Caio Mário da Silva Pereira, o erro ocorre quando "o agente por desconhecimento ou falso conhecimento das circunstâncias age de um modo que não seria a sua vontade, se conhecesse a verdadeira situação"[6].

Nessa seara, o erro é, primeiramente, tratado como uma das hipóteses de defeito e, como consequência, desconstituição do negócio jurídico. Desde que substancial e perceptível por pessoa de normal diligência, a falsa apreciação da realidade por uma

---

4 A evolução histórica das teorias sobre o instituto é tratada em CAHALI, Yussef Sahid. *Responsabilidade civil do estado*. 3ª ed. São Paulo: Editora Revista dos Tribunais, 2007, p. 19-29.

5 TEPEDINO, Gustavo, et. al. *Código civil interpretado conforme a Constituição da República*. 2ª ed. Rio de Janeiro: Renovar, 2007, p. 271.

6 PEREIRA, Caio Mário da Silva. *Instituições de Direito Civil*: introdução ao Direito Civil – teoria geral de Direito Civil, v. I. 20ª ed. Rio de Janeiro: Forense, 2004, p. 326.

das partes do negócio é causa de sua anulabilidade. Considera-se substancial tanto o erro relativo a elementos fáticos que sejam relevantes para a celebração do negócio (como seu objeto ou a identidade da pessoa a quem se dirige a declaração de vontade), quanto sobre o regime jurídico incidente, o chamado "erro de Direito"[7].

Ainda no âmbito do Direito Privado, o erro é abordado no âmbito de temas específicos de responsabilidade civil, sobretudo relacionados a ilícitos profissionais. Há vasta literatura a respeito da responsabilidade de médicos e hospitais em caso de equívocos cometidos por tais profissionais de saúde[8], assim como acerca da responsabilidade civil do Estado pelos erros incorridos por magistrados no exercício da função jurisdicional. A amplitude do estudo sobre o assunto no Brasil decorre da expressa referência contida no artigo 5º, LXXV, da Constituição Federal à indenizabilidade do "erro judiciário"[9].

A densa teoria sobre o erro no Direito Penal no Brasil, por sua vez, busca investigar a punibilidade do agente que incorre em algum tipo de equívoco cognitivo sobre um dos elementos objetivos ou circunstâncias do tipo penal (o chamado "erro de tipo") ou sobre a efetiva ilicitude de sua conduta (fenômeno denominado pela doutrina especializada de "erro de proibição")[10].

O erro de tipo ocorre em razão de uma falsa representação (ou total ausência de representação) de algum elemento objetivo do tipo penal, como a ação ou objeto da ação do agente, o resultado de sua conduta ou a relação de causalidade entre conduta e resultado. Constitui-se por meio de um defeito na formação intelectual do dolo e, por isso, desde que inevitável, representa hipótese legal de sua exclusão, na forma do que dispõe o artigo 20 do Código Penal[11].

O erro de proibição, por sua vez, se dá nas hipóteses em que o agente desconhece ou interpreta de forma equivocada o conteúdo da lei penal que eventualmente

---

7 É o que dispõem os artigos 138 e 139 do Código Civil.

8 Sobre a responsabilidade civil dos profissionais de saúde por erros cometidos no exercício da função, ver CAVALIERI FILHO, Sergio. *Programa de responsabilidade civil*. 8ª ed. São Paulo: Atlas, 2009, p. 368-389.

9 Segundo o dispositivo "o Estado indenizará o condenado por erro judiciário, assim como o que ficar preso além do tempo fixado na sentença". Embora aqui apresentado como um exemplo de manifestação do erro no Direito Civil, o tema é disputado por civilistas clássicos, como Ruy Rosado Aguiar Júnior, e tradicionais estudiosos do Direito Administrativo, como Maria Sylvia Zanella Di Pietro, conforme AGUIAR JÚNIOR, Ruy Rosado. *A responsabilidade civil do estado pelo exercício da função jurisdicional no Brasil*. Belo Horizonte: Fórum, 2007 e DI PIETRO, Maria Sylvia Zanella. Responsabilidade do Estado por atos jurisdicionais. *RDA – Revista de Direito Administrativo*. Rio de Janeiro: Fundação Getúlio Vargas, v. 198, 1994.

10 CIRINO DOS SANTOS, Juarez. *Direito penal*: parte geral. 7ª ed. Florianópolis: Empório do Direito, 2007, p. 297.

11 É o caso, por exemplo, do sujeito que dispara seu revólver contra uma determinada pessoa a julgar que seria um espantalho. CIRINO DOS SANTOS, Juarez. *Direito penal*: parte geral. 7ª ed. Florianópolis: Empório do Direito, 2007, p. 149.

incida sobre sua conduta. Ele pode ser *direto*, quando relativo à existência, validade ou significado da lei penal[12], ou *indireto*, que tem por objeto uma suposta causa de justificação da conduta, em concreto inexistente[13]. O erro de proibição, se inevitável, ao menos segundo a doutrina majoritária no Brasil, é causa de exclusão da culpabilidade, nos termos do artigo 21 da Lei Penal[14].

No Direito Administrativo brasileiro, no entanto, são escassos os estudos doutrinários ou precedentes judiciais que tratem do conceito, das espécies e, sobretudo, das consequências jurídicas do erro cometido pelo administrador público no exercício de suas funções[15]. O fenômeno parece decorrer da falta de tratamento legal sobre o assunto, o que foi parcialmente suprido com a introdução do artigo 28 à Lei de Introdução às Normas do Direito Brasileiro pela Lei nº 13.655/2018.

A carência da doutrina brasileira ganha destaque sobretudo quando comparada com países da Europa continental de mesma tradição jurídica[16]. De forma ilustrativa, Portugal, Espanha, Itália e França possuem, há décadas, amplos estudos sobre o erro do gestor público e suas diferentes consequências para o Direito Administrativo[17].

---

12 Exemplo citado por Juarez Cyrino dos Santos é a hipótese em que um humilde morador de região rural do país é preso pela autoridade florestal ao retirar pedaços de casca de uma árvore em mata ciliar para preparar um remédio para sua esposa. CIRINO DOS SANTOS, Juarez. *Direito penal*: parte geral. 7ª ed. Florianópolis: Empório do Direito, 2007, p. 317.

13 É o caso de alguém que, acreditando agir em legítima defesa, desfere um tiro pelas costas do criminoso após ser vítima de furto. O autor também inclui como hipótese de erro de proibição o chamado "erro de tipo permissivo", em que o agente percebe de forma equivocada uma situação fática que, se existente, tornaria a conduta legítima. É a hipótese da legítima defesa putativa, em que, *e.g.*, o agente golpeia um transeunte julgando se tratar de um assaltante em fuga. CIRINO DOS SANTOS, Juarez. *Direito penal*: parte geral. 7ª ed. Florianópolis: Empório do Direito, 2007, p. 318-319.

14 BITTENCOURT, Cezar Roberto. *Tratado de direito penal*, volume 1: parte geral. 13ª ed. São Paulo, Saraiva, 2008, p. 372. Há, porém, diferentes correntes doutrinárias a respeito das consequências jurídicas do erro de proibição. O tema é tratado em CIRINO DOS SANTOS, Juarez. *Direito penal*: parte geral. 7ª ed. Florianópolis: Empório do Direito, 2007, p. 299-300.

15 Em excepcional precedente, o Supremo Tribunal Federal tratou, ainda que de forma breve, do erro de fato como hipótese de nulidade do ato administrativo: Brasil. Supremo Tribunal Federal. Recurso em Mandado de Segurança nº 21.259/DF, Relator Ministro Sepúlveda Pertence, Primeira Turma, julgado de 24.09.1991. Na doutrina, o tema é tratado em JUSTEN FILHO, Marçal. *Curso de direito administrativo*. 8ª ed. Belo Horizonte: Fórum, 2012, p. 395-398 e em MELLO, Rafael Munhoz de. Sanção Administrativa e o Princípio da Culpabilidade. *A&C – Revista de Direito Administrativo & Constitucional*, Belo Horizonte, ano 5, nº 22, out./dez. 2005, p. 47.

16 Tais países, assim como o Brasil, integram o sistema jurídico romano-germânico. No entanto, sobre a dificuldade do enquadramento do Direito Administrativo nas tradicionais famílias do direito comparado ocidental, em especial no Brasil, ver BAPTISTA, Patrícia. *Transformações do direito administrativo*. 2ª ed. Rio de Janeiro: Lumen Juris, 2018, p. 6-11.

17 Como exemplo, é possível citar os textos de PEREIRA, André Gonçalves. *Erro e ilegalidade no acto administrativo*. Lisboa: Edições Ática ,1965; MEILÁN GIL, José Luis. Delimitácion conceptual del error material y de cuenta. *Revista de Administrácion Pública*, nº 55, 1968; ZANOBINNI, Guido. A proposito dell'errore di fatto come vizio di annullamento degli atti ammistrativi. In: *Rivista di Diritto Púbblico e della administrazione in Italia*, 1927; e JÉZE, Gaston. L'erreur de fait comme grief pouvant servir de base à un recours pour excès de pouvoir. In: *Revue du Droit Public*, 1911.

Os próximos itens, desse modo, recorrerão à doutrina nacional e estrangeira a respeito do tema para construir um conceito de erro do gestor público que seja útil ao Direito Administrativo brasileiro. Sobre ele serão desenvolvidas as demais ideias do livro. Tais lições doutrinárias, além disso, servirão para analisar as potenciais consequências jurídicas de sua ocorrência, entre as quais a exclusão da responsabilidade civil e administrativa do gestor.

3.3. O conceito de erro do administrador e suas espécies

Há certo consenso na doutrina brasileira, fundado em tradicional lição de Hely Lopes Meirelles, no sentido de que são cinco os requisitos necessários à formação do ato administrativo: competência, forma, objeto, finalidade e motivo[18].

Para a maior parte de nossos autores, os motivos (também chamados de causa) consistiriam nas circunstâncias de fato ou de direito que determinam ou autorizam a prática do ato administrativo. Podem estar exaustivamente estabelecidos em lei ou sua definição pode ser discricionária, nas hipóteses em que a lei conceda alguma margem de liberdade para o administrador[19].

Marçal Justen Filho, de outro lado, afirma que os motivos do ato administrativo não são propriamente os fatos e normas que fundamentam sua emissão, mas a representação mental que o agente público realiza a respeito deles. Os motivos para a contratação direta de uma obra de contenção após fortes chuvas, por exemplo, não configuram o risco de deslizamentos de encostas e a autorização legal contida no artigo 24, inciso IV, da Lei Federal nº 8.666/93, mas sim a representação intelectual que o agente público realiza de tais acontecimentos e da referida norma autorizativa[20].

Segundo o administrativista paranaense, o motivo pode ser defeituoso não porque os fatos ou enunciados normativos que foram tomados como pressupostos da emissão do ato administrativo estão, de alguma forma, errados, mas porque o agente público responsável apreciou de forma equivocada tais elementos. A representação mental dos fatos ou do Direito foi, por alguma razão, distorcida, dando origem a um vício de motivo do ato[21].

---

18 MEIRELLES, Hely Lopes. *Direito Administrativo Brasileiro*. 41ª edição. São Paulo: Malheiros, 2015, p. 169-173.

19 MEIRELLES, Hely Lopes. *Direito Administrativo Brasileiro*. 41ª edição. São Paulo: Malheiros, 2015, p. 171-172.

20 JUSTEN FILHO, Marçal. *Curso de direito administrativo*. 8ª ed. Belo Horizonte: Fórum, 2012, p. 362.

21 O autor apresenta um segundo exemplo para ilustrar sua ressalva conceitual: "suponha-se a regra que estabeleça que as portas da repartição sejam fechadas às 17 horas. O agente administrativo dá execução à regra e promove o fechamento. Nesse caso, o motivo consiste na sua representação mental quanto ao horário. Imagine-se que o agente se equivoque, reputando que são 17 horas quando, na verdade, ainda são 16 horas. Nesse caso, houve um defeito quanto ao motivo. Não porque haveria algum problema em serem 16 horas, mas porque o agente apreendeu incorretamente

A ressalva realizada pelo autor a respeito do conceito de motivo administrativo – cuja correção não será aqui enfrentada[22] – é interessante para ilustrar que o administrador não necessariamente compreende a realidade fática e jurídica da forma como ela é. Não raro, os pressupostos de fato e de direito para atuação administrativa são equivocadamente percebidos pelo gestor.

No exemplo citado acima, as chuvas observadas pelo agente podem não ter sido tão fortes assim. É possível, inclusive, que não tenham comprometido em nada a segurança das encostas que foram objeto das obras contratadas. A urgência na celebração de um contrato por dispensa de licitação pode não ter efetivamente ocorrido, mas sido apenas fruto de sua equivocada compreensão.

Toda atuação da Administração Pública é antecedida de um processo psicológico do agente responsável a respeito dos fatos relevantes e das normas potencialmente incidentes. O administrador analisa, em sua ponderação decisória, situações pretéritas e atuais e, com base nelas, projeta o que ocorrerá no futuro. Além disso, interpreta os enunciados normativos, precedentes judiciais e administrativos, ensinamentos doutrinários e outras fontes formais e informais do direito que, segundo sua concepção de momento, sejam importantes para a tomada da decisão[23].

A representação mental que o agente público realiza dos fatos e normas que fundamentam a formação da vontade administrativa, no entanto, não necessariamente será correta. É inevitável, em algum momento, conforme demonstrado ao longo do capítulo anterior, que o administrador incorra em algum vício na formação de sua

a realidade para fins de aplicação da regra. Verificou-se aquilo que alguns denominam 'erro de fato'. A expressão costuma ser utilizada para indicar as hipóteses em que o agente administrativo produz um ato fundado na representação da ocorrência de determinada situação fática. No entanto, a referida situação fática não ocorreu realmente. Portanto, o ato teria sido válido e perfeito se tivesse ocorrido aquele pressuposto em que o agente o fundaria". JUSTEN FILHO, Marçal. *Curso de direito administrativo*. 8ª ed. Belo Horizonte: Fórum, 2012, p. 362-363.

22 O autor parece conceituar o motivo do ato administrativo de forma semelhante ao motivo, ou móvel, do negócio jurídico. No Direito Civil, o motivo é entendido como as razões ou impulsos psicológicos que levam o agente à celebração do negócio, conforme PEREIRA, Caio Mário da Silva. *Instituições de Direito Civil*: introdução ao Direito Civil – teoria geral de Direito Civil, v. I. 20ª ed. Rio de Janeiro: Forense, 2004, p. 504-505.

23 "Ora todo acto administrativo – tanto mais que não incluímos nele o acto tácito – tem a sua origem imediata num processo psicológico do agente administrativo; esse processo consiste em o agente, através da ponderação dos comandos legais, dos pressupostos, dos motivos, e de razões de política administrativa, tomar a decisão de praticar determinado acto". PEREIRA, André Gonçalves. *Erro e ilegalidade no acto administrativo*. Lisboa: Edições Ática, 1965, p. 154. Muito embora aqui se inclua como fonte do direito a doutrina e a jurisprudência, não se ignora a concepção de parte da doutrina de que os elementos não integram tal categoria. Nesse sentido, apenas quanto à doutrina, ver REALE, Miguel. *Lições preliminares de direito*. 25ª ed. Rio de Janeiro: Saraiva, 2001, p. 166. Quanto à não inclusão da jurisprudência como fonte do Direito, ver DINAMARCO, Cândido Rangel. *Instituições de direito processual civil*, tomo 1. São Paulo: Malheiros, 2003, p. 81.

vontade e, consequentemente, baseie sua atuação em uma apreensão equivocada do mundo.

Por definição, é essencial para a configuração do erro que a má avaliação dos motivos por parte do administrador seja não intencional. O equívoco pressupõe a ausência de dolo ou malícia daquele que nele incorre, ou seja, sua "boa-fé subjetiva"[24]. A incoerência entre a realidade e sua projeção psicológica por parte do agente público deve ser necessariamente acidental, ainda que decorrente de culpa[25].

O ponto diferencia o instituto do erro de outras figuras afins, como, por exemplo, o desvio de poder ou de finalidade. Segundo definição adotada por grande parte da doutrina nacional[26] e pela própria Lei de Ação Popular (Lei Federal nº 4.717/65), em seu artigo 2º, parágrafo único, alínea "e"[27], o desvio de poder ocorre quando o agente público pratica determinado ato com a intenção de atingir fim diverso daquele, implícita ou explicitamente, previsto na norma respectiva. Para a sua configuração, portanto, ao contrário do que ocorre no erro, é preciso que o agente tenha o desígnio de se desviar da finalidade adequada[28].

---

24 "A expressão 'boa-fé subjetiva' denota 'estado de consciência', ou convencimento individual de obrar em conformidade ao direito aplicável (...). Diz-se 'subjetiva' justamente porque, para a sua aplicação, deve o intérprete considerar a intenção do sujeito da relação jurídica, o seu estado psicológico ou íntima convicção. Antitética à boa-fé subjetiva está a má-fé, também vista subjetivamente como a intenção de lesar outrem.". MARTINS-COSTA, Judith. *A boa-fé no direito privado*: sistema e tópica no processo obrigacional. São Paulo: Revista dos Tribunais, 2000, p. 411.

25 Segundo André Gonçalves Pereira, "o estudo do erro no acto administrativo não é mais em verdade do que o estudo das ilegalidades não-intencionais do atco administrativo". PEREIRA, André Gonçalves. Erro e ilegalidade no acto administrativo. Lisboa: Edições Ática, 1965, p. 160. Na doutrina italiana, é a posição de GASPARRI, Pietro. *Corso di diritto amministrativo*, vol. III – Le disorganizzazione e le disfunzione amministrative. Padova: Cedam, 1956, p. 53-56.

26 Em artigo clássico sobre o tema, José Cretella Júnior explica tal característica do desvio de poder e o diferencia do erro nos seguintes termos: "O desvio de poder, base para anulação dos atos administrativos que nêle incidem, difere dos outros casos, porque não se trata aqui de apreciar objetivamente a conformidade ou não-conformidade de um ato com uma regra de direito, mas de proceder-se a uma dupla investigação de intenções subjetivas: – é preciso indagar se os móveis que inspiraram o autor dum ato administrativo são aquêles que, segundo a intenção do legislador, deveriam, realmente, inspirá-lo. (...) Por exemplo, a causa de um ato que aplica pena disciplinar é a falta cometida pelo funcionário, mas seu fim é punir o faltoso, assegurando a ordem no andamento da Administração. (...) se a falta imputada ao funcionário não existisse ou se não foi o funcionário quem a cometeu, o ato punitivo será inválido por inexistência (falsidade) do motivo que a justificativa. Mas o fim seria sempre lícito, pois o superior atuou com a intenção de assegurar o correto funcionamento do serviço, embora incorrendo em êrro.". CRETELLA JÚNIOR, José. Anulação do ato administrativo por "desvio de poder". *RDA – Revista de Direito Administrativo*. Rio de Janeiro: Fundação Getúlio Vargas, v. 91, 1968, p. 26 e 41.

27 Segundo o dispositivo, o desvio de finalidade ocorre "quando o agente pratica o ato visando a fim diverso daquele previsto, explícita ou implicitamente, na regra de competência".

28 Também é o que, em Portugal, aponta a doutrina de André Gonçalves Pereira: "no poder discricionário a falta de causa poderá ser intencional, mas aí andará sempre ligada ao desvio de poder – já

De outro lado, a fonte do equívoco cometido pelo administrador – se causado por um terceiro ou fruto de um vício cognitivo não provocado – não parece ter grande valor para a sua conceituação no Direito Administrativo. Ao contrário do que ocorre no Direito Civil, em que se diferencia de forma clara o instituto do dolo[29], os administrativistas têm o costume de incluir na categoria do erro os equívocos induzidos por terceiros, haja vista a irrelevância prática da distinção[30].

O erro, diante das razões acima apresentadas, é conceituado no presente livro como uma *desconformidade não intencional entre a percepção do administrador público acerca dos motivos que basearam sua atuação e a realidade fática ou jurídica*. Em outros termos, haverá erro sempre que, de maneira acidental, as razões utilizadas pelo gestor como base para a atuação administrativa não corresponderem à realidade.

Visto o seu conceito e antes que sejam diferenciadas e detalhadas as espécies de erro nas quais pode o gestor público incorrer, é preciso que se faça uma ressalva conceitual a respeito da relatividade do instituto. O juízo realizado a respeito do erro cometido pelo gestor pode ser – ele próprio – equivocado. Isso significa que, assim como o gestor pode incorrer em erro, um agente externo pode considerar de forma equivocada que o administrador compreendeu mal a realidade fática ou jurídica que embasou sua atuação[31].

Por isso é que se diz que o erro é um conceito relativo e, em alguma medida, sua existência dependerá do ponto de vista do observador. A compreensão do gestor a respeito de um fato ou de uma fonte normativa, equivocada aos olhos do agente controlador, pode, objetivamente, não o ser. O ponto será retomado no próximo capítulo, quando se tratará em item específico da importância do experimentalismo – e consequentemente de um grau de tolerância aos supostos erros cometidos – para a boa administração pública.

---

que se o agente intencionalmente se baseia em factos inexistentes, é porque não quer agir com o fim visado na lei, mas sim com outro.". PEREIRA, André Gonçalves. *Erro e ilegalidade no acto administrativo*. Lisboa: Edições Ática, 1965, p. 154. Na doutrina espanhola, distinção semelhante é apontada entre o erro administrativo e a chamada "falsedad de la causa". O tema é explorado em CAMACHO, Joana M. Socías. Error material, error de hecho y error de derecho. Concepto y mecanismos de correcíon. *Revista de Administrácion Pública*, nº 157, janeiro-abril, 2002, p. 177.

29 FARIAS, Cristiano Chaves de; ROSENVALD, Nelson. *Curso de Direito Civil*, volume 1. 11ª ed. Salvador: Editora JusPODIVM, 2013, p. 656.

30 "O dolo nenhuma relevância específica tem quanto ao regime do próprio acto administrativo, já que em nada importa saber se o erro foi espontâneo ou provocado.". PEREIRA, André Gonçalves. *Erro e ilegalidade no acto administrativo*. Lisboa: Edições Ática, 1965, p. 192. Em sentido semelhante, CAETANO, Marcelo. *Princípios fundamentais do direito administrativo*. Rio de Janeiro: Forense, 1977, p. 167.

31 JORDÃO, Eduardo. *Controle judicial de uma administração pública complexa*: a experiência estrangeira na adaptação da intensidade do controle. São Paulo: Malheiros: SBDP, 2016, 245-246.

Conforme a seguir desenvolvido, para além de seu caráter relativo, o erro do administrador público pode ser de fato ou de direito[32].

3.3.1. O erro de fato

O erro de fato consiste em uma completa ignorância ou um conhecimento imperfeito por parte do gestor a respeito de uma situação que seja pressuposto da atuação administrativa[33]. Os fatos percebidos pelo administrador público, nesse caso, não ocorreram da maneira como imaginado ou mesmo sequer existiram[34].

Tal espécie de equívoco pode, em primeira ordem, decorrer de uma má apreciação por parte do administrador de acontecimentos passados ou de circunstâncias de fato atualmente existentes. A percepção distorcida da realidade atual ou pretérita, nessa hipótese, torna-se determinante para que a atuação administrativa tenha determinado sentido[35].

André Gonçalves Pereira apresenta interessante exemplo de erro na apreciação pelo gestor de uma situação fática atual, extraído da jurisprudência do Supremo Tribunal Administrativo português. Determinada via pública foi desafetada pelo Poder Público sob a justificativa de que não possuiria qualquer utilidade. Posteriormente, no entanto, restou constatado que a rua em questão era efetivamente aproveitada pela comunidade local, a qual dela se utilizava para deslocamentos frequentes.

---

32 Para parte da doutrina, haveria ainda o chamado "erro material", que se dá quando há uma distorção no momento da manifestação de vontade pelo Estado. Trata-se de um erro impróprio, na medida em que não se baseia em uma apreensão equivocada da realidade pelo administrador, mas sim em "uma errônea exteriorização da autêntica vontade da Administração". CAMACHO, Joana M. Socías. Error material, error de hecho y error de derecho. Concepto y mecanismos de correcíon. *Revista de Administrácion Pública*, nº 157, janeiro-abril, 2002, p. 162. Por não se tratar de um equívoco propriamente dito, visto que não relacionado à percepção dos motivos que fundamentaram a atuação administrativa, o presente estudo não considerará o erro material em sua análise, restringindo-a ao erro de fato e de direito.

33 JÉZE, Gaston. L'erreur de fait comme grief pouvant servir de base à un recours pour excès de pouvoir. In: *Revue du Droit Public*, 1911, p. 286. No mesmo sentido, PEREIRA, André Gonçalves. *Erro e ilegalidade no acto administrativo*. Lisboa: Edições Ática, 1965, p. 164.

34 "Certamente, os fatos reais podem ser diferentes dos fatos apreciados, e essa diferença engendra a possibilidade de que o conteúdo do ato administrativo esteja simultaneamente de acordo com sua causa (apreciação dos fatos) e desconforme a realidade."Tradução livre. No original, "Ciertamente, los hechos reales pueden ser diferentes de los hechos apreciados, y esta diferencia engendra la possibilidade de que el contenido del acto administrativo sea simultáneamente conforme su causa (apreciación de los hechos) y disconforme la realidad.". CAMACHO, Joana M. Socías. Error material, error de hecho y error de derecho. Concepto y mecanismos de correcíon. *Revista de Administrácion Pública*, nº 157, janeiro-abril, 2002, p. 178.

35 MELLO, Rafael Munhoz de. Sanção Administrativa e o Princípio da Culpabilidade. *A&C – Revista de Direito Administrativo & Constitucional*, Belo Horizonte, ano 5, nº 22, out./dez. 2005, p. 47.

Embora a desafetação de imóveis públicos tenha sido reconhecida pela Suprema Corte Portuguesa como um poder discricionário – e, portanto, não dependeria do seu atual não aproveitamento pela população – entendeu o Tribunal que o ato administrativo deveria ser anulado, tendo em vista a objetiva incompatibilidade entre os motivos e a realidade fática subjacente[36].

Além disso, o erro de fato pode se originar de uma projeção imperfeita do futuro. Como visto no capítulo anterior, o gestor público atua, permanentemente, em cenários de complexidade, risco e incerteza, sendo necessário para a tomada de diversas decisões administrativas que realize projeções (imperfeitas) a respeito de situações que deverão ou não ocorrer.

Ao planejar uma licitação para aquisição de medicamentos e outros materiais hospitalares, por exemplo, é preciso que o administrador público estime a quantidade de insumos que deverá ser consumida ao longo do ano por determinado hospital público ou por um conjunto deles. Para tanto, deve avaliar o perfil epidemiológico da população local, levantar dados históricos de consumo e de demanda, identificar eventuais riscos de surtos de doenças, entre outros elementos.

Nesse caso, ainda que se utilize das técnicas de gestão de estoque em farmácias hospitalares disponíveis[37], é possível que o gestor, de forma não intencional, avalie de forma exagerada a quantidade de determinado remédio, o que poderá gerar o seu vencimento e consequente descarte. A hipótese inversa também não é incomum. O administrador pode subavaliar a quantidade necessária, gerando a necessidade de contratações emergenciais e, no limite, a interrupção do serviço público de saúde.

Em qualquer dos casos apresentados, a conduta equivocada do gestor – ou, mais precisamente, o erro de fato por ele cometido – poderá causar prejuízos ao erário e gerar a incidência de normas sancionatórias.

3.3.2. O erro de Direito

O erro de Direito, por sua vez, consiste em uma apreciação equivocada a respeito de determinada norma jurídica e, por consequência, sobre a legalidade da atuação da

36 Apesar de o Tribunal ter reconhecido a situação como hipótese de desvio de poder, o referido autor afirma que o que ocorreu foi, na verdade, um erro sobre a causa, haja vista que a divergência entre os motivos e a realidade fática não foi intencional. PEREIRA, André Gonçalves. *Erro e ilegalidade no acto administrativo*. Lisboa: Edições Ática, 1965, p. 281 e 282.

37 O Ministério da Saúde, em 2006, disponibilizou um manual de orientações básicas para aquisição de medicamentos para a rede pública de saúde. O documento traz informações a respeito da seleção de medicamentos, programação de compras, modalidades de licitação e sobre os fatores que interferem no processo de gestão, conforme Brasil. Ministério da Saúde. Secretaria de Ciência, Tecnologia e Insumos Estratégicos. Departamento de Assistência Farmacêutica e Insumos Estratégicos. *Aquisição de medicamentos para assistência farmacêutica no SUS*: orientações básicas. Brasília: Ministério da Saúde, 2006. Disponível em <http://www.ensp.fiocruz.br/portal-ensp/judicializacao/pdfs/284.pdf>. Acesso em 03 ago. 2018.

Administração no caso concreto[38]. Ele pode ocorrer, essencialmente, em três situações: (i) quando o administrador equivoca-se na interpretação de determinado texto normativo (*erro na interpretação da lei*), (ii) ignora alguma norma jurídica aplicável ao caso ou aplica determinada norma que não deveria incidir (*erro na aplicação da lei*) ou (iii) erra ao qualificar os fatos que deveriam orientar sua atuação (*erro na qualificação jurídica dos fatos relevantes*)[39].

No primeiro caso, o gestor público interpreta de forma enganosa determinado enunciado normativo que seja relevante para a decisão administrativa em questão, impondo solução diversa daquela que supostamente seria a correta. Em tal espécie de erro, o gestor extrai de um texto legal determinado significado que é posteriormente considerado equivocado.

Como exemplo, imagine-se que o presidente da Comissão de Licitação de determinada entidade pública decida inabilitar uma sociedade que tenha sido condenada por outro ente federativo à suspensão temporária do direito de participar de licitações. No caso em questão, o administrador realizou uma interpretação ampliativa do artigo 87, III, da Lei nº 8.666/93 para entender que a imposição da referida penalidade tem efeitos nacionais, não se restringindo ao ente que a aplicou. É possível, porém, que a leitura seja considerada equivocada por um órgão de controle, hipótese em que reconhecerá o erro[40].

Na segunda hipótese de erro de Direito, o administrador ignora a existência de uma determinada norma aplicável à hipótese fática perante a qual está diante e, por isso, deixa de adotar a solução nela prevista.

A situação é comum em estados e municípios brasileiros em que não há uma preocupação com o gerenciamento da legislação local e mesmo com a sua publicidade. Com a sucessão de leis no tempo, muitas vezes contraditórias e superpostas, é extremamente difícil ao gestor saber, com segurança, quais normas estão ou não em vigor e se aplicam ou não ao caso concreto. É usual que o legislador (ou o regulador)

---

38 GOFFAUX, Patrick. *Dictionnaire de droit administratif.* 2ª edição. Bruxelas: Éditions Bruylant, 2016. Em sentido semelhante, WELTER, Henri. *Le contrôle juridictionell de la moralité administrative*: étude de doctrine et de jurisprudence. Paris: Recueil Sirey, 1929, p. 325-326.

39 CAETANO, Marcelo. *Princípios fundamentais do direito administrativo.* Rio de Janeiro: Forense, 1977, p. 167 e MEILÁN GIL, José Luis. Delimitácion conceptual del error material y de cuenta. *Revista de Administrácion Pública*, nº 55, 1968, p. 152.

40 A hipótese pode ser considerada exemplo do controle contraditório exercido no Brasil, conforme tratado no item 1.4.2, *supra*, pois, sobre ela, a jurisprudência nacional possui entendimentos conflitantes. Segundo o STJ, a aplicação da referida sanção deve alcançar toda a Administração Pública nacional, conforme Brasil. Superior Tribunal de Justiça. Mandado de Segurança nº 19.657/DF, Relatora Ministra Eliana Calmon, Primeira Seção, julgado de 14.08.2013. Já o TCU possui diversos precedentes no sentido de que a suspensão temporária deve incidir somente em relação ao órgão ou entidade contratante, como em Brasil. Tribunal de Contas da União. Acórdão nº 2.962/2015, Relator Ministro Benjamin Zymler, Plenário, julgado de 18.11.2015.

não tenha a preocupação de consolidar as normas sobre um determinado assunto em um mesmo diploma legislativo[41].

Além disso, diversos entes federativos brasileiros não possuem um sistema informatizado de divulgação de suas leis, o que demanda consultas físicas aos originais dos respectivos atos legislativos ou ao Diário Oficial. O caso das normas administrativas parece ser ainda mais grave. Não são poucos os entes que falham em dar publicidade aos Decretos e outros atos normativos inferiores.

O erro de Direito pode decorrer, ainda, da aplicação pelo gestor de uma norma não incidente. O fato pode ocorrer não só pela ausência de subsunção dos fatos à hipótese normativa ou pela revogação da norma, mas também em razão de sua eventual ilegalidade ou inconstitucionalidade.

Nesse último caso, é de se destacar que o equívoco cometido pelo administrador público na aplicação de norma inconstitucional pode ocorrer mesmo antes da declaração de sua nulidade pelo Poder Judiciário ou por outro órgão de controle. Isso porque, ao menos em regra, tal decisão possui efeitos *ex tunc*, retroagindo ao momento em que a norma foi editada, em que pese a possibilidade de modulação de seus efeitos temporais[42].

Por fim, poderá também ocorrer erro de Direito quando o administrador, embora não ignore as normas aplicáveis ao caso e aprecie de forma correta os fatos relevantes que devem subsidiar sua decisão, enquadra-os de forma equivocada na hipótese normativa. Trata-se do chamado erro na qualificação jurídica dos fatos[43].

O erro, portanto, é conceituado no presente livro como uma *desconformidade não intencional entre a realidade e a percepção do gestor público acerca de elementos fáticos ou jurídicos que embasaram sua atuação*, hipóteses em que incorrerá, respec-

---

41 O mal gerenciamento do estoque regulatório é visto pela Professora Maria de Benedetto como uma das principais causas de corrupção no setor público: "Políticas de melhora da regulação exigem atividades de simplificação do estoque regulatório com a finalidade de reduzir o número de regras, seus custos e o tempo relacionado aos procedimentos. A simplificação regulatória e a codificação das leis e regulamentos existentes também podem melhorar a transparência na legislação". No original, "Better regulation policies require simplification activities of the regulatory stock in order to reduce the number of rules, their costs and the time connected to procedures. Regulatory simplification and codification of existing laws and regulations can also improve transparency in legislation". BENEDETTO, Maria de. Understanding and preventing corruption: a regulatory approach. In: *Preventing Corruption and Promoting good Government and Public Integrity* (ed. CERRILLO-I-MARTÍNEZ, Agustí; PONCE, Juli). Bruxelas: Bruylant, 2017, p. 59. No Brasil, preocupações a respeito da melhora na administração do estoque regulatório podem ser encontradas em RIBEIRO, Leonardo Coelho. *O direito administrativo como "caixa de ferramentas"*: uma nova abordagem da ação pública. São Paulo: Malheiro, 2016, p. 134-136.

42 BARROSO, Luís Roberto. *O controle de constitucionalidade no direito brasileiro*: exposição sistemática da doutrina e análise crítica da jurisprudência. 6ª ed. São Paulo: Saraiva, 2012, p. 236.

43 CAETANO, Marcelo. *Princípios fundamentais do direito administrativo.* Rio de Janeiro: Forense, 1977, p. 167.

tivamente, em erro de fato ou de Direito. É sobre essa definição que se desenvolverão as próximas ideias.

3.4. As potenciais consequências do erro cometido pelo administrador público

Apresentados os principais elementos conceituais do erro do administrador público, bem como detalhadas as suas espécies, cumpre, por fim, realizar uma análise do instituto a partir de suas possíveis consequências para o Direito Administrativo brasileiro.

A diferenciação é importante para que se tenha uma visão ampla do objeto examinado pelo livro, em especial diante da carência da doutrina nacional sobre o tema. Embora o presente estudo tenha como foco investigar o erro como hipótese de exclusão de sua responsabilidade civil e administrativa do gestor público, entende-se relevante tratar aqui, ainda que de forma breve, de outra potencial consequência do instituto analisado: a nulidade da atuação administrativa.

3.4.1. A nulidade da atuação administrativa

O erro é considerado pela literatura especializada como potencial causa de nulidade da atuação administrativa. Considera-se aqui não somente formas unilaterais de manifestação de vontade, caso dos atos administrativos em sentido estrito, mas também instrumentos multilaterais, como contratos e convênios. A incoerência entre os motivos considerados pelo administrador público como necessários e suficientes para a edição de um ato e a realidade fática ou jurídica subjacente configura vício que, a depender das circunstâncias, pode implicar sua invalidade:

> "[N]o caso de erros de fato que recaiam sobre pressupostos essenciais, o procedimento será a revisão que determina a anulação do ato, independentemente de o vício determinar a nulidade de pleno direito ou a anulabilidade, sem que seja ocioso repetir que, na maioria dos casos, tratar-se-á, efetivamente, de nulidade de pleno direito. (...) Em qualquer caso, não obstante o acima exposto, o que é relevante é que um ato ditado com um erro de direito é um ato ilegal ou inválido, sem que se analise nesse momento os casos em que é simplesmente anulável ou, ao contrário, nulo de pleno direito"[44]

44 Tradução livre. No original, "en caso de errores de hecho que recaigan sobre presupuestos esenciales, el procedimiento procedente será la revisión que determina la anulación del acto, con independencia de que el vicio sea determinante de nulidad de pleno derecho o de anulabilidad, sin que sea ocioso repetir que en la mayoría de los casos se tratará, efectivamente, de supuestos de nulidad de pleno derecho. (...) En cualquier caso, no obstante lo anterior, lo relevante es que un acto dictado con error de derecho es un acto ilegal o inválido, sin entrar ahora a analizar en qué casos es simplemente anulable o, por el contrario, es nulo de pleno derecho". CAMACHO, Joana M. Socías. Error material, error de hecho y error de derecho. Concepto y mecanismos de correcíon. *Revista de Administrácion Pública*, nº 157, janeiro-abril, 2002, p. 206-207.

O reconhecimento da invalidade da atuação administrativa por eventuais equívocos cometidos pelo gestor é raciocínio importado do Direito Civil, mais especificamente da teoria dos defeitos do negócio jurídico[45]. Inspira-se na tradicional visão da doutrina privatista de que a falsa compreensão por uma das partes a respeito dos motivos que tenha ensejado a celebração do negócio vicia a vontade manifestada e, por isso, pode determinar a sua anulabilidade[46].

De fato, ao contrário do que prevê a legislação de outros países, como, por exemplo, o Código do Procedimento Administrativo de Portugal[47], a legislação brasileira não dispõe, ao menos de forma expressa, que o cometimento de um erro de fato ou de direito pelo administrador é potencial causa de invalidade da atuação administrativa. A circunstância, porém, não parece impedir o reconhecimento de tal consequência no Direito nacional.

A Lei de Ação Popular (Lei Federal nº 4.717/65), primeiramente, parece ser um amparo legislativo à nulidade da atuação da Administração Pública em caso de desconformidade entre a percepção do gestor a respeito dos motivos de sua decisão e a realidade. Segundo seu artigo 2º, alínea "b", e parágrafo único, alínea "b", são nulos os atos administrativos no caso de inexistência dos motivos, o que "se verifica quando a matéria de fato ou de direito, em que se fundamenta o ato, é materialmente inexistente ou juridicamente inadequada ao resultado obtido".

Além de tal fundamento, é de se destacar que a doutrina e a jurisprudência nacionais adotaram, de forma relativamente consensual, a chamada "teoria dos motivos determinantes"[48]. A teoria, inspirada na doutrina de Gaston Jezè, preconiza que a

---

45 "O tema do erro tem uma longa história no Direito (...). Suas primeiras e continuadas reelaborações pertencem ao âmbito do Direito privado, de onde passaram ao Direito administrativo". No original, "El tema del error tiene una larga historia en el Derecho (...). Sus primeras y continuadas reelaboraciones pertenecen al ámbito del Derecho privado, de donde pasarán al Derecho administrativo". MEILÁN GIL, José Luis. Delimitácion conceptual del error material y de cuenta. *Revista de Administrácion Pública*, nº 55, 1968, p. 151. Do mesmo modo, CAMACHO, Joana M. Socías. *Error material, error de hecho y error de derecho.* Concepto y mecanismos de correcíon. Revista de Administrácion Pública, nº 157, janeiro-abril, 2002, p. 162-163

46 Há acesa discussão sobre semelhanças e diferenças a respeito do papel da vontade no Direito Civil e no Direito Administrativo. Sobre o tema, que não será aprofundado aqui, ver, em defesa do erro como espécie de vício de vontade, CAETANO, Marcelo. *Princípios fundamentais do direito administrativo.* Rio de Janeiro: Forense, 1977, p. 180. Em sentido contrário, ver PEREIRA, André Gonçalves. *Erro e ilegalidade no acto administrativo.* Lisboa: Edições Ática, 1965, p. 158.

47 Segundo seu artigo 168, item 1, "d", "Os atos administrativos podem ser objeto de anulação administrativa no prazo de seis meses, a contar da data do conhecimento pelo órgão competente da causa de invalidade, ou, nos casos de invalidade resultante de erro do agente, desde o momento da cessação do erro, em qualquer dos casos desde que não tenham decorrido cinco anos, a contar da respetiva emissão".

48 "Segundo a Teoria dos Motivos Determinantes, a Administração, ao adotar determinados motivos para a prática de ato administrativo, ainda que de natureza discricionária, fica a eles vinculada.". Brasil. Superior Tribunal de Justiça. Recurso em Mandado de Segurança nº 20.565/MG, Relator Ministro Arnaldo Esteves Lima, 5ª Turma, julgado em 15.03.2007. Na doutrina, conferir MEIRELLES, Hely Lopes. *Direito Administrativo Brasileiro.* 41ª ed. São Paulo: Malheiros, 2015, p. 217-219.

Administração, ao qualificar publicamente determinados motivos como determinantes para a prática de um ato administrativo, fica a eles vinculada, ainda que a lei tenha concedido discricionariedade para que outros motivos pudessem ser escolhidos[49].

Logo, a validade do ato administrativo depende da veracidade dos motivos indicados como necessários e suficientes para sua emissão. Caso haja incongruência – ainda que não intencional, como acontece no caso de erro – entre os motivos de fato ou de direito invocados pelo administrador para a edição do ato administrativo em questão e a realidade, ele poderá ser invalidado.

A adesão à teoria dos motivos determinantes, ao lado da existência das referidas disposições da Lei da Ação Popular, assim, indica que o Direito Administrativo brasileiro reconhece, como potencial efeito do erro do administrador público, a eventual nulidade da atuação administrativa correspondente.

É verdade, contudo, que nem sempre o erro implicará a nulidade do ato administrativo sem sentido amplo. Em determinadas hipóteses, é possível que eventual equívoco cometido na análise dos pressupostos do ato não gere a sua automática desconstituição. Os princípios da segurança jurídica e da proteção da confiança legítima, a depender da situação, podem determinar a convalidação do comportamento equivocado da Administração Pública[50].

---

49 Em sua obra "Princípios Gerais do Direito Administrativo", Gaston Jezè sustenta que, da jurisprudência do Conselho de Estado Francês, poder-se-ia extrair diversas regras universalizáveis, dentre as quais a de que os motivos expressos pelo administrador para a prática de determinado ato considerar-se-iam, em princípio, determinantes. Segundo José Vicente Santos de Mendonça, a partir de tal lição, a doutrina brasileira teria criado o entendimento de que o ato administrativo ficaria necessariamente vinculado à existência dos motivos declarados. O tema é tratado em MENDONÇA, José Vicente Santos de. Conceitos inventados de direito administrativo. *Revista Brasileira de Direito Público*, Belo Horizonte, ano 14, n. 53, abr./jun. 2016, p. 12. Uma curiosidade apontada por Eduardo Jordão é que a teoria não é mais hoje adotada pelos Tribunais franceses, os quais passaram a admitir a substituição das razões apresentadas originalmente pelo administrador. JORDÃO, Eduardo. Globalization and convergence in judicial review: what can we learn from the case of Brazil? *A&C – Revista de Direito Administrativo & Constitucional*. Belo Horizonte, ano 17, n. 69, jul./set. 2017, p. 28.

50 "A tutela à confiança legítima do cidadão pode acarretar a validade de atos administrativos para cuja produção tenha concorrido um defeito sério na formação da vontade do agente.". JUSTEN FILHO, Marçal. *Curso de direito administrativo*. 8ª ed. Belo Horizonte: Fórum, 2012, p. 395. Valter Shuenquener de Araújo apresenta um exemplo do que ora se sustenta: "Existem situações em que será mais adequada a tutela de uma expectativa legítima através da proteção mediante a preservação do ato. A Administração Pública pode, por exemplo, eventualmente fornecer uma informação equivocada a um particular quanto ao prazo que ele detém para se manifestar ou para apresentar um recurso administrativo. Se isso acontecer, e o verdadeiro prazo tiver se escoado em razão da informação errônea, nada mais justo que assegurar ao indivíduo o direito de se manifestar no processo como se o prazo não tivesse sido ultrapassado, ou melhor, como se o prazo informado de forma errada fosse o correto". ARAÚJO, Valter Shuenquener. *O princípio da proteção da confiança*: uma nova forma de tutela do cidadão diante do Estado. Niterói: Impetus, 2009, p. 222.

3.4.2. *A potencial exclusão da responsabilidade administrativa e civil do gestor*

Embora importante para melhor compreensão do instituto, a potencial invalidade da ação estatal não é a consequência jurídica do erro que mais detidamente interessa ao presente estudo, mas sim o eventual afastamento da responsabilidade civil e administrativa do gestor público que nele incorre.

Busca-se aqui investigar – o que será objeto dos próximos capítulos – se, e em quais circunstâncias, o administrador tem excluída a sua responsabilidade caso incorra em um equívoco em sua atuação. Seria o erro de fato ou de direito, assim como ocorre no Direito Penal, relevante para a aferição da responsabilidade administrativa e civil do gestor público brasileiro?

Ao contrário da invalidade da ação administrativa, de influência privatista, a eventual exclusão da responsabilidade do agente público consiste em consequência jurídica do erro inspirada no Direito Criminal. Assim como ocorre em tal disciplina, o eventual vício cognitivo na apreensão da realidade fática ou jurídica pode levar à ausência de responsabilidade[51].

No Direito Administrativo Sancionador espanhol, para grande parte da doutrina, o erro invencível tem como consequência a extinção da culpabilidade do agente. Isso se dá em razão da tendência da referida escola em estender as normas do Direito Penal – as quais excluem a responsabilidade criminal nas hipóteses de equívocos não passíveis de superação – à referida disciplina[52], o que, como se verá no próximo capítulo, teve grande influência no Direito brasileiro.

---

51 "A elaboração teórica do erro como causa de exclusão da culpabilidade tem correspondência exclusiva com a Ciência Penal, já que a estrutura do ilícito civil não resulta compatível com esta causa de exoneração da culpabilidade. De fato, no delito civil, diferentemente do crime, a ilegalidade não é um elemento autônomo e independente do dano produzido, razão pela qual não se pode estabelecer uma relação com a existência ou inexistência de um conhecimento da ilegalidade, independentemente da própria existência do dano produzido. A referência, neste caso, deve ser procurada exclusivamente dentro do Direito Penal.". Tradução livre. No original, "la elaboración teórica del error como causa de exclusión de la culpabilidad, corresponde exclusivamente a la Ciencia Penal, ya que la estructura del ilícito civil no resulta compatible con esta causa de exculpación. En efecto, en el ilícito civil, a diferencia del delito, la antijuridicidad no es un elemento autónomo e independiente del daño producido, por lo que no cabe establecer una relación con la existencia o inexistencia de un conocimiento de la antijuridicidad, al margen de la propia existencia del daño producido. La referencia pues, en este caso, hay que buscarla exclusivamente dentro del Derecho Penal.". GAVÍN, Ignacio Pemán. *El sistema sancionador español* (hacia una teoría general de las infracciones y sanciones administrativas). Barcelona: Cedecs, 2000, p. 319.

52 A extensão das normas constitucionais do Direito Penal ao Direito Administrativo Sancionador, porém, não parece ser uma unanimidade em outros países que compõem a Comunidade Europeia. Segundo Alejandro Nieto García, "a unanimidade que reina em nosso Direito não deve dar a impressão de que se trata de um fenômeno universal e nada controvertido em outros países, pelo

Como consequência, ao menos para aqueles que entendem que a culpa é elemento essencial do tipo administrativo sancionador[53], o erro poderá gerar a exclusão da punibilidade do agente ou, nos casos em que for de alguma maneira evitável, o abrandamento da sanção a ser concretamente aplicada. É o que explica o jurista espanhol, Alejandro Nieto García:

> "A avaliação da influência do erro na acusação das infrações administrativas depende da posição que tenha sido adotada a respeito de questão prévia, consistente na exigência de culpabilidade. Para aqueles que entendem que a culpa é, em qualquer caso, um requisito indispensável de qualquer infração administrativa, a presença do erro sempre exercerá grande influência, seja como uma causa de exclusão da culpabilidade ou, ao menos, como circunstância graduadora da sanção."[54]

Resta saber se, à luz do ordenamento jurídico brasileiro, o erro de fato ou de direito tem como potencial consequência a exclusão das responsabilidades administrativa e civil do gestor. Em outros termos, o administrador público brasileiro possui um espaço jurídico de tolerância para cometer erros?

Já foi adiantado que, neste livro, é defendida teses de que, desde que observados determinados parâmetros (os quais serão construídos ao longo do último capítulo), o erro tem o potencial de eximir o administrador público de eventuais sanções administrativas ou de indenizar os eventuais danos causados ao erário. É o que se passa a fundamentar no próximo capítulo.

---

contrário. Na França – como poderá ser comprovado mais adiante – a jurisprudência e a doutrina afirmavam unanimemente o contrário até muito recentemente. E na Itália, e a julgar pelo testemunho de PALIERO-TRAVI (...), o Tribunal Constitucional nega-se terminantemente a aplicar aos ilícitos administrativos os princípios constitucionais do Direito Penal.". No original, "La unanimidade que sobre el 'si' reina en nuestro Derecho no debe dar la impressión de que se trata de um fenómeno universal y nada polémico em otros países, antes al contrario. En Francia – según podrá comprobarse más adelante – la Jurisprudencia y la doctrina han afirmado unánimamente lo contrario hasta hace muy pouco. Y em Italia, y a juzgar por el testimonio de PALIERO-TRAVI (...) la Corte Constitucional se niega terminantemente a aplicar a los ilícitos administrativos los principios constitucionales del Derecho Penal" GARCÍA, Alejandro Nieto. *Derecho Administrativo Sancionador*. 5ª ed. Madrid: Editorial Tecnos, 2018, p. 132.

---

53 A questão será objeto de discussão específica do próximo capítulo.

54 No original, "La valoración de la inlfuencia del error en el enjuiciamiento de las infracciones administrativas depende de la posición que se haya adoptado respecto de la cuestión previa de la culpabilidad exigible. Para quienes entienden que la culpabilidade es en todo caso requisito indispensable de cualquier infracción administrativa, la presencia del error ejercerá siempre uma gran influencia bien sea como causa de exculpación o, sin llegar a ello, como circunstancia graduadora de la sanción.". GARCÍA, Alejandro Nieto. *Derecho Administrativo Sancionador*. 5ª ed. Madrid: Editorial Tecnos, 2018, p. 354.

Capítulo 4

FUNDAMENTOS DO ESPAÇO JURÍDICO DE TOLERÂNCIA AO COMETIMENTO DE ERROS PELO ADMINISTRADOR PÚBLICO

4.1. Introdução

Após apresentados o contexto e os principais elementos conceituais relevantes ao reconhecimento do espaço de erro do gestor público, o presente capítulo, dividido em duas partes, desenvolverá seus principais fundamentos jurídicos. Busca-se aqui justificar, à luz do ordenamento jurídico brasileiro, a ausência de responsabilização do administrador público no caso de cometimento de um equívoco tolerável.

A primeira parte do capítulo trará como alicerce do direito ao erro normas constitucionais e infraconstitucionais que visam a proteger o administrador público em razão de sua condição de indivíduo e, consequentemente, dos direitos fundamentais por ele titularizados.

Em particular, ver-se-á que o ordenamento jurídico nacional exige que sua responsabilidade pessoal, civil ou administrativa, possua caráter subjetivo, ou seja, dependa da configuração de culpa ou dolo. Tais elementos, por definição, não se encontram presentes nas hipóteses em que o gestor incorre em um erro inevitável, o que leva à exclusão de sua responsabilidade pessoal.

A segunda parte do capítulo, por sua vez, invocará como fundamento da tolerância ao erro normas jurídicas que buscam promover a efetividade das ações da Administração Pública.

Mais especificamente, tratará dos princípios constitucionais da eficiência e da economicidade. Conforme será desenvolvido, responsabilizar pessoalmente o gestor público por erros toleráveis, cometidos no exercício de suas funções, pode resultar em importantes prejuízos à boa gestão pública[1].

---

1 Os fundamentos apresentados no presente capítulo para a existência de um espaço de tolerância ao erro do administrador integram os dois principais eixos de transformação do Direito Administrativo identificados por Gustavo Binenbojm: o giro democrático-constitucional e o giro pragmático. O tema é abordado em BINENBOJM, Gustavo. *Poder de polícia, ordenação, regulação*: transformações político-jurídicas, econômicas e institucionais do direito administrativo ordenador. Belo Horizonte: Fórum, 2016.

Além disso, será demonstrado que o legislador infraconstitucional, por meio do artigo 28 da Lei de Introdução às Normas do Direito Brasileiro, decidiu por, de maneira expressa, restringir a responsabilidade pessoal do administrador público às hipóteses de dolo e erro grosseiro, admitindo, assim, a existência de um espaço ainda maior de tolerância – ou de não responsabilidade – ao cometimento de equívocos decisórios.

4.2. A ausência de culpa *lato sensu* nas hipóteses de erros inevitáveis e o caráter subjetivo da responsabilidade do administrador público

Como mencionado na introdução, o presente trabalho restringe-se a analisar a tolerância jurídica ao erro do administrador público no âmbito de sua responsabilidade administrativa e civil.

A responsabilidade administrativa consiste na submissão do gestor às consequências jurídicas do cometimento de ilícitos administrativos: as punições administrativas[2]. É o caso das sanções previstas no artigo 12 da Lei nº 8.429/92 ao agente condenado em ato de improbidade administrativa[3], das penalidades disciplinares aplicadas aos servidores públicos civis da União, nos termos previstos na Lei nº 8.112/90, ou das multas pessoais incidentes sobre administradores públicos faltosos, conforme disciplinado nos artigos 57 e 58 da Lei Orgânica do Tribunal de Contas da União (Lei nº 8.443/92).

Já a responsabilidade civil abrange os casos em que o administrador detém a obrigação de reparar os danos causados à Administração por conta de sua atuação irregular. Isto poderá ocorrer tanto nos casos em que o gestor causa danos diretos ao erário, quanto nos casos em que causa danos a terceiros que responsabilizam a Administração e por ela são indenizados, na forma do artigo 37, §§ 5º e 6º da Constituição da República[4].

Em ambas as esferas, a existência de um espaço de tolerância jurídica – ou de não responsabilidade – ao cometimento de equívocos por parte do administrador pú-

---

2 MEDAUAR, Odete. *Direito administrativo moderno*. 18ª ed. São Paulo: Editora Revista dos Tribunais, 2014, p. 348; CUNHA, Sérgio Sérvulo. Responsabilidade do Administrador Público. São Paulo, *Interesse Público IP*, ano 4, n. 15, p. 126142, jul./set. 2002.

3 Concordamos com Fabio Medina Osório que as sanções estabelecidas na Lei de Improbidade Administrativa, embora aplicadas pelo Poder Judiciário, têm natureza administrativa. Nesse sentido, OSÓRIO, Fabio Medina. Conceito e tipologia dos atos de improbidade administrativa. *Revista de doutrina do Tribunal Regional Federal da 4ª Região*, nº 57, 30 dez. 2012, p. 4. Disponível em <http://www.revistadoutrina.trf4.jus.br/index.htm?http://www.revistadoutrina.trf4.jus.br/artigos/edicao050/Fabio_Osorio.html>. Acesso em 30 jul. 2018. Em sentido contrário, sustentando a natureza civil dos ilícitos e penalidades previstas na referida lei, ver FURTADO, Lucas Rocha. *Curso de Direito Administrativo*. Belo Horizonte: Ed. Fórum, 2016, p. 1.023.

4 MEDAUAR, Odete. *Direito administrativo moderno*. 18ª ed. São Paulo: Editora Revista dos Tribunais, 2014, p. 347.

blico se justifica, em primeiro lugar, por meio de um argumento simples, composto de duas premissas e uma conclusão[5].

A primeira premissa consiste no fato de que a evitabilidade é requisito essencial para a presença de culpa ou dolo do agente. Nas hipóteses em que o gestor público incorre em um erro inevitável, necessariamente não tem preenchido o elemento subjetivo. Como segunda, ver-se-á que a responsabilidade pessoal do administrador público brasileiro tem natureza subjetiva. Isso quer dizer que, tanto na esfera civil, quanto na administrativa, é exigida a demonstração de culpa *lato sensu* para que ele possa ser pessoalmente responsabilizado por ilícitos cometidos no exercício de suas funções.

A conclusão, extraída por dedução das duas premissas acima mencionadas, é a existência de um espaço de tolerância jurídica ao menos nos casos em que o gestor comete um equívoco que razoavelmente não poderia evitar, hipótese em que restará ausente o elemento subjetivo e, consequentemente, eliminada sua responsabilidade pessoal.

4.2.1. A ausência de culpa ou dolo nas decisões fundadas em erros inevitáveis

Erro e culpa são conceitos que não se confundem. Aquele que se equivoca na apreciação dos fatos ou das normas jurídicas relevantes para a tomada de decisão não necessariamente o faz por negligência, imprudência ou imperícia[6]. No entanto, para que o elemento culposo esteja presente, é necessário, no Direito brasileiro, que o equívoco cometido seja razoavelmente evitável.

---

5 Na teoria da argumentação, os argumentos simples são aqueles compostos por uma ou mais premissas interdependentes e uma única conclusão, conforme SHECAIRA, Fábio P.; STRUCHINER, Noel. *Teoria da argumentação jurídica*. Rio de Janeiro: Ed. PUC-Rio: Contraponto, 2016, p. 15.

6 É o que também afirma Eduardo Nunes de Souza ao diferenciar erro e culpa no exercício da profissão médica: "o juízo valorativo do erro não está propriamente interessado na maior ou menor diligência adotada pelo médico, não indaga se desejava ele ou não produzir o dano, não identifica se a legítima confiança do paciente na conduta do médico foi violada. A noção de erro avalia apenas se a conduta médica adotada diferiu de outra conduta que possivelmente não ocasionaria o dano. O médico absolutamente diligente, que, diante de dois tratamentos igualmente cabíveis (segundo o mais apurado conhecimento científico) para determinado quadro clínico, prescreve um deles e não consegue curar o enfermo, na acepção corrente do termo, errou tanto quanto aquele que prescrevesse um terceiro tratamento, totalmente inapropriado. (...) equiparar o erro à culpa significa promover uma objetivação velada da responsabilidade do médico. A afirmativa se justifica por este simples raciocínio indutivo: se há inúmeros casos em que a intervenção médica produz dano (portanto, casos em que o médico supostamente erra), mas não se afigura legítimo responsabilizar o profissional, isso só pode ser possível se o erro e a culpa constituírem noções distintas – e a responsabilidade do médico deve depender apenas da demonstração desta última". SOUZA, Eduardo Nunes de. Do erro à culpa na responsabilidade civil do médico. *Civilistica.com*. Rio de Janeiro, a. 2, n. 2, abr.-jun./2013, p. 19-20. Disponível em <http://civilistica.com/doerro-a-culpa-na-responsabilidade-civil-do-medico>. Acesso em 02 jul. 2018.

Como visto no capítulo anterior, o erro de tipo e o erro de proibição, desde que inevitáveis, são, para o Direito Penal, respectivamente causas da exclusão do dolo e da culpabilidade do agente, nos termos do que dispõem os artigos 20 e 21 do Código Penal[7]. Na responsabilidade civil, como esclarece Ruy Rosado de Aguiar Júnior, a natureza inevitável do erro também é suficiente para demonstrar a ausência de imperícia do indivíduo[8]. Se o dano ocorrido não era passível de ser evitado, não há que se falar em culpa de seu agente causador[9].

Da mesma forma, no regime de responsabilização pessoal do administrador público por atos funcionais, objeto de estudo do Direito Administrativo, tem-se que aquele que incorre em equívoco que razoavelmente não poderia evitar, por definição, não pratica um ato culposo ou, tampouco, tem a intenção de cometer o ilícito.

Quanto ao dolo, viu-se no capítulo anterior que, em oposição ao que ocorre com o desvio de poder ou de finalidade, o conceito de erro pressupõe a ausência de malícia do agente público. É essencial, para a configuração de um equívoco – seja ele evitável ou não –, que o agente, ao cometê-lo, não possua a intenção de violar o ordenamento jurídico e, portanto, não tenha agido de forma dolosa[10].

A presença da culpa *stricto sensu*, por sua vez, pressupõe que o administrador público tenha condições objetivas e razoáveis de prever e, sobretudo, de evitar que o resultado indesejado aconteça. Caso contrário, o elemento subjetivo necessariamente não estará presente no caso concreto. Afinal, como é possível ser diligente a fim de evitar algo inevitável? A relação necessária entre culpa e evitabilidade do fato é assim explicada por Fábio Medina Osório:

> "Evitabilidade do fato é, portanto, o fundamento mais próximo da exigência de culpabilidade, fundamento ligado à interdição do arbítrio dos poderes públicos. O sujeito deve possuir a chance, a oportunidade de evitar o fato ilícito (...). Por um princípio de justiça, se a ameaça é incapaz de gerar uma potencial evitabilidade do fato, não há culpabilidade, inexiste fundamento subjetivo para a punição do comportamento humano, direto ou indireto, materializado por pessoas físicas ou jurídicas. Em realidade, por esse prisma a

---

7 O artigo 20 da Lei Penal permite a punição daquele que incorre em erro pelo crime cometido na modalidade culposa, desde que prevista em lei. O legislador refere-se aqui aos casos em que o agente poderia razoavelmente evitar o erro, conforme BITTENCOURT, Cezar Roberto. *Tratado de direito penal*, volume 1: parte geral. 13ª ed. São Paulo, Saraiva, 2008, p. 372. De forma semelhante, MIR, José Cerezo. *Curso de Derecho Penal español*, v. 1. Madrid: Tecnos, 1985, p. 281.

8 AGUIAR JÚNIOR, Ruy Rosado de. Responsabilidade civil do médico. *Revista dos Tribunais*, São Paulo, v. 84, n. 718, ago. 1995, p. 37.

9 *"A essência da culpa é a previsibilidade e a evitabilidade. Ou seja, ao praticar a conduta, o agente possuía o controle da situação, podendo* ou não praticar *a conduta, o agente possuía o controle da situação, podendo ou não praticar a* conduta danosa". NADER, Paulo. *Curso de direito civil*: responsabilidade civil, vol. 7. 6ª ed. Rio de Janeiro: Forense, 2016, p. 139.

10 O ponto é demonstrado no item 3.3, *supra*.

> culpabilidade é um instituto intimamente ligado à proibição do arbítrio em matéria de imposição das sanções."[11]

Nos casos de erros inevitáveis, portanto, inexiste culpa *lato sensu* do gestor. Fixada a premissa, os próximos itens analisarão os fundamentos que informam o segundo pressuposto do argumento: o caráter necessariamente subjetivo da responsabilidade administrativa e civil do administrador público.

4.2.2. *O caráter subjetivo da responsabilidade administrativa*

4.2.2.1. A culpabilidade no Direito Penal e a inadequação de sua automática transposição ao Direito Administrativo Sancionador em geral

O princípio da culpabilidade é considerado um dos mais importantes do Direito Penal e um fundamental limite ao poder punitivo do Estado[12]. A doutrina criminalista costuma dividir o princípio em uma tripla dimensão: (i) a que veda a responsabilidade penal de caráter objetivo, sem a demonstração de dolo ou culpa; (ii) a que impõe requisitos para a aplicação de uma pena ao autor de um fato típico e antijurídico; e (iii) a que dispõe que a pena deve ser medida de acordo com a culpabilidade do acusado[13].

Interessa-nos o primeiro sentido acima descrito. Nessa primeira acepção, o princípio limita o exercício do poder sancionatório do Estado ao condicioná-lo à efetiva comprovação do elemento subjetivo. Exige-se que o agente tenha agido de forma culposa em sentido amplo, o que abarca tanto a culpa propriamente dita como o dolo. Sem que, ao menos, tenha o indivíduo incorrido em um comportamento imprudente, negligente ou imperito, não poderá por ele ser sancionado.

---

11 OSÓRIO, Fábio Medina. Direito Administrativo Sancionador. 5ª ed. São Paulo: Editora Revista dos Tribunais, 2015, p. 376. Em semelhante sentido, OLIVEIRA, Régis Fernandes de. *Infrações e Sanções Administrativas*. São Paulo: Revista dos Tribunais, 1985, p. 48 e MELLO, Rafael Munhoz de. Sanção Administrativa e o Princípio da Culpabilidade. *A&C – Revista de Direito Administrativo & Constitucional*, Belo Horizonte, ano 5, nº 22, out./dez. 2005, p. 47. Na Espanha, não é outra a posição de Alejandro Nieto García: "De acordo com a doutrina, o erro invencível é motivo de exoneração da responsabilidade (salvo nas hipóteses de responsabilidade objetiva), enquanto o evitável elimina o dolo e, consequentemente, impõe a absolvição nas infrações cujo dolo é exigível e, nos tipos culposos, converte a culpa em leve ou em imprudência simples e gradua a sanção." Tradução livre. No original, "Según la doctrina recibida, el error invencible es causa de exoneración (salvo que se trate de responsabilidad objetiva) mientras que el evitable elimina el dolo y, por ende, arrastra la absolución en las infracciones de dolo exigible y en las culposas convierte la culpa em leve o en imprudencia simple y graduá la sanción". GARCÍA, Alejandro Nieto. *Derecho Administrativo Sancionador*. 5ª ed. Madrid: Editorial Tecnon, 2018, p. 362.

12 CIRINO DOS SANTOS, Juarez. *Direito penal*: parte geral. 7ª ed. Florianópolis: Empório do Direito, 2007, p. 26.

13 BITTENCOURT, Cezar Roberto. *Tratado de direito penal*, volume 1: parte geral. 13ª ed. São Paulo, Saraiva, 2008, p. 16.

A responsabilidade de caráter objetivo, vedada pelo princípio da culpabilidade, dispõe que a consequência jurídica disposta na norma deve ser suportada pelo agente em decorrência do simples nexo de causalidade entre a sua conduta e o evento indesejado. A culpa não é propriamente presumida, mas dispensada para a configuração da responsabilidade. Ainda que comprovada a ausência de culpa, portanto, a responsabilidade subsistirá[14].

O princípio da culpabilidade não encontra referência expressa na Constituição da República, mas é extraído pela doutrina de alguns de seus dispositivos normativos.

Seu primeiro fundamento na acepção aqui tratada é a proteção à dignidade da pessoa humana, disposta no artigo 1º, III, da Constituição da República. A estigmatização criminal do indivíduo por um fato para cuja ocorrência não contribuiu de forma consciente ou, ao menos, culposa é uma forma de instrumentalizá-lo para o alcance dos interesses coletivos pressupostos na norma, o que viola sua dignidade[15].

Aponta-se, ainda, que a vedação à responsabilização penal objetiva seria premissa necessária de diversos direitos e garantias do acusado que também buscam frear a arbitrariedade do poder punitivo do Estado, como a presunção de inocência, o devido processo legal e a segurança jurídica. O princípio, assim, poderia ser extraído dos dispositivos constitucionais que os consagram[16].

O princípio encontra respaldo mais específico no artigo 5º, inciso XLV, da Constituição, segundo o qual "nenhuma pena passará da pessoa do condenado". Do dispositivo constitucional que consagra o caráter pessoal da pena é possível extrair não só seu significado mais óbvio, conforme o qual ninguém pode ser sancionado por atos praticados por terceiro, mas também um segundo sentido.

Segundo ele, o dispositivo veda que o acusado seja punido por comportamento próprio cujas consequências não poderia razoavelmente antecipar[17]. É justamente o que ocorre quando o agente não contribui intencional ou culposamente para a ocorrência do resultado. Em suma, o texto constitucional impõe que "só é possível castigar o normal exercício da autonomia pessoal, o que exclui toda responsabilidade por fatos cometidos sem os pressupostos subjetivos"[18].

Vistos, em linhas gerais, os contornos do princípio da culpabilidade, cumpre investigar sua potencial aplicação às sanções administrativas aplicadas aos gestores públicos.

---

14 A diferença entre presunção de culpa e a sua dispensa pela objetivação da responsabilidade, bem como uma breve evolução histórica dos institutos, são, no âmbito da responsabilidade civil, tratadas em SCHREIBER, Anderson. *Novos paradigmas da responsabilidade civil*: da erosão dos filtros à diluição dos danos. 5ª ed. São Paulo: Atlas, 2013, p. 31-34.

15 BRUNONI, Nivaldo. *Princípio de culpabilidade*: considerações. Curitiba, Juruá, 2008, p. 35.

16 OSÓRIO, Fábio Medina. *Direito Administrativo Sancionador*. 5ª Ed. São Paulo: Revista dos Tribunais, 2015, p. 371-372.

17 BRUNONI, Nivaldo. *Princípio de culpabilidade*: considerações. Curitiba, Juruá, 2008, p. 43.

18 BRUNONI, Nivaldo. *Princípio de culpabilidade*: considerações. Curitiba, Juruá, 2008, p. 44

É entendimento majoritário na doutrina administrativista brasileira, com reflexos na jurisprudência[19], que o Direito Penal e o Direito Administrativo Sancionador deveriam observar um núcleo normativo comum. Embora não se propugne uma identidade absoluta entre as disciplinas, costuma-se defender que os direitos e garantias previstos na Constituição (e mesmo na legislação ordinária) para proteger os acusados da prática de um ilícito penal devem, ao menos em seus aspectos essenciais, estender-se àqueles que estão sujeitos a sanções de natureza administrativa.

O principal argumento apresentado pela doutrina para embasar tal tese, fortemente influenciada pelo Direito espanhol, é que a ação sancionatória estatal com base no poder de polícia ou no poder disciplinar não seria substancialmente diferente do poder punitivo criminal. O tratamento integrado das matérias decorreria do fato de que o Direito Administrativo Sancionador e o Direito Penal representariam instrumentos de controle do exercício, ainda que em diferente intensidade, de uma mesma função estatal: o seu poder punitivo. Deveria haver, portanto, uma unidade do *jus puniendi* do Estado[20].

Além disso, defende-se que, entre os ilícitos administrativos e penais, não existiria qualquer diferença ontológica. Entre eles, não haveria distinção qualitativa, mas apenas quantitativa, de modo que o regime jurídico a reger as sanções penais e as sanções administrativas deveria ser, senão idêntico, ao menos semelhante.

A tipificação de uma conduta como um crime ou como uma infração administrativa dependeria apenas do grau de sua reprovabilidade social, o que variaria de acordo com o período histórico e o local analisado. A questão seria de mera política legislativa, a flutuar ao sabor das conveniências de ocasião. Algo que é hoje um crime ou uma contravenção penal pode, amanhã, ser tipificado pelo legislador como uma mera infração administrativa, e vice-versa[21].

---

19 "Consoante precisas lições de eminentes doutrinadores e processualistas modernos, à atividade sancionatória ou disciplinar da Administração Pública se aplicam os princípios, garantias e normas que regem o Processo Penal comum, em respeito aos valores de proteção e defesa das liberdades individuais e da dignidade da pessoa humana, que se plasmaram no campo daquela disciplina.". Brasil. Superior Tribunal de Justiça. Recurso em Mandado de Segurança nº 24.559/PR, Relator Ministro Napoleão Nunes Maia Filho, Quinta Turma, julgado de 03.12.2009.

20 "O Direito Punitivo, assim, encontra um núcleo básico na Constituição Federal, núcleo normativo do qual emanam direitos constitucionais de conteúdos variáveis, embora também com pontos mínimos em comum (...). E é precisamente aqui que se deve compreender a unidade do Direito Sancionador: há cláusulas constitucionais que dominam tanto o Direito Penal, quanto o Direito Administrativo Punitivo.". OSÓRIO, Fábio Medina. *Direito Administrativo Sancionador*. 5ª Ed. São Paulo: Revista dos Tribunais, 2015, p. 144. Em sentido semelhante, MOREIRA NETO, Diogo de Figueiredo; GARCIA, Flávio Amaral. A principiologia no Direito Administrativo Sancionador. *Revista Eletrônica de Direito do Estado*, nº 37, janeiro/fevereiro/março de 2014, p. III.2-III.3. Disponível em <http://www.direitodoestado.com.br/codrevista.asp?cod=610>. Acesso em 04 set. 2018.

21 É essa opinião do criminalista Nelson Hungria, propagada em texto clássico sobre o tema: "Assim, não há falar-se de um ilícito administrativo ontológicamente distinto de um ilícito penal. A sepa-

Argumenta-se, ainda, que a não extensão das garantias e direitos fundamentais do Direito Penal ao Direito Administrativo Sancionador permitiria que o Estado, ao transformar um ilícito penal em administrativo, fugisse do regime de proteção constitucional. Poderia, assim, impor punições pessoais aos indivíduos sem que precisasse observar as exigências constitucionais que resguardam o acusado de um crime[22].

Trata-se de estratégia que, segundo se tem notícia, foi efetivamente utilizada durante períodos totalitários, como, por exemplo, ao longo da ditadura do General Francisco Franco, na Espanha, entre os anos de 1939 e 1975[23]. A transformação de ilícitos criminais em ilícitos administrativos foi conveniente às autoridades públicas, na medida em que permitia reprimir oposições políticas ao governo estabelecido de maneira mais efetiva, sem os entraves e formalidades do Direito e do Processo Penal[24].

Com base nesse entendimento tradicional, seria simples sustentar que o princípio da culpabilidade, consagrada garantia do Direito Penal, deveria se estender também

ração entre um e outro atende apenas a critério de conveniência ou de oportunidade, afeiçoados à medida do interesse da sociedade e do Estado, variável no tempo e no espaço. Conforme acentua BELING, a única diferença que pode ser reconhecida entre as duas espécies de ilicitude é de *quantidade* ou de *grau*: está na maior ou menor gravidade ou imoralidade de uma em cotejo com outra. O ilícito administrativo é um *minus* em relação ao ilícito penal.". HUNGRIA, Nelson. Ilícito administrativo e ilícito penal. *RDA – Revista de Direito Administrativo.* Rio de Janeiro: Fundação Getúlio Vargas, nº 1, v. 1, 1945, p. 24. Entre os administrativistas, é o entendimento de OLIVEIRA, Régis Fernandes de. *Infrações e sanções administrativas.* 2ª ed. São Paulo: Revista dos Tribunais, 2005, p. 19-20.

22 MELLO, Rafael Munhoz de. *Princípios Constitucionais de Direito Administrativo Sancionador*: as sanções administrativas à luz da Constituição Federal de 1988. São Paulo: Malheiros, 2007, p. 104-108.

23 OLIVEIRA, Ana Carolina Carlos de. *Direito de Intervenção e Direito Administrativo Sancionador*: o pensamento de Hassmer e o Direito Penal Brasileiro. Dissertação (Mestrado em Direito) – Faculdade de Direito da Universidade de São Paulo, São Paulo, 2012, p. 122-123.

24 É o que aponta Eduardo García de Enterría: "apenas duas razões podem explicar o surgimento e o desenvolvimento desse tipo de sanção administrativa: uma razão política, a conveniência para as autoridades administrativas de disporem, especialmente em períodos turbulentos ou autoritários, de um poder sancionatório adequado no plano político, isto é, como arma de luta política contra seus oponentes (...) em segundo lugar, uma inadequação do sistema penal comum, devido à sua lentidão, rigidez, quiçá devido à bondade de suas sanções ou, inversamente, devido ao seu possível rigor excessivo ou conteúdo socialmente estigmatizante, ou, finalmente, devido à possível formalidade de seu sistema acusatório". No original, "sólo dos razones pueden explicar la aparición y desarrollo de este tipo de sanciones administrativas: una razón política, la conveniencia para las autoridades administrativas de disponer, especialmente en períodos revueltos o autoritarios, de un poder sancionatorio propio en el plano político, esto es, como arma de lucha política frente a sus oponentes (...) en segundo término, una inadecuación del sistema penal común, por su lentitud, por su rigidez, quizá por la benignidad de sus sanciones o, inversamente, por su posible excesivo rigor o contenido socialmente infamante, o, en fin, por la posible formalidad de su sistema acusatorio". ENTERRÍA, Eduardo Garcia de. El problema jurídico de las sanciones administrativas. In: *Revista española de derecho administrativo*, nº 10, 1976, p. 405.

ao Direito Administrativo Sancionador como um todo e, por conseguinte, ao regime de responsabilização administrativa do gestor público.

No entanto, a automática transposição de garantias e direitos entre as duas disciplinas, tendo em vista a suposta unidade do Direito Punitivo, a alegada identidade ontológica entre os ilícitos criminal e administrativo, bem como a falta de critério na construção de exceções, vem sendo questionada por parte importante da doutrina.

Em livro decorrente de sua tese de doutorado, Alice Voronoff aponta que a extensão irrefletida de garantias penais à seara administrativa, que encontrou terreno fértil no Brasil, desconsidera a autonomia científica e, sobretudo, as singularidades finalísticas e funcionais do Direito Administrativo Sancionador[25].

Com efeito, as sanções administrativas gozam de escopo predominantemente dissuasório e prospectivo. Sua finalidade principal é a conformação da conduta dos particulares a determinado interesse da coletividade. O objetivo central do modelo é criar incentivos eficientes e adequados, sendo, por isso, muito mais sensível a juízos consequencialistas.

Busca-se, por meio da punição administrativa ou de sua ameaça, direcionar o comportamento dos administrados em um sentido socialmente desejável, evitando-se o cometimento de novos ilícitos. De um modo geral, os modelos sancionatórios administrativos não são concebidos como um castigo estatal, tampouco como uma resposta necessária a condutas moralmente reprováveis.

De outro lado, o Direito Penal, ao menos em sua concepção clássica[26] e ainda que de forma não exclusiva, tem importante finalidade retributiva[27]. À luz de um juízo de reprovação ético-moral, o castigo do criminoso é utilizado como uma espécie de compensação pela lesão por ele cometida a determinado bem jurídico que seja caro à sociedade[28].

---

25 VORONOFF, Alice. *Direito administrativo sancionador no Brasil*: justificação, interpretação e aplicação. Belo Horizonte: Fórum, 2018, p. 95-119.

26 Uma análise da Escola Clássica do Direito Penal é feita em MIRABETE, Julio Fabrinni; FABRINNI, Renato N. *Manual de direito penal*, volume 1: parte geral, arts. 1º a 120 do CP. 32ª ed. São Paulo: Atlas, 2016, p. 19-20.

27 A finalidade retributiva da pena é criticada por parte da doutrina criminalista, como, por exemplo, em QUEIROZ, Paulo. *Funções do Direito Penal*. Legitimação versus deslegitimação do sistema penal. São Paulo: Revista dos Tribunais, 2005, p. 27.

28 "De modo geral, os modelos sancionatórios administrativos foram e são concebidos e implementados para viabilizar a realização de objetivos e demandas do interesse da sociedade; não para castigar o infrator pelos efeitos danosos de uma conduta moralmente reprovável. (...) Logo, esse é um campo em que o exercício do poder punitivo pelo Estado opera de forma eminentemente prospectiva (ou "forward looking"). Sobretudo, buscam-se conter riscos e frear ações não desejadas, o que acarreta um olhar marcadamente consequencialista a respeito das sanções administrativas, aproximando-as do modelo de justificação dissuasória analisado no início do capítulo. O objetivo é punir para adequar a conduta dos particulares em prol da realização de objetivos de interesse público, independentemente de um juízo de condenação ético-social quanto aos bens jurídicos

Sob uma perspectiva funcional, o padrão operativo do Direito Administrativo Sancionador também é singular, tendo em vista que é conduzido por órgãos e entidades da Administração Pública, e não pelo Poder Judiciário, ao revés do que ocorre no Direito Penal (aspecto funcional estático). O ponto é relevante, na medida em que o Poder Executivo possui *expertises* institucionais completamente diferentes do Judiciário, o que influencia não só a concepção do modelo sancionatório administrativo, como também a sua aplicação.

As sanções administrativas, ademais, encontram-se sujeitas a influxos pragmáticos e constitucionais próprios do Direito Administrativo, como exigências de eficiência, economicidade e moralidade (aspecto funcional dinâmico)[29].

É possível, por fim, apontar uma última peculiaridade do Direito Administrativo Sancionador que o distancia do Direito Penal e que, mais uma vez, indica a necessidade de tratamento em apartado das disciplinas. As sanções administrativas não lidam, em regra[30], com a liberdade de locomoção do sancionado, de modo que as restrições por elas impostas aos direitos fundamentais do indivíduo costumam ser mais brandas[31].

Em suma, trata-se de dois ramos do Direito com identidades e, sobretudo, finalidades e funções próprias. Desse modo, o compartilhamento imotivado de institutos do Direito Penal pode ser causa de deturpação das sanções administrativas. A eventual extensão de normas penais ao regime administrativo punitivo deve ocorrer não de maneira automática, mas somente na medida em que justificada pelo escopo específico das normas sancionadoras em questão.

Diante da crítica à transposição irrestrita da sistemática punitiva do Direito Penal ao Direito Administrativo Sancionador, resta saber: o princípio constitucional da culpabilidade tem relevância na fundamentação da tolerância ao erro do administrador público?

afetados. (...) Esse olhar prospectivo que orienta o direito administrativo sancionador o diferencia do viés retributivo do direito criminal e da lógica retrospectiva (ou "backward-looking") de quantificação das penas". VORONOFF, Alice. *Direito administrativo sancionador no Brasil*: justificação, interpretação e aplicação. Belo Horizonte: Fórum, 2018, p. 99-100.

29 VORONOFF, Alice. *Direito administrativo sancionador no Brasil*: justificação, interpretação e aplicação. Belo Horizonte: Fórum, 2018, p. 109-119.

30 Excepcionalmente, o ordenamento jurídico admite a prisão administrativa de servidores públicos militares, conforme dispõe o artigo 5º, LXI, da Constituição da República

31 VORONOFF, Alice. *Direito administrativo sancionador no Brasil*: justificação, interpretação e aplicação. Belo Horizonte: Fórum, 2018, p. 229. Ressalve-se, porém, que o Direito Penal também lida com punições que não restringem a liberdade do condenado, como é o caso da multa e das sanções restritivas de direitos.

4.2.2.2. A culpabilidade como princípio do Direito Administrativo Sancionador voltado ao administrador público

O presente tópico trata especificamente da incidência do princípio da culpabilidade no regime administrativo sancionatório de gestores públicos. Cuida, portanto, da extensão de uma norma aparentemente própria do Direito Criminal a ramo do Direito Administrativo Sancionador que trata da punição de agentes públicos – pessoas naturais por excelência – por faltas cometidas no exercício de suas funções[32].

Em primeira ordem, é preciso analisar a questão sob uma ótica formal e procedimental. Nota-se que os direitos e garantias de onde a doutrina extrai o princípio da culpabilidade, assinaladas ao início do tópico anterior, não são direcionadas exclusivamente aos acusados de um ilícito penal. A dignidade da pessoa humana, o devido processo legal e a segurança jurídica são normas de caráter amplo, que influenciam a interpretação de todo ordenamento jurídico.

Do mesmo modo, a exigência constitucional que a pena tenha caráter pessoal, textualmente, tem por objetivo proteger todo e qualquer condenado, inclusive em âmbito administrativo, não se restringindo ao escopo criminal. O artigo 5º, inciso XLV, da Constituição da República dispõe de forma genérica que "nenhuma pena passará da pessoa do condenado", sem que faça qualquer restrição ao seu âmbito de aplicação, como ocorre com outras garantias previstas ao longo dos incisos do artigo 5º da Constituição.

Como exemplo, os direitos e garantias dispostos nos incisos XXXIX (*"não há crime sem lei anterior que o defina"*), XL (*"a lei penal* não retroagirá, salvo para beneficiar o réu") e LVII (*"ninguém será considerado culpado até o trânsito em julgado de sentença penal condenatória"*) expressamente restringem sua incidência ao âmbito criminal[33]. Desse modo, é possível inferir que o emprego indistinto do termo "pena" pelo legislador constituinte, sem que tenha especificado sua natureza criminal ou administrativa, parece ter sido intencional, a fim de estender a incidência da norma a todos os ramos do Direito Sancionador, sem se restringir ao Direito Criminal.

Pela amplitude dos enunciados constitucionais que o consagram, já seria possível reconhecer que o princípio da culpabilidade deve nortear, no âmbito do Direito Administrativo, o regime sancionatório dos administradores públicos. Razões substanciais, porém, também justificam o compartilhamento do referido instituto entre as disciplinas.

---

32 Não se está tratando aqui apenas do Direito Administrativo Disciplinar, disciplina que regula as relações disciplinares entre a Administração e seu corpo funcional. Procura-se abarcar todas as normas que impõem sanções administrativas a gestores públicos, como a Lei de Improbidade Administrativa e as Leis Orgânicas dos Tribunais de Contas. Não se discutirá aqui, por fugir do estreito escopo deste livro, se o Direito Administrativo Sancionador como um todo deve ou não observar a culpabilidade ou se, ao contrário, seriam admissíveis, ainda que excepcionais, tipos sancionatórios objetivos, que dispensassem a existência de dolo ou culpa para sua configuração.

33 Não se quer dizer que tais normas não se estenderiam a outros campos do Direito, análise que fugiria ao escopo deste trabalho.

O regime de responsabilidade dos administradores públicos lida exclusivamente com pessoas físicas, indivíduos que possuem uma relação jurídica prévia com a Administração Pública e estão sujeitos a regras especiais de responsabilização[34]. Tal específico ramo do Direito Administrativo Sancionador possui finalidades e ideais próprios e, em parte, distintos daqueles que embasam as sanções administrativas aplicadas a sociedades empresariais e outras pessoas jurídicas no âmbito da regulação econômica[35].

Em uma escala de graus, a disciplina encontra-se mais próxima do Direito Penal do que o Direito Administrativo Sancionador aplicável às corporações, o que implica uma comunicação mais intensa de institutos próprios do Direito Criminal ao regime de responsabilização administrativa dos agentes públicos.

Ao administrador que comete uma falta e, por isso, sofre uma sanção administrativa costuma ser atribuída uma forte carga de reprovação moral, senão idêntica, então semelhante àquela observada no Direito Criminal. É o caso do gestor público condenado em ato de improbidade administrativa ou do servidor demitido por prática de corrupção[36]. Nesses casos, o mero cometimento de um desvio moral, sob uma perspectiva retributiva, é considerado um dos motivos de sua punição.

É verdade que o regime de responsabilidade pessoal dos agentes públicos possui também por finalidade dissuadi-los do cometimento de ilícitos administrativos e, ao aplicar uma sanção, evitar que o ilícito se repita[37]. No entanto, as preocupações com a eficiência e economicidade dos incentivos criados, apesar de importantes, são menores do que a observada no âmbito da regulação econômica, cedendo espaço à proteção de direitos e garantias individuais.

Isso porque, embora as penas administrativas impostas aos administradores públicos não possam limitar sua liberdade ambulatorial, têm o potencial de impor restrições graves a outros de seus direitos fundamentais. As sanções de suspensão

---

34 É o que a doutrina brasileira denomina "regime de sujeição especial". Segundo Renato Alessi, o regime de sujeição geral é aquele no qual se encontram todos aqueles que não possuem vínculo com a Administração. Já o regime de sujeição especial ocorre quando há uma relação jurídica base e específica entre o particular e o Estado, como um contrato administrativo ou um cargo público. ALESSI, Renato. *Instituciones de derecho administrativo*. 3ª ed. Barcelona: Bosh, 1970, p. 226-227.

35 Trata-se do "Direito Administrativo Sancionador das pessoas", em oposição ao "Direito Administrativo das corporações", conforme ideia externada pelo Professor Carlos Ari Sundfeld, quando de sua participação na qualificada banca de avaliação da tese de Doutorado em Direito Público de Alice Voronoff, no âmbito da Universidade do Estado do Rio de Janeiro.

36 A circunstância é reconhecida por Alice Voronoff, para quem, no campo do Direito Administrativo Disciplinar dos servidores públicos, o Direito Administrativo Sancionador assume "uma carga de reprovação ético-social mais evidente". VORONOFF, Alice. *Direito administrativo sancionador no Brasil*: justificação, interpretação e aplicação. Belo Horizonte: Fórum, 2018, p. 102.

37 FREITAS, Izaías Dantas. A finalidade da pena no Direito Administrativo Disciplinar. *Revista de Informação Legislativa*, Brasília, nº 141, jan./mar. 1999, p. 122-123. Disponível em <https://www2.senado.leg.br/bdsf/bitstream/handle/id/455/r141-10.pdf?sequence=4>. Acesso em 14 jun. 2018.

dos direitos políticos por longo período, de perda da função pública e de cassação de aposentadoria são exemplos disso[38]. A própria submissão do agente a um processo administrativo disciplinar ou a uma ação de improbidade administrativa é, por si só, um pesado fardo, semelhante ao suportado pelos réus de uma ação penal[39].

Mesmo em consideração à finalidade dissuasória do regime de responsabilização administrativa do agente público, a exigência de culpa ou dolo parece ser obrigatória. É que, ao gestor, não é possível evitar a prática de um determinado ilícito se este não decorre necessariamente de uma conduta intencional ou, ao menos, negligente sua. Como já visto, a inevitabilidade pressupõe a ausência do elemento subjetivo[40].

Seja em razão de sua consagração por diferentes dispositivos constitucionais, seja em razão da proximidade finalística e funcional da disciplina com o Direito Penal, o princípio da culpabilidade e a consequente exigência da presença do elemento subjetivo deve reger o regime de responsabilidade administrativa dos gestores públicos.

---

38 Outro ponto de aproximação entre o regime de responsabilização do gestor público e o penal é o fato de que grande parte das sanções administrativas direcionadas aos administradores são aplicadas pelo Poder Judiciário ou, ao menos, por órgãos quase-jurisdicionais, como os Tribunais de Contas. É o caso das sanções por atos de improbidade administrativa e das multas pessoais previstas nas leis orgânicas que regem as Cortes de Contas do país.

39 A estigmatização daqueles que simplesmente ocupam o polo passivo de uma demanda criminal é tema comum da Criminologia. Diz-se que o processo criminal já consiste em uma pena em si, na medida em que, por si só, é capaz de atribuir ao sujeito *status* de criminoso (*"labeling approach"*), impondo-lhe relevantes custos sociais e psicológicos. Sobre o tema, ver DIAS, Jorge de Figueiredo; ANDRADE, Manuel da Costa. *Criminologia*: o homem delinquente e a sociedade criminógena. Coimbra: Coimbra Editora, 1997, p. 42. Costuma-se apontar, ainda, que a submissão a um processo criminal autoriza a ingerência estatal sobre uma série de direitos fundamentais, como a livre disposição de bens, a privacidade das comunicações e a inviolabilidade do domicílio. LOPES JR., Aury. *O tempo como pena processual*: em busca do direito de ser julgado em um prazo razoável. Disponível em <http://www.ambito-juridico.com.br/site/index.php?n_link=revista_artigos_leitura&artigo_id=458#_ftn20>. Acesso em 03 ago. 2018. Sobre uma visão mais ampla do processo, administrativo ou judicial, como pena, ver FALCÃO, Joaquim. *A pena é o processo*. Folha de São Paulo, São Paulo, 08 jun. 2010, opinião. Disponível em <https://www1.folha.uol.com.br/fsp/opiniao/fz0806201007.htm>. Acesso em 03 ago. 2018.

40 "Se uma infração disciplinar é, *in concreto*, inevitável, qual o fundamento para a suposta atividade corretiva do Estado? Corrigir o quê? Se a ação ilícita era, por qualquer motivo, inevitável, como punir o infrator? Lembramos que a ideia é reeducar no âmbito das sanções disciplinares, ainda que visando a tutela de uma determinada ordem administrativa interna (...). A ameaça da pena quer evitar o fato, de modo que a evitabilidade está intrinsicamente conectada à finalidade da pena, finalidade de prevenção geral.". OSÓRIO, Fábio Medina. *Direito Administrativo Sancionador*. 5ª Ed. São Paulo: Revista dos Tribunais, 2015, p. 376.

4.2.3. A responsabilidade civil subjetiva do administrador pelos danos causados ao erário

Assim como ocorre com a responsabilidade administrativa, a presença de culpa ou dolo do gestor público é exigida também para a configuração de sua responsabilidade civil. O fundamento para o caráter subjetivo da responsabilidade do gestor por eventuais danos causados ao erário, todavia, é diverso, o que justifica a abertura de um novo tópico para tratar do tema.

O dever de ressarcimento por danos causados à Administração não constitui uma sanção administrativa e, por isso, em princípio, não é regulado pelo Direito Administrativo Sancionador[41]. O princípio da culpabilidade, direcionado à limitação das penas, conforme disposto no artigo 5º, inciso XLV, da Constituição da República, parece não ter aplicação aqui, ao menos automática.

A responsabilidade civil do agente público em decorrência de atos praticados no exercício de suas funções pode ocorrer em duas hipóteses. A primeira diz respeito aos casos em que o gestor, em razão de sua atuação, causa danos diretos e específicos ao Poder Público. Como exemplo, tem-se a realização de uma contratação direta que, por conta da irregular dispensa do procedimento licitatório, elevou os gastos da Administração com a compra de determinado produto.

A segunda acontece quando o agente, ao atuar em nome do Estado, causa danos a terceiros que, por isso, acionam a Administração Pública e dela obtêm uma indenização. É o caso da prática de irregular esbulho possessório em imóvel particular (a conhecida desapropriação indireta), após determinação do gestor público, da qual tenha decorrido o pagamento de uma indenização pelo Estado. O ordenamento jurídico brasileiro, nesses casos, assegura ao Poder Público o direito de regresso em face do agente responsável pelo dano[42].

A última hipótese não dá margem a maiores discussões acerca da exigência do elemento subjetivo para a responsabilização do gestor público. O artigo 37, §6º, da Constituição é expresso ao limitar a imposição de reembolso pelo agente público causador do dano aos "casos de dolo ou culpa"[43]. Somente se configurada, no mínimo,

---

41 "A mera responsabilidade de ressarcir os cofres públicos não é uma sanção e não está rigorosamente submetida aos princípios do Direito Administrativo Sancionador. (...) Em outras palavras, a obrigação de indenizar os cofres públicos não decorre de uma sanção administrativa". OSÓRIO, Fábio Medina. *Direito Administrativo Sancionador*. 5ª Ed. São Paulo: Revista dos Tribunais, 2015, p. 373.

42 A diferenciação da responsabilidade civil do servidor público nas hipóteses em que causa direta ou indiretamente danos à Administração Pública é tratada em MOREIRA NETO, Diogo de Figueiredo. *Curso de Direito Administrativo*: parte introdutória, parte geral e parte especial. Rio de Janeiro: Ed. Forense, 2009, p. 363.

43 "As pessoas jurídicas de direito público e as de direito privado prestadoras de serviços públicos responderão pelos danos que seus agentes, nessa qualidade, causarem a terceiros, assegurado o direito de regresso contra o responsável nos casos de dolo ou culpa".

sua negligência poderia o servidor ser obrigado a ressarcir o Estado da indenização por ele paga.

É fato que, para parte da doutrina e segundo alguns julgados do Superior Tribunal de Justiça[44], o referido dispositivo constitucional não impediria o ajuizamento de uma ação pela vítima diretamente em face do agente público responsável, o que seria uma alternativa ao acionamento da pessoa jurídica de Direito Público. Isso porque, entre outros motivos, o dispositivo não vedaria o acionamento direto do agente público. A hipótese, simplesmente, não estaria enquadrada na redação do texto constitucional[45].

Do mesmo modo, o artigo 37, §6º, da Constituição da República não trata, ao menos de forma expressa, dos casos em que o administrador público causa danos diretos e imediatos aos cofres públicos. Nessas duas hipóteses, então, seria permitida a objetivação de sua responsabilidade? Em princípio, entende-se que não[46].

É que os mesmos motivos que levaram o Constituinte a exigir a presença do elemento subjetivo para que o administrador reembolse o Estado da indenização paga por prejuízos causados a terceiros aplicam-se aos casos em que a atuação do servidor implica danos exclusivos à Administração ou em que a vítima aciona diretamente o agente público[47].

---

44 É o caso, por exemplo, de CARVALHO FILHO, José dos Santos. *Manual de direito administrativo*. 23ª ed. Rio de Janeiro: Lumen Juris, 2010, p. 826. Na jurisprudência, ver Brasil. Superior Tribunal de Justiça. Recurso Especial nº 1.325.862-PR, Relator Ministro Luis Felipe Salomão, 4ª Turma, julgado em 05.09.2013.

45 Segundo a tese da "dupla garantia", por outro lado, o acionamento do agente público diretamente pela vítima do dano restaria vedado pelo artigo 37, §6º da Constituição, já que ele teria por objetivo proteger não só a vítima, ao dispensar a configuração do elemento subjetivo para a responsabilização do Estado, mas também o agente público, ao impedir que ele seja responsabilizado pela vítima. Apenas a Administração, com fundamento em seu direito de regresso, poderia acionar o agente público. O entendimento foi adotado em alguns precedentes do Supremo Tribunal Federal, como, por exemplo, em Brasil. Supremo Tribunal Federal. Recurso Extraordinário nº 327.904/SP, Relator Ministro Carlos Britto, 1ª Turma, julgado em 15.08.2006; Recurso Extraordinário nº 344.133/PE, Relator Ministro Marco Aurélio, julgado em 09.09.2008 e segundo Agravo Regimental no Recurso Extraordinário nº 593.525/DF, Relator Ministro Luís Roberto Barroso, Primeira Turma, julgado em 09.08.2016.

46 Em sentido contrário, é a opinião de Marçal Justen Filho: "Torna-se extremamente problemático afirmar que o Estado poderia ser responsabilizado sem a necessidade de apuração de culpabilidade do agente, mas que a responsabilização individual deste exigiria procedimento diverso. Ora, a simples consciência de que os cofres públicos poderão arcar com sérios prejuízos em virtude da conduta pessoal basta para impor um dever de grande cuidado e cautela ao agente estatal. Portanto, a responsabilização civil do agente tende a uma objetivação de culpabilidade idêntica àquela que se processa quanto ao próprio Estado." JUSTEN FILHO, Marçal. *Curso de direito administrativo*. 8ª ed. Belo Horizonte: Fórum, 2012, p. 1252-1253.

47 A extensão do disposto no artigo 37, §6º da Constituição a toda obrigação do administrador de ressarcir danos ao erário é também defendida por Fábio Medina Osório: "cremos que, ao adotar-se, na própria CF/88, a exigência de culpa ou dolo para embasar a ação de regresso, se está a consagrar o respaldo para reconhecimento do princípio da culpabilidade no campo punitivo, a partir de uma

A exigência de culpa ou dolo prevista no artigo 37, §6º, da Constituição funda-se na necessidade de proteção dos agentes que atuam em nome do Estado. Para que haja eficiência na gestão dos recursos públicos, é preciso um mínimo de estabilidade e tranquilidade no cumprimento de tal múnus, que seria seriamente comprometido ao se imputar responsabilidade ao administrador por quaisquer prejuízos causados à Administração, tenha ou não incorrido em culpa. O tema será melhor tratado no próximo tópico.

Sabe-se que a Administração Pública, além disso, por se tratar de uma entidade abstrata, não é capaz, do ponto de vista biológico, de realizar atos materiais ou exprimir vontade própria. Para explicar sua capacidade de contrair direitos e obrigações, foi amplamente adotada pela doutrina administrativista brasileira a chamada "teoria do órgão"[48].

Segundo ela, a vontade e as ações do Estado são constituídas pela atuação de seus agentes, pessoas físicas que possuem um título jurídico que os permite agir em seu nome. Por uma ficção jurídica, considera-se que os agentes públicos, quando do exercício de suas funções, são órgãos, partes integrantes da Administração e veículos de sua expressão[49].

É por isso que se diz que os administradores não representam o Estado em sua atuação funcional, mas, sim, o *presentam*. A representação pressupõe a existência de duas personalidades jurídicas e vontades autônomas, do representante e do representado, o que não ocorre na relação orgânica entre Administração e administrador[50].

---

analogia com a responsabilidade subjetiva e não objetiva do agente público para mero ressarcimento ao erário". OSÓRIO, Fábio Medina. *Direito Administrativo Sancionador*. 5ª Ed. São Paulo: Revista dos Tribunais, 2015, p. 373.

---

48 A teoria do órgão, também conhecida como teoria da imputação volitiva, foi elaborada pelo jurista alemão Otto Friedrich von Gierke como forma de justificar a manifestação de vontade das pessoas jurídicas e, posteriormente, incorporada pelo Direito Administrativo. Sobre o tema, ver GIERKE, Otto. *Political Theories of the Middle Age*. Cambridge: Cambridge University Press, 1922, p. 22-30. Disponível em <https://socialsciences.mcmaster.ca/econ/ugcm/3ll3/gierke/MedPolTheo.pdf>. Acesso em 03 ago. 2018.

49 MELLO, Celso Antônio Bandeira de. *Curso de Direito Administrativo*. 32ª ed. São Paulo: Malheiros, 2015, p. 144-145.

50 As críticas às teorias do mandato e da representação são assim resumidas por Maria Sylvia Zanella Di Pietro: "a teoria [do mandato] foi criticada por não explicar como o Estado, que não tem vontade própria, pode outorgar mandato. (...) a teoria [da representação] também foi criticada, quer por equiparar a pessoa jurídica ao incapaz, quer por implicar a ideia de que o Estado confere representantes a si mesmo, quando não é isso que ocorre na tutela e na curatela; além disso, essa teoria, da mesma forma que a anterior, teria outro inconveniente: quando o representante ou o mandatário ultrapassasse os poderes da representação, a pessoa jurídica não responderia por esses atos perante terceiros prejudicados". DI PIETRO, Maria Sylvia Zanella. *Direito administrativo*. 30ª edição. Rio de Janeiro: Forense, 2017, p. 671.

As atividades praticadas pelos gestores no exercício de suas funções devem ser atribuídas apenas e tão-somente à pessoa jurídica a quem presentam. Consequentemente, em princípio, as obrigações assumidas pelo administrador em nome do Estado ou a responsabilidade por danos causados a terceiros devem ser a este exclusivamente imputadas.

Nesse contexto, permitir que o agente público seja responsabilizado pela mera existência de nexo de causalidade entre sua atuação funcional e acidentais prejuízos direta ou indiretamente suportados pelo Estado, independentemente da presença de culpa ou dolo, afronta toda a lógica por trás da teoria do órgão.

A responsabilização objetiva implicaria a automática transferência de todas as obrigações e responsabilidades assumidas em nome da Administração ao administrador, desconsiderando-se que o agente atua como mero instrumento de exteriorização da vontade da entidade pública. Haveria aqui uma indevida confusão de patrimônios e personalidades. E este é justamente um dos motivos pelos quais o artigo 37, §6º da Constituição da República exige, para a responsabilização do agente por danos causados pelo Estado a terceiros, a presença do elemento subjetivo, ainda que tenha dito menos do que deveria dizer.

De qualquer modo, as leis ordinárias que dispõem acerca do regime jurídico dos servidores públicos costumam condicionar a responsabilidade civil do agente por atos que resultem em prejuízos ao erário ou a terceiros à existência de dolo ou culpa. É o que determina o artigo 122 da Lei Federal nº 8.112/90[51] que, apesar de não aplicável aos agentes públicos integrantes dos demais entes federativos, costuma ser reproduzido por estados e municípios em seus estatutos locais[52].

4.2.4. Conclusão parcial: o erro inevitável como causa da exclusão da responsabilidade do gestor

Viu-se acima que, de um lado, o erro inevitável é causa de exclusão da culpa ou dolo do agente público que nele incorre. De outro, demonstrou-se que o ordenamento jurídico brasileiro exige a presença do elemento subjetivo para a configuração da responsabilidade civil ou administrativa do gestor. A partir das duas premissas acima desenvolvidas, é possível concluir que a primeira hipótese em que o espaço de erro do administrador público é protegido dá-se quando o equívoco incorrido era inevitável.

Não se quer dizer aqui que erros escusáveis – aqueles que, conforme visto na introdução, não geram responsabilidade ao administrador público – são sempre desa-

51 "A responsabilidade civil decorre de ato omissivo ou comissivo, doloso ou culposo, que resulte em prejuízo ao erário ou a terceiros."

52 Como exemplo, o dispositivo é reproduzido no artigo 245 da Lei nº 10.261/68 do Estado de São Paulo, no artigo 180 da Lei nº 8.989/79 do Município de São Paulo, no artigo 42 do Decreto-Lei nº 220/75 do Estado do Rio de Janeiro e no artigo 170 da Lei nº 94/79 do Município do Rio de Janeiro.

companhados de qualquer grau de culpa. A ausência do elemento subjetivo, de fato, levará à exoneração de responsabilidade pessoal. No entanto, o artigo 28 da LINDB também admite que equívocos culpáveis, desde que não grosseiros, não sejam sancionados ou indenizados pelo agente público causador do dano. É o que se verá no próximo item e ao longo do próximo capítulo.

4.3. O artigo 28 da Lei de Introdução às Normas do Direito Brasileiro

Além do caráter necessariamente subjetivo da responsabilidade civil e administrativa do gestor público e da ausência de culpa nos casos de equívocos inevitáveis, a existência de um espaço de tolerância jurídica ao cometimento de erros é justificada pela norma disposta no artigo 28 da LINDB.

O legislador infraconstitucional, por meio do referido dispositivo, decidiu por restringir a responsabilidade pessoal dos agentes públicos em geral às hipóteses em que houver a prática de um ato ilícito intencional (dolo) ou o cometimento de um erro grosseiro. A redação é a seguinte: "O agente público responderá pessoalmente por suas decisões ou opiniões técnicas em caso de dolo ou erro grosseiro".

O dispositivo reconhece de forma expressa a existência de um espaço ainda maior de tolerância jurídica ao erro. Isso ocorre na medida em que condiciona a responsabilidade pessoal do agente público à configuração de um erro de natureza grave. *A contrario sensu*, desse modo, o artigo 28 da LINDB proíbe a responsabilização de administradores por decisões baseadas em equívocos que não possam ser classificados como grosseiros.

Além de erros não culpáveis, equívocos decisórios em que não tenha sido constatada a presença de uma imprudência, negligência ou imperícia de natureza grave não poderão ensejar responsabilidade pessoal[53]. O ponto será retomado no capítulo seguinte, quando se investigarão os impactos do dispositivo na amplitude do espaço de tolerância pelo sistema jurídico brasileiro. Por ora, basta que se demonstre a sua existência.

Em relação ao seu âmbito de incidência, o artigo 28 da LINDB expressamente se direciona a decisões e opiniões emitidas por todo e qualquer agente público. Abrange, desse modo, decisões tomadas por todos aqueles que gerenciam recursos de pessoas jurídicas de Direito Público, formulam e executam políticas públicas, ou seja, administradores públicos propriamente ditos[54], sejam eles servidores estatutários, emprega-

---

53 BINENBOJM, Gustavo; CYRINO, André. O art. 28 da LINDB. A cláusula geral do erro administrativo. *RDA – Revista de Direito Administrativo*. Rio de Janeiro: Fundação Getúlio Vargas. Edição Especial: Direito Público na Lei de Introdução às Normas de Direito Brasileiro, nov. 2018, p. 213.

54 A ênfase ao direcionamento do dispositivo a quaisquer decisões tomadas por administradores se justifica pelo restrito escopo a que se dedica o presente trabalho, conforme definido na introdução. O dispositivo, porém, abrange também meras opiniões emitidas por agentes estatais que não gerem recursos do erário, como pareceristas e advogados públicos.

dos da Administração, contratados temporários do artigo 37, inciso IX, da Constituição Federal, ocupantes de cargos em comissão ou agentes políticos eleitos[55].

O Tribunal de Contas da União e parte da doutrina têm sustentado que o artigo 28 da LINDB seria aplicável apenas às infrações e sanções administrativas, reguladas pelo Direito Administrativo Sancionador, e não à responsabilidade civil do agente público. O entendimento se fundamenta, essencialmente, em três argumentos.

O primeiro é que a legislação civil brasileira não faria nenhuma distinção entre os graus de culpa para fins de reparação do dano, salvo no caso de excessiva desproporção entre a gravidade da culpa e o prejuízo causado pelo agente, conforme previsto no artigo 944 do Código Civil[56]. Em segundo lugar, argumenta-se que a Lei Federal nº 13.655/2018 não mencionaria de maneira expressa o dever de ressarcimento ao erário. Desse modo, como a obrigação de reembolsar os cofres públicos dos prejuízos causados não constitui uma sanção, a lei não influenciaria nos seus requisitos[57]. Por fim, sustenta-se que a exigência de culpa grave pelo artigo 28 da LINDB seria inconstitucional, na medida em que o artigo 37, §6º da Constituição Federal limitar-se-ia a impor a presença de dolo ou culpa simples para a responsabilização civil do administrador[58].

---

55 BINENBOJM, Gustavo; CYRINO, André. O art. 28 da LINDB. A cláusula geral do erro administrativo. *RDA – Revista de Direito Administrativo*. Rio de Janeiro: Fundação Getúlio Vargas. Edição Especial: Direito Público na Lei de Introdução às Normas de Direito Brasileiro, nov. 2018, p. 207.

56 Foi esse o argumento apresentado pelo TCU no seguinte acórdão: "as alterações promovidas na LINB, em especial no art. 28, não provocaram uma modificação nos requisitos necessários para a responsabilidade financeira por débito. O dever de indenizar os prejuízos ao erário permanece sujeito à comprovação de dolo ou culpa, sem qualquer gradação, como é de praxe no âmbito da responsabilidade aquiliana, inclusive para fins de regresso à administração pública, nos termos do art. 37, § 6º, da Constituição: (...) Como regra, a legislação civil não faz nenhuma distinção entre os graus de culpa para fins de reparação do dano. Tenha o agente atuado com culpa grave, leve ou levíssima, existirá a obrigação de indenizar. A única exceção se dá quando houver excessiva desproporção entre a gravidade da culpa e o dano. Nesta hipótese, o juiz poderá reduzir, equitativamente, a indenização, nos termos do art. 944, parágrafo único, do Código Civil.". Brasil. Tribunal de Contas da União. Acórdão nº 2.391/2018, Relator Ministro Benjamin Zylmer, Plenário, julgado de 17.10.2018.

57 "Em rápidas pinceladas, não vislumbramos transformações no que tange à avaliação da culpa para a reparação do dano ao erário, uma vez que o dever de reparar não se confunde com sanção, mas sim um corolário do dever de ressarcimento presente no instituto da responsabilidade civil (...). Assim, entendemos suficiente a ocorrência de mera culpa para a imputação de débito com vistas ao ressarcimento de verbas públicas. A LINDB, por não tratar de ressarcimento de dano ao erário, não se constituiu em uma "carta branca" para o gestor agir de maneira negligente, imprudente ou sem perícia de modo a causar dano". CRUZ, Alcir Moreno da; BORGES, Mauro. *O gestor médio, a LINDB e as novas exigências da Administração Pública*. Disponível em <https://www.jota.info/opiniao-e-analise/artigos/o-gestor-medio-a-lindb-e-as-novas-exigencias-da-administracao-publica-11112018>. Acesso em 14 dez. 2018.

58 O argumento foi veiculado em parecer emitido pela Consultoria Jurídica do TCU a respeito do então Projeto de Lei 7.448/2017, conforme OLIVEIRA, Odilon Cavallari de. *Parecer sobre o PL 7448/2017*,

Não se ignora que o Código Civil restringe a relevância dos graus de culpa à mensuração da indenização e apenas no caso de uma excessiva desproporção entre dano e culpa, bem como que o dever do gestor de reembolsar o erário dos danos eventualmente causados não constitui uma pena, mas uma mera consequência de sua responsabilidade civil pelos danos causados por um ilícito cometido. O tema, inclusive, foi tratado nesse capítulo, no item 4.2.3, *supra*. Do mesmo modo, sabe-se que a Constituição da República não exige que se constate um erro grosseiro para a responsabilização pessoal de agentes públicos.

Entretanto, como se verá de forma mais detalhada no próximo capítulo, o artigo 28 da LINDB inovou no ordenamento jurídico nacional ao conferir relevância aos graus de culpa, inclusive para a aferição da existência ou não de responsabilidade civil do administrador público. O dispositivo textualmente se direciona a todos os casos de responsabilização pessoal, não se restringindo ao Direito Administrativo Sancionador. O argumento aqui desenvolvido é de ordem gramatical: a imposição ao gestor do dever de restituir os cofres da Administração Pública pelos prejuízos por ele causados é, também, uma espécie de responsabilização pessoal, estando, portanto, abrangida no texto normativo.

É de se destacar, ainda, que a Lei nº 13.655/2018, em especial em relação à inclusão do artigo 28 à LINDB, possui como uma de suas principais finalidades conferir segurança jurídica e tranquilidade ao administrador para a tomada de decisão (inclusive para a introdução de soluções inovadoras de gestão pública), evitando a presença de um temor excessivo em ser pessoalmente responsabilizado por equívocos cometidos no exercício da função[59].

Ocorre que o dever de ressarcir os cofres públicos de prejuízos eventualmente causados é, em diversos casos, muito mais grave às finanças do administrador do que as sanções administrativas dispostas na legislação. Desse modo, restringir o alcance do artigo 28 da LINDB às hipóteses de responsabilidade administrativa iria de encontro ao próprio objetivo da lei.

Como exemplo, salvo nas hipóteses de atos de improbidade administrativa[60], os danos potencialmente causados à Administração por equívocos cometidos pelo gestor – e que, em caso de culpa, devem ser reembolsados – costumam ser muito supe-

---

em face do parecer-resposta dos autores do PL e de outros juristas. Disponível em <https://portal.tcu.gov.br/lumis/portal/file/fileDownload.jsp?fileId=8A81881F62B15ED20162F95CC94B5BA4&inline=1>. Acesso em 15 dez. 2018.

---

59 SUNDFELD, Carlos Ari e MARQUES NETO, Floriano de Azevedo. Decisões públicas e seu controle. In: SUNDFELD, Carlos Ari (org.). *Contratações públicas e seu controle*. São Paulo: Malheiros, 2013, p. 278-279.

60 A Lei 8.429/92, em seu artigo 12, inciso III, prevê a aplicação de multa de até duas vezes o valor do dano em caso de ato de improbidade por ação ou omissão dolosa ou culposa que implique prejuízo ao erário.

riores a eventuais sanções patrimoniais fixadas por órgãos de controle[61], sobretudo no caso de entes federativos que contam com orçamentos bilionários, como é o caso da União, Estados e grande parte das capitais brasileiras.

Não se concorda, por fim, com a suposta inconstitucionalidade do artigo 28 da LINDB. Por imperativos democráticos, o legislador ordinário deve, dentro das balizas permitidas pelo texto, ter o poder de densificar as normas constitucionais. No ponto, a Constituição Federal não especificou, em seu artigo 37, §6º, ou em qualquer outro dispositivo, o grau de intensidade de culpa exigida para a responsabilização pessoal do gestor, cabendo ao legislador construir o sentido da norma em questão[62].

4.4. A ineficiência e antieconomicidade da responsabilização pessoal do gestor público por erros inevitáveis

O último fundamento para a não responsabilização pessoal do administrador público no caso de cometimento de um equívoco inevitável é a incidência dos princípios constitucionais da eficiência e da economicidade administrativa. A existência de algum espaço jurídico para o gestor cometer erros no exercício de suas funções é, conforme se passa a expor, medida imprescindível para a eficiência das ações do Poder Público.

4.4.1. Os princípios da eficiência e da economicidade administrativa

Embora semelhantes disposições já constassem de outros enunciados constitucionais[63], o princípio da eficiência foi incorporado ao rol dos princípios gerais da Administração Pública, constante do artigo 37, *caput*, da Constituição, por meio da Emenda nº 19/1998. Desde então, muito foi escrito a respeito de seu conteúdo e de sua efetiva utilidade no sistema jurídico brasileiro[64].

---

61 Para o exercício de 2018, o valor máximo da multa a ser aplicada pelo TCU, por exemplo, foi fixado em R$ 59.988,01 (cinquenta e nove mil, novecentos e oitenta e oito reais e um centavo), conforme artigo 1º da Portaria nº 7/2018.

62 É a opinião de BINENBOJM, Gustavo; CYRINO, André. O art. 28 da LINDB. A cláusula geral do erro administrativo. *RDA – Revista de Direito Administrativo*. Rio de Janeiro: Fundação Getúlio Vargas. Edição Especial: Direito Público na Lei de Introdução às Normas de Direito Brasileiro, nov. 2018, p. 216-217 e de NIEBUHR, Joel de Menezes. *O Erro Grosseiro* – Análise crítica do Acórdão nº 2.391/2018 do TCU. Disponível em <https://www.zenite.blog.br/o-erro-grosseiro-analise-critica-do-acordao-no-2-3912018-do-tcu/>. Acesso em 16 dez. 2018.

63 O artigo 74, II, da Constituição da República, por exemplo, já previa que o controle interno de cada um dos Poderes deveria "avaliar os resultados, quanto à eficácia e eficiência, da gestão orçamentária, financeira e patrimonial nos órgãos e entidades da administração federal".

64 Críticas à utilidade da inclusão da eficiência constam de MOREIRA, Egon Bockmann. *Processo Administrativo* – Princípios Constitucionais e a Lei 9.784/99. São Paulo: Malheiros, 2000, p. 124 e ss.

Para além das divergências existentes e dos problemas metodológicos a respeito de sua aplicação[65], é razoável admitir que o princípio constitucional da eficiência possui um conteúdo mínimo. Ele impõe que as ações administrativas produzam os resultados delas esperados e efetivamente atendam às finalidades públicas previstas em lei. A eficiência determina que a Administração Pública não se satisfaça com o mero atendimento às formalidades legais, mas realize a gestão dos interesses públicos da forma mais eficaz possível e com os menores custos para a sociedade[66].

O princípio da economicidade, por sua vez, encontra-se previsto no artigo 70 da Constituição da República desde sua redação original. Trata-se, segundo Diogo de Figueiredo Moreira Neto, do corolário financeiro do princípio da eficiência[67] e determina que, sempre que possível, sejam promovidas a maximização da receita pública e a minimização dos gastos[68].

Como princípios jurídicos previstos na Constituição Federal, a eficiência e a economicidade são dotados de normatividade e imperatividade. Por conseguinte, conforme ensina Luís Roberto Barroso, devem conformar o sentido das normas jurídicas infraconstitucionais, que passam por um processo de filtragem, bem como condicionar toda a atuação do Poder Executivo[69].

A existência de algum grau de tolerância para que o administrador incorra em erros, sobretudo quando inevitáveis, na administração de recursos públicos é essencial para o atendimento aos referidos princípios. Como se viu no capítulo 1, ao lado do controle contraditório, negativista e de mera opinião, a cultura de intransigência

---

65 As dificuldades são amplamente discutidas em LEAL, Fernando. Propostas para uma abordagem teórico-metodológica do dever constitucional de eficiência. *Revista Eletrônica de Direito Administrativo Econômico*, número 15, Agosto/setembro/outubro de 2008. Disponível em <http://www.direitodoestado.com/revista/REDAE-15-AGOSTO-2008-FERNANDO%20LEAL.pdf>. Acesso em 28 ago. 2018.

66 MOREIRA NETO, Diogo de Figueiredo. *Curso de Direito Administrativo*: parte introdutória, parte geral e parte especial. Rio de Janeiro: Ed. Forense, 2009, p. 117.

67 MOREIRA NETO, Diogo de Figueiredo. *Curso de Direito Administrativo*: parte introdutória, parte geral e parte especial. Rio de Janeiro: Ed. Forense, 2009, p. 118.

68 TORRES, Ricardo Lobo. A legitimidade democrática e o tribunal de contas. *RDA – Revista de Direito Administrativo.* Rio de Janeiro: Fundação Getúlio Vargas, nº 149, out./dez. 1993, p. 37.

69 "Nesse ambiente, a Constituição passa a ser não apenas um sistema em si – com a sua ordem, unidade e harmonia – mas também um modo de olhar e interpretar todos os demais ramos do Direito. Esse fenômeno, identificado por alguns autores como filtragem constitucional, consiste em que toda a ordem jurídica deve ser lida e apreendida sob a lente da Constituição, de modo a realizar os valores nela consagrados (...). A constitucionalização do Direito, como já antecipado, repercute sobre os diferentes Poderes estatais. Ao legislador e ao administrador, impõe deveres negativos e positivos de atuação, para que observem os limites e promovam os fins ditados pela Constituição". BARROSO, Luís Roberto. *Curso de Direito Constitucional Contemporâneo*. Os conceitos fundamentais e a construção do novo modelo. 5ª ed. Rio de Janeiro: Saraiva, 2015, p. 402-403.

ao erro é um excesso do controle sobre o administrador público brasileiro, fator de prejuízo à eficiência e economicidade da ação administrativa.

Em específico, a existência de um espaço de tolerância jurídica ao cometimento de erros é necessária para: (i) evitar a criação de uma cultura de medo que distorce o processo decisório do administrador, desencoraja inovações e prejudica a administração de riscos no setor público e a promoção do experimentalismo; (ii) garantir que as decisões administrativas sejam tomadas em seu adequado tempo; e (iii) atrair bons quadros para os cargos públicos decisórios.

4.4.2. O temor imposto pela intolerância ao erro e os prejuízos ao processo decisório do administrador público: inovação, experimentalismo e adequada administração de riscos

Viu-se no capítulo 2 que a crença na plena racionalidade humana é um mito, que não encontra correspondência na moderna teoria econômica e, tampouco, na realidade. O administrador é um sujeito falível por natureza e possui limitações cognitivas. Em um cenário complexo, repleto de incertezas, a ocorrência de equívocos na apreciação da realidade fática ou do texto normativo que embasam a ação administrativa é, em alguma medida, inevitável, por maiores que sejam as precauções tomadas.

Nesse contexto, um dos principais danos à eficiência e à economicidade causados pelos excessos do controle vistos no capítulo 1 e, em especial, pela intolerância ao erro, é a criação de uma cultura de medo excessivo entre os administradores públicos, a qual prejudica e distorce seu processo decisório e desencoraja inovações, experimentalismos e uma adequada administração de riscos no setor público.

Com efeito, diversas variáveis integram o processo decisório do administrador de uma entidade pública. Ao escolher utilizar recursos para patrocinar um evento esportivo, por exemplo, o prefeito de uma cidade avalia o seu potencial em trazer turistas e recursos para o município, em desenvolver a imagem da cidade no Brasil e no exterior, os custos do patrocínio, a situação financeira da Administração, o atendimento a serviços públicos básicos, entre outros fatores.

Muitas dessas variáveis dizem respeito propriamente à conveniência e oportunidade administrativa ou social na escolha de uma dentre as várias opções de atuação que se apresentam. Não há como negar, porém, que diversas questões estranhas ao interesse público, como o atendimento a interesses pessoais, são, nesse momento, também levadas em conta pelo administrador. É o que demonstra a já mencionada teoria da *public choice*, tratada no capítulo 2[70].

---

70 O ponto é objeto do item 2.4, *supra*. Sobre o tema, ver também SHAVIRO, Daniel. *Beyond public choice and public interest*: a study of the legislative process as illustrated by tax legislation in the 1980s. Disponível em <http://scholarship.law.upenn.edu/cgi/viewcontent.cgi?article=3729&context=penn_law_review>. Acesso em 15 ago. 2018

Dentre os interesses pessoais incorporados pelo administrador em sua equação decisória, costuma estar a probabilidade de ser processado e responsabilizado pessoalmente em decorrência de erros decorrentes da opção adotada. A questão, embora não tenha relação com a conveniência administrativa ou social, também deverá ser sopesada na decisão a ser tomada pelo gestor público.

Cabe reconhecer que a existência desse temor[71] é, até certo ponto, positiva ao interesse público, na medida em que pode atuar como um fator de estímulo à cautela e de desincentivo ao cometimento de irregularidades. Trata-se do efeito dissuasório do regime jurídico de responsabilização do agente público já mencionado acima.

No entanto, o medo de ser sancionado por erros escusáveis gera um ambiente de imprevisibilidade e insegurança jurídica que tende a trazer sérios prejuízos à decisão do gestor público. A maior ou menor possibilidade de ser responsabilizado pessoalmente pela decisão tomada, e não a realização do interesse público no caso concreto, passa a ser um dos principais critérios de escolha entre as opções possíveis.

Ao selecionar uma entre as diferentes alternativas de atuação que a discricionariedade administrativa concede ao administrador, motivos de interesse público, como os possíveis benefícios sociais decorrentes da realização de uma grande obra de infraestrutura, são colocados de lado. Em contrapartida, a perspectiva de ser responsabilizado em razão de uma percepção equivocada das potencialidades econômicas e sociais do empreendimento ou de uma interpretação jurídica inovadora (ainda que razoável) tornam-se importantes – ou até principais – fatores de ponderação.

É por isso que se diz que o medo representa um poderoso incentivo à omissão. Em geral, a responsabilidade do gestor público advém de supostos equívocos decorrentes de sua atividade comissiva, como a realização de despesas em excesso ou dispensas irregulares de licitação. Na dúvida, dorme tranquilo quem indefere[72].

A inércia costuma ser mais segura para o gestor, ainda que, no caso concreto, sua ação seja absolutamente racional e necessária aos interesses da Administração. O medo excessivo de punições futuras costuma ser causa de uma contumaz recusa por

71 A utilização do medo pelo Estado moderno para o controle da sociedade, por meio da ameaça de punições oficiais e do próprio processo sancionador, é descrita por Demian Guedes da seguinte maneira: "A apreensão desse medo difuso por instituições concretas não ocorreu sem adaptações. Sua institucionalização dependeu da fabricação de um 'medo oficial', organizado e manipulado por autoridades que serviam como réplicas humanas para as origens transcendentes dos temores individuais. (...) Mas não bastavam proibições e ordens a serem seguidas pelos indivíduos. Era necessário também o terror dos castigos, pois apenas sob a ameaça de um mal concreto era possível oferecer aos súditos uma troca fácil de aceitar: noites tranquilas de sono compensariam a enfadonha obediência diurna". GUEDES, Demian. *Autoritarismo e Estado no Brasil*: tradição, transição e processo administrativo. Belo Horizonte: Letramento, 2016, p. 146.

72 O conhecido ditado é atribuído a Marcos Juruena Villela Souto em MASCARENHAS, Rodrigo Tostes de Alencar. *O Medo e o Ato Administrativo*. Disponível em <http://www.direitodoestado.com.br/colunistas/rodrigo-tostes-mascarenhas/o-medo-e-o-ato-administrativo>. Acesso em 15 mar. 2018.

parte dos agentes públicos em autorizar – mediante assinatura – ações positivas da Administração Pública. A paralisia organizacional decorrente dos excessos do controle é fenômeno conhecido no setor público brasileiro sob a alcunha de "apagão das canetas" [73] e, em outros países, como "ossificação administrativa"[74].

Além de inerte, o receio de cometer erros costuma incentivar o excesso de formalismo, também chamado de "legalismo de defesa". Para se proteger de uma futura responsabilização pessoal, o administrador público tende a atuar apenas quando a lei é absolutamente clara em autorizá-lo[75]. Contudo, em uma sociedade dinâmica e complexa, como a do Brasil contemporâneo, a Administração possui múltiplas e variadas atribuições, de modo a ser inviável que o legislador antecipe e esgote, na velocidade devida, o conteúdo de todos os atos administrativos a serem por ela praticados[76].

Os excessos do controle público e, em especial, a cultura de intolerância ao erro do gestor são, ainda, um grande desincentivo a inovações[77]. Faz-se referência aqui

---

73 PIRES, Fernanda. 'Apagão das canetas' trava infraestrutura. Jornal Valor Econômico, 27.07.2018. Disponível em <https://www.valor.com.br/brasil/5691757/apagao-das-canetas-trava-infraestrutura>. Acesso em 04 set. 2018.

74 "Em contrapartida, a discussão acima sugere que esquemas de medição de desempenho da burocracia podem inibir a inovação e levar à ossificação: paralisia organizacional provocada por um sistema excessivamente rígido de avaliação de desempenho. A necessidade de escolher medidas de desempenho e definir metas com antecedência significa que novas ameaças e oportunidades podem ser ignoradas pelos administradores." No original, "By contrast, the discussion above suggests that bureaucratic performance measurement schemes can inhibit innovation, and lead to ossification: organizational paralysis brought about by an excessively rigid system of performance evaluation. The need to choose performance measures and set targets in advance means that new threats and opportunities may be ignored by managers". SMITH, Peter. On the unintended consequences of publishing performance data in the public sector. *International Journal of Public Administration*, 18, 1995, p. 299-300.

75 "Sendo inerente ao Direito certo grau de incerteza quanto ao conteúdo das múltiplas normas – e, portanto, quanto à extensão dos direitos, deveres e proibições que delas derivam, (...) é preciso impedir que pessoas sejam pessoalmente responsabilizadas apenas por não terem adivinhado, à época, a futura orientação das autoridades finais de controle. O risco de, em virtude de incertezas jurídicas ou mudanças de orientação, ocorrer responsabilização ou perda patrimonial para o gestor ou para os particulares paralisa e distorce a atividade decisória. É preciso melhorar a proteção das pessoas envolvidas nessas situações". SUNDFELD, Carlos Ari e MARQUES NETO, Floriano de Azevedo. Decisões públicas e seu controle. In: SUNDFELD, Carlos Ari (org.). *Contratações públicas e seu controle*. São Paulo: Malheiros, 2013, p. 279.

76 "É absolutamente impossível (e indesejável) que todas as múltiplas atribuições e necessidade de decisões administrativas regulatórias pudessem estar previamente determinadas pela lei. Daí a fixação de atribuições normativas diretas para o Poder Executivo". BINENBOJM, Gustavo. *Uma teoria do direito administrativo*: direitos fundamentais, democracia e constitucionalização. 2ª ed. Rio de Janeiro: Renovar, 2008, p. 133-134.

77 "Deve haver, porém, equilíbrio entre gestão e seu controle, sob pena de criarmos no país um "apagão decisório", despertando nos gestores temor semelhante ao de crianças inseguras educadas por pais opressores. (...) A hipertrofia do controle gera a infantilização da gestão pública. Agências re-

não apenas à promoção por agentes públicos de inovações tecnológicas, mas principalmente de criativas soluções administrativas e jurídicas para as múltiplas demandas do Estado.

A importância da inovação é tema corrente da Administração de Empresas[78]. No entanto, vem ganhando espaço também no setor público. A reordenação da ação estatal por meio da inovação, sobretudo em um cenário de intensas mudanças sociais e tecnológicas, pode gerar um melhor aproveitamento dos recursos públicos, maior eficiência das organizações administrativas e contribuir para a qualidade dos serviços prestados à população.

Soluções inovadoras são cruciais não só para o enfrentamento de novos problemas, com os quais a Administração lida diuturnamente, mas também para melhorar a eficiência no equacionamento de antigas questões. Elas podem reduzir os custos da máquina administrativa, economizando recursos públicos, e tornar a atuação do Estado mais eficaz[79]. No Brasil, a relevância da inovação vem sendo reconhecida pelo Governo Federal desde 1996, quando passou a ser realizado, por meio da Escola Nacional de Administração Pública (ENAP), em parceria com o Ministério do Planejamento, um concurso anual de práticas de inovação no setor público[80].

A interpretação inovadora de normas jurídicas por parte dos gestores públicos, a qual é comprometida pelos excessos do controle, como visto no primeiro capítulo, também tem papel fundamental na construção de soluções para as contingentes necessidades da Administração. Já se mencionou que o administrador não é um mero executor dos comandos legais, possuindo uma função criativa na

guladoras e gestores públicos em geral têm evitado tomar decisões inovadoras por receio de terem atos questionados. Ou pior: deixam de decidir questões simples à espera de aval prévio do TCU". DANTAS, Bruno. O risco de 'infantilizar' a gestão pública. *Jornal O Globo*, 08.01.2018. Disponível em <https://oglobo.globo.com/opiniao/o-risco-de-infantilizar-gestao-publica-22258401>. Acesso em 10 mar. 2018.

78 Por todos, ver BESSANT, John; TIDD, Joe. *Innovation and entrepreneurship*. Nova Jersey: John Wiley & Sons, 2007.

79 Muito embora apresente importantes ressalvas à inovação na Administração Pública, Irene Patrícia Noronha reconhece sua essencialidade: "A inovação auxilia na satisfação de necessidades emergentes dos destinatários das melhorias, resultando, em diversos contextos, na criação de novos processos de produção com redução de custos e também maior eficiência na produção. Tais vantagens são cruciais para que as organizações enfrentem tempos de crise, em que há a retração de recursos, inclusive os públicos. Logo, a inovação se apresenta como solução apta a provocar maior produtividade na gestão pública, sendo, portanto, tema de acentuada relevância prática.". NORONHA, Irene Patrícia. Desafios de inovação na administração pública contemporânea: "destruição criadora" ou "inovação destruidora" do direito administrativo? *Fórum Administrativo – FA*, Belo Horizonte, ano 17, n. 194, abr. 2017, p. 67.

80 Disponível em <https://inovacao.enap.gov.br/>. Acesso em 03 jan. 2019.

construção das normas jurídicas. Dentro de certos limites, como o respeito ao sentido mínimo dos textos normativos[81] e à legítima expectativa dos interessados[82], pode e deve inovar na definição de seu sentido para adaptá-las às demandas do Poder Público[83].

Além disso, a ausência de um adequado espaço de tolerância ao cometimento de equívocos decisórios desencoraja a prática do experimentalismo institucional[84] por parte do gestor, peça fundamental na promoção da inovação na Administração Pública. Com efeito, uma adequada inovação não se faz possível sem que se experimente em concreto soluções e alternativas[85].

Aplicado ao setor público, o experimentalismo considera que o constante monitoramento e revisão das atividades estatais, notadamente das políticas públicas, é fundamental no aprendizado e evolução das instituições. É preciso que alternativas sejam testadas no cotidiano administrativo para que se identifique de maneira ade-

---

81 Admitindo, ainda que de forma excepcional, a existência de decisões administrativas *contra legem*, ver BINENBOJM, Gustavo. *Uma teoria do direito administrativo*: direitos fundamentais, democracia e constitucionalização. 2ª ed. Rio de Janeiro: Renovar, 2008, p. 38.

82 Sensível ao ponto, o artigo 23 da LINDB impõe que mudanças de interpretação por parte da Administração Pública, sempre que necessário, devam ser acompanhadas de um regime de transição. Sobre o tema, conferir MARQUES NETO, Floriano de Azevedo. Art. 23 da LINDB. O equilíbrio entre mudança e previsibilidade na hermenêutica jurídica. *RDA – Revista de Direito Administrativo*. Rio de Janeiro: Fundação Getúlio Vargas. Edição Especial: Direito Público na Lei de Introdução às Normas de Direito Brasileiro, nov. de 2018.

83 "Dentro dos parâmetros de legalidade, tem o gestor público plena autonomia para trazerem soluções jurídicas inovadoras, que devem ser devidamente motivadas. Assim, poderá redigir uma nova cláusula contratual, estabelecer métodos inovadores para implementação de políticas públicas ou conferir a determinadas entidades atribuições que não lhe eram originárias, mas recentes transformações justificam que estejam nelas alocadas. Na inovação, espera-se o erro, desde que não seja grosseiro, pois é assim que problemas são identificados e endereçados. Incrementalmente, a gestão pública se torna melhor.". PALMA, Juliana. *A proposta de Lei da Segurança Jurídica na gestão e do controle públicos e as pesquisas acadêmicas*, p. 13-14. Disponível em <http://www.sbdp.org.br/wp/wp-content/uploads/2018/04/PALMA-Juliana-A-proposta-de-lei-da-seguran%C3%A7a-jur%C3%ADdica.pdf>. Acesso em 02 mar. 2018.

84 O experimentalismo, segundo Charles F. Sabel e William H. Simon, pode ser esquematizado em quatro elementos básicos: (i) o estabelecimento de metas e parâmetros para aferição de seu atendimento; (ii) a concessão de ampla discricionariedade para que as unidades locais atinjam os fins estabelecidos à sua maneira; (iii) obrigação de tais unidades de reportar regularmente seu desempenho e participar de uma revisão com seus pares, na qual seus resultados são comparados com unidades que usam meios distintos para o mesmo fim; e (iv) a periódica revisão de metas, parâmetros de performance e procedimentos de tomada de decisão. SABEL, Charles F.; SIMON, William H. *Minimalism and Experimentalism in the Administrative State*. Columbia Law School Public Law & Legal Theory Working Paper Group, Paper nº 10-238, novembro de 2011, p. 79.

85 Uma defesa enfática do experimentalismo no regime constitucional brasileiro é encontrada em UNGER, Roberto Mangabeira. A constituição do experimentalismo democrático. *RDA – Revista de Direito Administrativo*. Rio de Janeiro: Fundação Getúlio Vargas, v. 257, maio/agosto 2011.

quada sua viabilidade, suas vantagens e desvantagens, bem como oportunidades de aperfeiçoamento[86].

O experimentalismo baseia-se em um sistema de tentativa e erro[87]. Embora se pregue que novas experiências sejam introduzidas no setor público de maneira minimalista e gradual, a fim de reduzir os riscos e os potenciais danos envolvidos, é esperado de tal prática que erros decisórios ocorram ao longo do processo. O modelo exige, desse modo, um mínimo de flexibilidade e contingência por parte do sistema jurídico[88].

Assim, a incorporação do experimentalismo à gestão pública deve ser acompanhada do reconhecimento de algum espaço jurídico para que o administrador cometa erros. A intolerância a equívocos por parte dos órgãos de controle desestimula (e, no limite, impede) que os gestores testem novas alternativas e soluções na prática, o que é fundamental à inovação construtiva no setor público:

> "A burocracia pública brasileira apenas pode avançar se seus gestores estiverem devidamente tutelados para que possam tomar decisões difíceis, inovar, desafiar tradições, experimentar e até mesmo errar. No Brasil, o experimentalismo ainda não se desenvolveu como nos demais sistemas jurídicos avançados exatamente porque o erro honesto não é admitido pelos controladores."[89]

---

86 TOSTA, André Ribeiro. *Inovação Institucional e o Direito Público*: empirismo, experimentalismo e uma proposta de roteiro de análise. (Mestrado em Direito) – Faculdade de Direito da Universidade do Estado do Rio de Janeiro, Rio de Janeiro, 2018, p. 132.

87 "Da visão evolucionária da inovação, central à abordagem sistêmica, também se retira, além do componente interativo, o componente espontâneo ou incerto relativo à inovação. Este toca, para os fins da inovação em organizações públicas, a necessidade do desenvolvimento de capacidades e habilidades específicas que possam incorporar a tentativa e o erro aos processos decisórios dentro do Estado. Tal engajamento com o experimentalismo não implica que se passe a tratar a inovação em organizações públicas como mera obra do acaso. No terreno do desenvolvimento de capacidades inovadoras, também deve estar presente o esforço de criação de uma série de expedientes que deem estrutura e fertilizem o terreno para que inovações emerjam – ou seja, há que se pavimentar o caminho para que inovações surjam. Por sua vez, o experimentalismo é sempre uma peça central da inovação, de maneira que tanto sistemas quanto episódios inovadores específicos normalmente deterão elementos não planejados de início." CAVALCANTE, Pedro; CUNHA, Bruno Queiroz. É preciso inovar no governo, mas por quê? In CAVALCANTE, Pedro; et. al. (org.). *Inovação no setor público*: teoria, tendências e casos no Brasil. Brasília: Enap: Ipea, 2017, p. 20-21.

88 RIBEIRO, Leonardo Coelho. *O direito administrativo como "caixa de ferramentas"*: uma nova abordagem da ação pública. São Paulo: Malheiros, 2016, p. 154-156.

89 MARQUES NETO, Floriano de Azevedo; PALMA, Juliana Bonacorsi de. *Juridicidade e controle dos acordos regulatórios*: o caso TAC ANATEL., p. 60. Disponível em <https://edisciplinas.usp.br/pluginfile.php/4296871/mod_resource/content/1/Juridicidade%20e%20Controle%20dos%20Acordos%20Regulat%C3%B3rios%20-%20O%20Caso%20TAC%20ANATEL.pdf>. Acesso em 02 ago. 2018.

É claro que não se pode ter uma visão ingênua de que a inovação e o experimentalismo são necessariamente positivos. Há uma importância econômica e social em um certo grau de permanência, sobretudo no setor público, haja vista a necessidade de estabilidade e previsibilidade das ações estatais. Além disso, nem toda inovação representa evolução. É natural que experimentos possam dar errado[90].

No entanto, além de o conservadorismo em excesso gerar ineficiência, o principal motivo para a cautela do administrador em introduzir mudanças não pode ser o medo da responsabilização pessoal, mas sim os potenciais benefícios da estabilidade para a gestão pública e para a sociedade.

A existência de algum espaço para que o administrador público cometa erros no exercício de suas funções é essencial, por fim, para a administração de riscos, reconhecida por diversos órgãos nacionais[91] e internacionais[92] como condição essencial à boa gestão pública.

Viu-se no capítulo 2 que o Poder Público se depara com cenários cada vez mais complexos e mutáveis, que exigem uma equilibrada administração de riscos. Em razão da própria natureza das atividades de Estado, o administrador lida com demandas variáveis, projeções e incertezas a todo momento[93].

A assunção de riscos pelo gestor público, de maneira consciente ou não, é inevitável. A decisão por evitar ou reduzir a probabilidade de um determinado risco, além de gerar custos econômicos, pode criar um novo risco ou aumentar as chances de

---

90 O tema é tratado em MENDONÇA, José Vicente Santos de. Direito Administrativo e Inovação: limites e possibilidades. *A&C – Revista de Direito Administrativo & Constitucional*, v. 17, nº 69, 2017.

91 Segundo roteiro de auditoria publicado pelo Tribunal de Contas da União, "a gestão de riscos corretamente implementada e aplicada de forma sistemática, estruturada e oportuna gera benefícios que impactam diretamente cidadãos e outras partes interessadas da organização ao viabilizar o adequado suporte às decisões de alocação e uso apropriado dos recursos públicos, o aumento do grau de eficiência e eficácia no processo de criação, proteção e entrega de valor público, otimizando o desempenho e os resultados entregues à sociedade.". Brasil. Tribunal de Contas da União. Roteiro de Auditoria de Gestão de Riscos. Brasília: TCU, Secretaria de Métodos e Suporte ao Controle Externo, 2017, p. 14. Disponível em <http://portal.tcu.gov.br/biblioteca-digital/roteiro-de-auditoria-de-gestao-de-risco-1.htm.> Acesso em 15 mar. 2018.

92 É o que demonstra o Estudo nº 13/2001, publicado pela International Federation of Accountants ("IFAC"), segundo o qual "os órgãos de governança das entidades públicas precisam garantir que sistemas eficazes de gerenciamento de riscos sejam estabelecidos como parte da estrutura de controle". Tradução livre. No original, "Governing bodies of public sector entities need to ensure that effective systems of risk management are established as part of the framework of control". International Federation of Accountants. *Governance in the Public Sector*: A Governing Body Perspective, p. 41. Disponível em <https://www.ifac.org/system/files/publications/files/study-13-governance--in-th.pdf>. Acesso em 15 jul. 2018.

93 MIRANDA, Rodrigo Fontenelle de A. *Implementando a gestão de riscos no setor público*. Belo Horizonte: Fórum, 2017, p. 37.

ocorrência de outro evento futuro indesejado. Passa a ser papel do administrador, nesse contexto, selecionar os riscos tolerados e separá-los dos não tolerados[94].

Ao administrador público contemporâneo é dado realizar uma análise de custo-benefício na busca pelo melhor resultado prático possível. Para isso, deve avaliar, de acordo com os instrumentos técnicos que tem à disposição, os riscos que valem a pena serem evitados, assumidos ou minorados[95].

A intolerância ao erro prejudica e distorce as decisões administrativas tomadas pelo gestor público, na medida em que faz com que ele dê um peso excessivo em sua ponderação decisória à possibilidade de ser responsabilizado por conta de sua atuação funcional e deixe de lado questões que dizem respeito propriamente ao interesse público. A formulação de um juízo decisório adequado, portanto, depende da existência de um espaço para o cometimento de equívocos.

4.4.3. O erro e o tempo ótimo das decisões institucionais

O controle da Administração Pública, como se viu no item 1.2., não é gratuito. Ao contrário, envolve custos diretos e indiretos, como a manutenção de estruturas governamentais complexas, o pagamento de servidores qualificados e a adaptação das ações administrativas às determinações dos órgãos de controle. Entre os custos indiretos envolvidos, mencionou-se que o dever de prestar contas, muito embora essencial à existência de um Estado de Direito, implica a redução da velocidade da máquina administrativa.

Ao exigir uma maior reflexão por parte dos gestores a respeito de suas decisões, de fato, o controle público, tende a minimizar equívocos e melhorar a qualidade das ações da Administração Pública. Apesar de nunca eliminados, conforme argumentado ao longo do capítulo 2, erros tendem a ser reduzidos conforme o tempo de maturação da decisão.

---

94 A seletividade de precauções e de riscos por políticas regulatórias dos diferentes países é desenvolvida em SUSTEIN, Cass. Para além do princípio da precaução. *RDA – Revista de Direito Administrativo*. Rio de Janeiro: Fundação Getúlio Vargas, Rio de Janeiro, v. 259, jan./abr. 2012.

95 A incorporação, ainda que tardia, do pragmatismo e dos raciocínios de custo-benefício pelo Direito Administrativo brasileiro é assim descrita pelo professor Gustavo Binenbojm, a quem agradeço pela ideia acima desenvolvida: "os ventos que sopraram em outras partes do mundo as últimas décadas do século XX aportaram no Brasil, finalmente, a partir da segunda metade dos anos 1980 – com a redemocratização e a reconstitucionalização – e nos anos 1990, com as políticas de reforma do Estado. (...) Aos poucos, mas nem sempre de forma linear, o direito administrativo vai se convertendo em um saber tecnológico, estruturado para produzir decisões orientadas pelas melhores consequências práticas. A aproximação com domínios do conhecimento baseados em estudos empíricos, como a economia e, embora menos frequentemente, com a ciência política, acaba levando o direito administrativo a adotar, de certa forma, o olhar prospectivo e contextualizado do pragmatismo.". BINENBOJM, Gustavo. *Poder de polícia, ordenação, regulação*: transformações político-jurídicas, econômicas e institucionais do direito administrativo ordenador. Belo Horizonte: Fórum, 2016, p. 61-62.

Mas o fato é que as decisões do administrador público, como as de qualquer outro gestor, têm um tempo ótimo e, por vezes, os potenciais benefícios (econômicos ou não) da realização de uma decisão rápida superam os custos de eventual equívoco[96].

O tempo é um recurso escasso e a demora em decidir envolve custos econômicos e sociais que não podem ser ignorados. A demora na realização de uma obra de infraestrutura, como a construção de uma rodovia, embora tenda a reduzir eventuais equívocos em sua elaboração e execução, significa privar os seus potenciais usuários de seus benefícios durante todo o tempo de espera[97].

O adiamento na escolha de uma opção, ademais, pode eliminar excelentes oportunidades para a realização do interesse público[98]. Tome-se, *e.g.*, a situação do gestor que, por meio de vantagens concedidas, como benefícios tributários ou a cessão gratuita de bens públicos, pretende atrair uma indústria para seu território que aumentará a arrecadação com o pagamento de tributos e trará novos empregos para a região.

Embora lhe deva ser exigido que subsidie sua decisão com estudos técnicos que esclareçam os custos e benefícios potencialmente envolvidos, é preciso reconhecer que sua decisão não pode se prolongar demais, sob pena de o agente econômico, por conta da demora, escolher outro local para se instalar.

Ao ponto, cumpre acrescentar, ainda, a observação de Adrian Vermeule, segundo o qual, com o passar dos anos, houve uma sensível intensificação da evolução de importantes setores da sociedade, como a economia e a tecnologia. As alterações nesses setores nunca foram tão intensas como as atuais. Como consequência desse cenário social complexo e mutável, tornou-se também necessário ao Estado moderno adaptar suas ações de forma mais célere e intensa.

---

96 Em artigo seminal dedicado a tratar das regras que estabelecem prazos de atuação para instituições públicas, denominadas *timing rules*, Jacob Gersen e Eric A. Posner apresentam as seguintes considerações que, apesar de direcionadas ao Legislativo, são estendidas pelos próprios autores a outras instituições públicas, como o Poder Executivo: "Quando ocorre uma emergência, a paixão pode interferir na deliberação racional do Legislativo, mas uma cuidadosa deliberação não é desejável se o tempo for um fator essencial. É perverso exigir que o governo pare quando a ação governamental rápida é o que se mais necessita". No original, "When a emergency occurs, passion might interfere with rational legislative deliberation, but careful deliberation is not desirable if time is of the essence. It is perverse to demand that the government come to a halt precisely when rapid governmental action is most needed.". GERSEN, Jacob; POSNER, Eric A. Timing Rules and Legal Institutions. *Harvard Law Review*, v. 121, 2007, p. 565-566.

97 O assunto é especificamente tratado em SZYMANSKI, Stefan. The optimal timing of infrastructure investment. *Journal of Transport Economics and Policy*, setembro de 1991, p. 247.

98 São, nas Ciências Econômicas, os chamados "custos de oportunidade", definidos de maneira sintética como a perda dos benefícios decorrentes de uma oportunidade renunciada pelo agente econômico. Sobre o tema na literatura econômica, conferir BECKER, Selwin W.; RONEN, Joshua e SORTER, George H. Opportunity costs: an experimental approach. *Journal of Accounting Research*, 1974, p. 317.

Para garantir a eficiência de sua atuação, o Poder Público foi obrigado a aumentar a velocidade de suas decisões e, consequentemente, a aceitar que irregularidades fossem, em algum grau, cometidas. Como o *timing* das decisões é cada vez mais essencial, as instituições modernas são permanentemente forçadas a ponderar os custos e benefícios da qualidade de suas ações em comparação com a sua urgência[99].

A absoluta intolerância ao erro vai de encontro à necessidade do Estado moderno de rapidamente adaptar suas ações à evolução econômica e tecnológica. Como destaca Vermeule, ao se pensar no desenho ideal das instituições públicas, o risco do erro não deve ser evitado a qualquer custo, mas sim ponderado com os benefícios decorrentes da celeridade da decisão[100].

A escolha do momento de decidir, em verdade, deve resultar de uma ponderação entre rapidez e precisão, como se verá de forma mais detalhada no último capítulo deste livro. É necessário que o gestor público avalie os custos e benefícios para os interesses administrativos e sociais de uma decisão mais ou menos refletida, levando-se

---

99 "A principal razão para a transformação do nosso governo no Estado administrativo é que a taxa de mudança no ambiente político, especialmente na economia, é muito maior do que nos séculos XVIII e XIX – tão maior que o Estado foi forçado, querendo ou não, a acelerar a taxa de adequação política. E o principal mecanismo de aceleração tem sido uma delegação cada vez maior ao Poder Executivo, aceitando os consequentes riscos de erro e abuso. Nós habitamos um ambiente diferente, na verdade um mundo diferente, do que os teóricos constitucionais clássicos. Uma das principais diferenças é que, para nós, o tempo é sempre um fator essencial, razão pela qual as instituições são forçadas a ponderar entres qualidade da sua política em relação à sua celeridade". No original, "The main reason for the transformation of our government into an administrative state is that the rate of change in the policy environment, especially in the economy, is much greater than in the eighteenth and nineteenth centuries—so much greater that the state has been forced, willy-nilly, to speed up the rate of policy adjustment. And the main speeding-up mechanism has been ever-greater delegation to the executive branch, accepting the resulting risks of error and abuse. We inhabit a different environment, indeed a different world, than the classical constitutional theorists. One of the main differences is that, for us, time is always of the essence, so institutions are forced to trade off the quality of policy against its timeliness". VERMEULE, Adrian. Optimal Abuse of Power. *Northwestern University Law Review*, nº 109, 2015, p. 676.

100 "No Estado administrativo, o abuso de poder não é algo para ser minimizado, mas sim otimizado. Um regime administrativo tolerará um nível previsível de abuso de poder como parte de um pacote de soluções ideal – como um subproduto inevitável no alcance de outros fins de interesse geral. O desenho institucional deve considerar margens além da qualidade das crenças formadas pelos agentes públicos e das ações por eles escolhidas". No original, "In the administrative state, abuse of power is not something to be minimized, but rather optimized. An administrative regime will tolerate a predictable level of abuse of power as part of an optimal package solution—as the inevitable byproduct of attaining other ends that are desirable overall. Institutional design must consider margins beyond or in addition to the quality of beliefs that officials form and the quality of the actions officials choose.". VERMEULE, Adrian. Optimal Abuse of Power. *Northwestern University Law Review*, nº 109, 2015, p. 676.

em consideração a relevância e urgência do objeto tratado, a existência de precedentes decisórios em casos análogos, dentre outros elementos[101].

Portanto, a existência de um espaço de erro do administrador, sobretudo em um cenário de modificações intensas e constantes, é vital para que as decisões do Estado não sejam adiadas para além de seu tempo ótimo, prejudicando a eficiência e economicidade das ações administrativas.

4.4.4. A falta de atratividade dos cargos públicos de gestão

Quais as razões para os políticos tornarem-se políticos? Mais especificamente, por quais motivos bons profissionais são atraídos a ocupar cargos públicos de gestão? Ao enfrentar tal difícil questão, Daniel Shaviro, em seu trabalho "*Beyond public choice and public interest*", afirma que os indivíduos decidem seguir a carreira pública por múltiplos motivos.

Suas razões não estão necessariamente relacionadas com a perseguição de benefícios patrimoniais, como pregado por diversos autores da já mencionada teoria da escolha pública. Também pesam em favor de tal escolha incentivos extrapatrimoniais, como o espírito cívico, o interesse na transmissão de ideologias, a busca por poder e influência, dentre outros[102].

É certo, porém, que questões econômicas e reputacionais, como a probabilidade de ser pessoalmente responsabilizado por atos praticados no exercício das funções, são poderosos incentivos (ou desincentivos) para que bons administradores optem por assumir um cargo público ao invés de seguirem carreira no setor privado.

Em um contexto de intolerância a equívocos, a assunção de um cargo de gestão na Administração Pública coloca em sério risco tanto as economias do profissional, quanto seu bom nome no mercado. Temerosos em comprometer seu patrimônio e sua reputação, tanto servidores concursados quanto profissionais oriundos da iniciativa privada, em um cenário de absoluta intolerância ao erro, têm todos os incentivos para fugir de cargos decisórios no setor público.

Sobretudo aqueles mais capacitados, que têm o potencial de auferir bons frutos no mercado, ainda que se sintam vocacionados à gestão pública, tendem, diante de tal

---

101 "Identificar os mecanismos temporais de uma instituição é central ao *trade-off* entre complexidade e operacionalidade (...): matérias mais complexas demandam mais flexibilidade temporal, matérias mais simples exigem prazos menores e mais rígidos; objetos mais urgentes demandam prazos menores, decisões estratégicas, o contrário". TOSTA, André Ribeiro. *Inovação Institucional e o Direito Público*: empirismo, experimentalismo e uma proposta de roteiro de análise. (Mestrado em Direito) – Faculdade de Direito da Universidade do Estado do Rio de Janeiro, Rio de Janeiro, 2018, p. 161.

102 SHAVIRO, Daniel. *Beyond public choice and public interest*: a study of the legislative process as illustrated by tax legislation in the 1980s. Disponível em <http://scholarship.law.upenn.edu/cgi/viewcontent.cgi?article=3729&context=penn_law_review>., p. 81-87. Acesso em 15 ago. 2018.

excesso do controle público, a desistir da ideia. Nesse caso, mesmo os bons servidores de carreira, que já integram a Administração Pública, costumam sentir-se muito pouco confortáveis em trocar cargos burocráticos e seguros por funções de gestão.

Os efeitos deletérios de excessos na responsabilização pessoal de agentes do Estado também são diagnosticados por Diogo de Figueiredo Moreira Neto. Embora direcionadas à possibilidade de responsabilização de advogados públicos por opiniões emitidas em pareceres jurídicos, as razões apresentadas pelo administrativista são também aplicáveis aos gestores:

> "infelizmente, sua manutenção, ao revés de concorrer para o aperfeiçoamento da Administração, desestimulará uma geração de jovens advogados de Estado concursados, pois que, temerosos das conseqüências que possam decorrer do exercício independente e intimorato de sua profissão, ante a possibilidade de serem acoimados de faltosos e de receberem sanções pecuniárias, ao serem tratados como se fossem agentes gestores solidários e, sobre tudo isso, privados da garantia do devido processo da lei perante seus órgãos próprios de tutela, tão somente porque seus opinamentos jurídicos não coincidiram com o das Cortes de Contas, que os consideram "errôneos". Preferirão, estes jovens que ingressam nas Procuradorias, ou a comodidade da via de menor risco, ou seja, a falsa segurança de se inclinarem por uma negativa habitual que os desonere, ou, o que será igualmente catastrófico para todos os níveis da Federação, se afastarão da advocacia de Estado agentes de personalidade e de coragem, que são os que mais podem contribuir para a boa administração."[103]

A falta de atratividade de cargos de administração por conta da intolerância ao cometimento de erros é tratada de forma específica na literatura jurídica empresarial, em especial para justificar a teoria da *business judgment rule*[104]. Segundo explica Mariana Pargendler, a referida teoria busca proteger a discricionariedade decisória de administradores bem-intencionados, eximindo-os do dever de indenizar eventuais prejuízos causados à companhia.

Em síntese, a regra da decisão empresarial impõe uma presunção relativa de que, ao tomar uma decisão empresarial, os administradores agiram de maneira informada, de boa-fé e acreditando que a sua ação atendia ao melhor interesse da companhia. Para que a presunção seja afastada, é preciso se demonstrar a falta de diligência ou lealdade do gestor, não bastando a comprovação do nexo causal entre sua atuação e os danos suportados[105].

---

103 MOREIRA NETO, Diogo de Figueiredo. *A responsabilidade do advogado de Estado*. Exposição apresentada em 31 de outubro de 2007, no auditório da Procuradoria Geral do Estado do Rio de Janeiro. Disponível em <http://abrap.org.br/wp-content/uploads/2012/12/res.pdf>. Acesso em 15 mar. 2018.

104 A teoria foi desenvolvida pela jurisprudência norte-americana, mas, segundo parcela majoritária da doutrina empresarial, foi recepcionada, ainda que de forma imperfeita, pelo artigo 159, § 6º da Lei nº 6.404/76. Uma ampla análise do tema é feita em BRIGAGÃO, Pedro Henrique Castello. *A Administração de Companhias e a Business Judgement Rule*. São Paulo: Quartier Latin, 2017, p. 166-177.

105 PARGENDLER, Mariana. Responsabilidade Civil dos Administradores e Business Judgment Rule no Direito Brasileiro. *Revista dos Tribunais*, v. 953, 2015.

Dentre os fundamentos apresentados, além do necessário espaço de liberdade para assumir riscos responsáveis, defende-se que a regra evita o afastamento de bons profissionais da administração de sociedades empresariais. Pessoas qualificadas e bem-intencionadas não ousariam se aventurar em administrar grandes companhias, que movimentam grande volume de recursos, caso possam ser facilmente responsabilizadas por danos acidentalmente causados[106].

O argumento, embora direcionado à administração de empresas, serve como uma luva ao serviço público. A existência de um espaço para que o administrador possa cometer erros sem ser responsabilizado é essencial para atrair bons profissionais, servidores de carreira ou não, aos cargos públicos decisórios.

4.5. Conclusão do capítulo

Restam, então, apresentados os fundamentos da existência de um espaço de tolerância ao erro do administrador público: a ausência de culpa *lato sensu* nas hipóteses de erro inevitável, ao lado do caráter subjetivo de sua responsabilidade civil ou administrativa; a norma disposta no artigo 28 da LINDB; bem como a incidência dos princípios constitucionais da eficiência e economicidade.

O gestor que incorre em erro inevitável que foi motivo essencial de sua atuação tem excluído o elemento subjetivo, necessário à sua responsabilidade pessoal. Além disso, a tolerância jurídica ao cometimento de equívocos pelos administradores pú-

---

106 O argumento foi utilizado, por exemplo, no julgamento pela United States District Court of Columbia no caso *Washington Bancorporation v. Said* (812 F. Supp. 1256 – D.D.C. 1993): "A resolução dessas questões depende em grande parte da interpretação do Tribunal sobre a aplicabilidade da *business judgement rule*. Os Tribunais reconhecem que mesmo diretores desinteressados, bem intencionados e bem informados podem tomar decisões que, em retrospecto, foram imprevisíveis. Impor responsabilidade aos diretores por decisões tomadas de boa-fé, no entanto, efetivamente destruiria o sistema corporativo neste país, pois nenhum indivíduo assumiria tal cargo." No original, "The resolution of these issues largely depends on the court's interpretation of the applicability of the business judgment rule. Courts recognize that even disinterested, well-intentioned, informed directors can make decisions that, in hindsight, were improvident. To impose liability on directors for these good-faith business decisions, however, would effectively destroy the corporate system in this country, for no individuals would serve as officers and directors.". Posteriormente, foi também levantado no julgamento do caso *Granada Investments, Inc. v. DWG Corp.* (823 F. Supp. 448 – N.D. Ohio 1993) pela US District Court for the Northern District of Ohio: "Se os administradores fossem responsabilizados pessoalmente por erros de julgamento cometidos de boa-fé, poucos indivíduos capazes estariam dispostos a incorrer no risco financeiro e emocional de servir como diretor ou executivo. Pessoas competentes devem ser encorajadas, e não desestimuladas, a servir como administradores de comapanhias". No original, "If management were liable for mere good faith errors in judgment, few capable individuals would be willing to incur the financial and emotional risk of serving as a director or officer. Competent persons should be encouraged rather than deterred from seeking to serve as corporate managers.". Os casos foram mencionados em BRIGAGÃO, Pedro Henrique Castello. *A Administração de Companhias e a Business Judgement Rule*. São Paulo: Quartier Latin, 2017, p. 152-153.

blicos é necessária para a formulação de um adequado juízo decisório pelos gestores, para a seleção correta do *timing* das decisões públicas pelo gestor, assim como para a atração de bons quadros para a Administração Pública.

A partir dos fundamentos constitucionais e infraconstitucionais apresentados ao longo do capítulo, é possível concluir que o administrador público é isento de eventual responsabilidade civil ou administrativa caso atue em nome do Estado com base em um erro escusável. Resta saber quais os parâmetros para a identificação de tal espécie de erro. É o que se desenvolverá no próximo e último capítulo.

PARTE III

PARÂMETROS

Capítulo 5
OS PARÂMETROS PARA A TOLERABILIDADE DO ERRO DO ADMINISTRADOR PÚBLICO

5.1. Introdução

Viu-se ao longo do capítulo anterior que a constatação de que uma determinada decisão tomada pelo administrador público decorreu, essencialmente, de um equívoco juridicamente escusável tem o condão de eximi-lo de eventual responsabilidade civil ou administrativa.

O presente capítulo, por sua vez, tem por finalidade construir os parâmetros que permitem identificar a ocorrência de um erro tolerável. Ressalte-se, desde já, que todos os elementos para a conceituação de um equívoco, como é o caso de seu caráter não intencional[1], estão pressupostos na definição de "erro escusável" e, por terem sido abordados no capítulo 3, não serão repetidos aqui.

De maneira preliminar à identificação dos parâmetros, será discutida qual a metodologia mais adequada para sua análise. Sobre o ponto, ver-se-á que, nos Direitos Civil e Penal, é histórica a divisão entre escolas que, para a aferição da presença ou não de culpa do agente, utilizam-se de um modelo abstrato e ideal de comportamento ou buscam perquirir em concreto as capacidades pessoais do indivíduo.

A partir de uma breve análise dessa disputa doutrinária histórica e interdisciplinar, será identificado qual método é, à luz do Direito Administrativo brasileiro, mais apropriado para a investigação do elemento subjetivo no comportamento do administrador público e, portanto, para a tolerabilidade do equívoco por ele cometido no exercício das funções.

Ainda em relação ao método de análise dos *standards*, será fixada a necessidade de uma avaliação retrospectiva da decisão tomada pelo gestor público. Com efeito, a verificação da negligência, imprudência ou imperícia do agente no caso concreto exige dos órgãos de controle um esforço de retorno ao contexto fático e jurídico em que a decisão foi proferida.

Será visto, ademais, que o legislador infraconstitucional, por meio do artigo 28 da Lei de Introdução às Normas do Direito Brasileiro, passou a exigir um grau elevado de culpa para que se constate a inescusabilidade do erro cometido. Optou-se, a partir do referido dispositivo, por ampliar o espaço de tolerância jurídica a erros cometidos por

---

1 Sobre o tema, ver item 3.3, *supra*.

agentes públicos no exercício da função. A exigência de culpa grave, assim, demanda uma leitura restritiva dos parâmetros fixados.

No presente livro, são propostos quatro parâmetros operacionais para a verificação da tolerabilidade jurídica do erro cometido pelo administrador público. São eles (i) a *diligência* do gestor, cujo grau mínimo exigido variará de acordo com a urgência e a importância da decisão, bem como com os obstáculos materiais à obtenção de informações relevantes; (ii) as *específicas exigências do cargo* ocupado pelo administrador; (iii) o *nível de incerteza* fática ou jurídica envolvida na decisão analisada e, finalmente, (iv) o *grau de aderência* da decisão às informações reunidas.

Assim como ocorre na análise empreendida pelo Direito Empresarial a respeito das decisões negociais tomadas por gestores de sociedades empresárias[2], acredita-se que a construção e detalhamento de parâmetros objetivos que instruam a apreciação de erros cometidos tem o potencial aumentar a segurança jurídica no processo decisório de administradores públicos.

Além disso, o esforço de formulação de *standards* seguros e operacionais busca reduzir o espaço de abusos e subjetivismos por órgãos de controle. Como visto no capítulo 1, as normas que embasam o exercício do controle são dotadas de elevada generalização, o que propicia – embora não determine – a prática de excessos na responsabilização pessoal de gestores em razão de atos praticados no exercício de suas funções.

5.2. A metodologia para aferição da tolerabilidade do erro

5.2.1. Entre o "administrador médio" e a individualização das capacidades do gestor: a (des)consideração das peculiaridades subjetivas e objetivas do caso concreto

Como visto no capítulo anterior, não é necessário que o cometimento de um erro esteja acompanhado do elemento subjetivo. Os dois institutos não se confundem. Entretanto, para que seja possível a responsabilização pessoal do administrador público em razão do cometimento de um equívoco, é preciso que a culpa seja demonstrada[3].

Diante de tal constatação, o presente item pretende investigar quais os principais critérios utilizados pelos Direitos Civil e Penal para a aferição da culpa do indivíduo e, frente às peculiaridades do regime jurídico administrativo[4], identificar o método mais

---

2 A já mencionada teoria da *business judgement rule* tem como uma de suas funções conferir segurança ao exercício das atividades dos administradores de sociedades empresariais. Sobre as razões da regra, ver BRIGAGÃO, Pedro Henrique Castello. *A Administração de Companhias e a Business Judgement Rule*. São Paulo: Quartier Latin, 2017, p. 150-161.

3 O raciocínio é desenvolvido de forma mais detalhada no item 4.2.1, *supra*.

4 Refere-se aqui às específicas normas de Direito Administrativo que regem o tema, e não a um suposto regime jurídico administrativo sistematizado e coerente, cuja existência é contestada em SUNDFELD, Carlos Ari. *Direito administrativo para céticos*. 2ª ed. São Paulo: Malheiros, 2014, p. 161-170.

adequado para a aferição da responsabilidade do administrador. Em especial, pretende-se aqui discutir a necessidade de se considerar na análise da tolerabilidade do erro aspectos objetivos e subjetivos do caso concreto, como é o caso da falta de recursos da estrutura administrativa gerida e de limitações na formação intelectual do gestor.

No âmbito penal, uma primeira corrente a respeito da teoria da culpa sustenta que, para a sua investigação, é preciso que, de maneira preliminar, seja determinado qual o dever de cuidado abstratamente exigível. Deve-se buscar de forma objetiva quais as precauções seriam seguidas por pessoas dotadas de prudência e discernimento medianos, ou seja, por um "homem médio"[5].

Fixada a diligência mínima exigida, a presença ou não da culpa será aferida a partir de uma operação comparativa. São cotejadas as cautelas adotadas no caso concreto com aquelas que um indivíduo minimamente cuidadoso deveria seguir. O dever de cuidado restará atendido – e, por consequência, a culpa não se verificará – se as precauções adotadas no caso concreto forem semelhantes ou superiores às razoavelmente assumidas por um sujeito comum. Caso contrário, restará demonstrada a presença do elemento subjetivo[6]. Trata-se, como se pode perceber, de um método abstrato e generalizador[7].

Em contraposição à teoria abstrata, defende-se, de outro lado, que a natureza culposa do comportamento do agente deve ser aferida na medida de suas capacidades individuais. De acordo com essa segunda linha doutrinária[8], é preciso que se considerem em tal averiguação aspectos subjetivos, como a maior ou menor *expertise* do indivíduo.

---

5 É a posição defendida de maneira clássica em WELZEL, Hans. *El nuevo sistema del derecho penal*: una introducción a la doctrina de la acción finalista (tradução de José Cerezo Mir). Montevideo e Bueno Aires: Editorial B de f, 2004, p. 115-116.

6 "A observância do dever objetivo de cuidado, isto é, a diligência devida, constitui o elemento fundamental do tipo de injusto culposo, cuja análise constitui uma questão preliminar no exame da culpa (...). A avaliação da inobservância do cuidado objetivamente devido resulta na comparação da direção finalista real com a direção finalista exigida para evitar as lesões dos bens jurídicos. A infração desse dever de cuidado representa o injusto típico dos crimes culposos". BITENCOURT, Cezar Roberto. *Erro de tipo e erro de proibição*: uma análise comparativa. 6ª ed. São Paulo: Saraiva, 2013, p. 67.

7 SANTANA, Selma Pereira de. A sociedade de risco e a repercussão das capacidades individuais do sujeito para a culpa não imputável. *Cadernos do Programa de Pós-Graduação em Direito/UFRGS*, volume VIII, nº 2, 2013, p. 4. Disponível em <https://seers.ufrgs.br/ppgdir/article/download/44350/28199>. Acesso em 06 dez. 2018.

8 Assim como ocorre com a concepção abstrata, tal linha doutrinária é composta por diferentes correntes, cujas peculiaridades não serão tratadas aqui, sob pena de se extrapolar do restrito escopo do trabalho. Para uma análise ampla do assunto, conferir SANTANA, Selma Pereira de. A sociedade de risco e a repercussão das capacidades individuais do sujeito para a culpa não imputável. *Cadernos do Programa de Pós-Graduação em Direito/UFRGS*, volume VIII, nº 2, 2013, p. 6-13. Disponível em <https://seers.ufrgs.br/ppgdir/article/download/44350/28199>. Acesso em 06 dez. 2018.

Do agente que possui uma habilidade superior, será exigido um nível maior de diligência para que o resultado danoso não se verifique. A lógica se mantém na hipótese inversa: a análise da culpa será menos rigorosa no caso de indivíduos que possuem habilidades inferiores à média da população[9].

Como consequência, no método concreto, a conclusão a respeito da presença ou não do elemento subjetivo poderá ser diferente para condutas idênticas, desde que realizadas por sujeitos com características pessoais distintas. Um piloto profissional deve, sob pena de cometer um ilícito penal culposo, empregar suas habilidades especiais para evitar um atropelamento, ainda que tal reação seja impossível ou extremamente difícil a um condutor comum, cuja conduta, em tal hipótese, seria considerada atípica[10].

A discussão a respeito do método mais adequado para a aferição da culpa se repete – ainda que com as peculiaridades que envolvem a disciplina – no Direito Privado, mais especificamente na responsabilidade civil[11].

A noção subjetiva de culpa, no Direito Civil, surgiu sob a inspiração de ideais de moral e ética, sobretudo decorrentes da religião cristã e de sua noção de pecado. Sob tal perspectiva, entendia-se como inaceitável a imposição de um dever de reparar ao indivíduo sem que se formulasse qualquer juízo a respeito de seu estado de ânimo[12].

Em tal contexto, a culpa é entendida como uma consciente violação a um dever superior imposto. A demonstração do elemento subjetivo, desse modo, dependeria de uma profunda investigação a respeito de reprováveis falhas psicológicas e das circunstâncias objetivas que condicionaram a conduta do ofensor. A identificação da culpa em concreto deveria considerar as condições objetivas e subjetivas do agente[13],

---

9 Essa é a posição defendida em TAVARES, Juarez. *Direito penal da negligência*: uma contribuição à teoria do crime culposo. São Paulo: Ed. Revista dos Tribunais, 1985, p. 137.

10 O exemplo é apresentado em SANTOS, Juarez Cirino dos. *Direito penal*: parte geral. 7ª ed. Florianópolis: Empório do Direito, 2017, p. 164-165.

11 A quase identidade entre as controvérsias a respeito do método de aferição da culpa civil e penal é apontada em CALIXTO, Marcelo Junqueira. *A culpa na responsabilidade civil* – estrutura e função. Rio de Janeiro: Renovar, 2008, p. 62-63.

12 HERKENHOFF, Henrique Geaquinto. Responsabilidade pressuposta. In TARTUCE, Flávio; CASTILHO, Ricardo (coord.). *Direito Civil*: direito patrimonial, direito existencial. São Paulo: Método, 2006, p. 400.

13 "Logicamente, a determinação da responsabilidade individual baseada na culpa deveria estar subordinada a uma apreciação *in concreto*. A culpa, como elemento psicológico determinante da responsabilidade, somente pode ser estimada levando-se em consideração as condições subjetivas do agente. Numa palavra, o subjetivismo pressupõe necessariamente a *individualização da culpa*. Em cada oportunidade onde deve ela ser investigada, mister se faz um exame da individualidade do agente para se verificar se o ato pode ser considerado gerador de responsabilidade". GOMES, Orlando. Culpa x risco. *Revista de Direito Civil Contemporâneo*, vol. 11, ano 4. São Paulo: Editora Revista dos Tribunais, abr.-jun. 2017, p. 355.

comparando-se o comportamento do autor do dano com aquele que poderia ser esperado dele próprio[14].

De outro lado, a concepção abstrata defende que a culpa deve ser aferida por meio da comparação da conduta praticada com um modelo ideal de comportamento. Ela é entendida como uma objetiva incompatibilidade entre a ação do ofensor e um padrão pré-estabelecido de conduta, como, por exemplo, do *bonus pater familias,* oriundo do sistema romano-germânico, ou do *reasonable man*, próprio dos países da *Common Law*[15].

A partir de tal concepção, o conceito de culpa não mais se relaciona com uma condição psicológica moralmente reprovável, mas com um verdadeiro e objetivo "erro de conduta". A sua aferição em abstrato passa a desconsiderar, por irrelevantes, as circunstâncias objetivas do caso concreto e as aptidões e inaptidões pessoais de cada indivíduo, salvo nos casos extremos de incapacidade jurídica[16].

Traçadas as linhas gerais da controvérsia existente nos sistemas jurídicos civil e penal[17], é hora de investigar qual método deve ser seguido pelo Direito Administrativo brasileiro. Em suma, a culpa do agente público – e, consequentemente, a tolerabilidade jurídica dos erros por ele cometidos – deve ser avaliada em abstrato, tendo como parâmetro um modelo único de bom gestor, ou em concreto, de acordo com as circunstâncias objetivas do caso concreto e com as suas capacidades individuais?

Ao regime de responsabilização pessoal de administradores públicos não parece ser adequada a aplicação de um método puramente subjetivo de aferição da culpa[18].

---

14 CATALAN, Marcos. *A morte da culpa na responsabilidade contratual*. São Paulo: Editora Revista dos Tribunais, 2013, p. 181-182.

15 SCHREIBER, Anderson. *Novos paradigmas da responsabilidade civil*: da erosão dos filtros da reparação à diluição dos danos. 5ª ed. São Paulo: Atlas, 2013, p. 35-36.

16 SCHREIBER, Anderson. *Novos paradigmas da responsabilidade civil*: da erosão dos filtros da reparação à diluição dos danos. 5ª ed. São Paulo: Atlas, 2013, p. 34 e 37.

17 Apesar da referida disputa, cumpre registrar que a aproximação das teorias abstratas e concretas é uma tendência, tanto no Direito Penal, quanto no Direito Civil. Neste, é comum a construção de parâmetros objetivos de conduta adaptados às peculiaridades do caso concreto, o que atende, em parte, ambas as teorias. Além disso, a culpa – ou, ao menos, a sua prova – tem perdido importância entre os filtros da reparação, conforme SCHREIBER, Anderson. *Novos paradigmas da responsabilidade civil*: da erosão dos filtros da reparação à diluição dos danos. 5ª ed. São Paulo: Atlas, 2013, p. 41-43/11-12. Naquele, mesmo os adeptos da teoria abstrata levam em consideração as limitações das capacidades individuais do agente. No entanto, ao contrário do que propõe a teoria concreta, elas possuem relevância apenas no exame da culpabilidade da conduta, e não de sua tipicidade, conforme SANTANA, Selma Pereira de. A sociedade de risco e a repercussão das capacidades individuais do sujeito para a culpa não imputável. *Cadernos do Programa de Pós-Graduação em Direito/ UFRGS*, volume VIII, nº 2, 2013, p. 10. Disponível em <https://seers.ufrgs.br/ppgdir/article/download/44350/28199>. Acesso em 06 dez. 2018.

18 Em sentido contrário, defendendo a necessidade de consideração das capacidades individuais do gestor, ao menos daqueles que possuem uma formação intelectual superior à média, ver CRUZ,

É que, nesse caso, ao se exigir que sejam consideradas características pessoais e internas do indivíduo, como sua formação intelectual[19], estar-se-ia prestigiando os gestores incompetentes e penalizando aqueles cujas capacidades encontram-se acima da média.

A adoção de um critério individualizador tem como contraditório efeito a imposição de um grau de diligência menor aos agentes públicos que possuam uma deficiente formação escolar ou àqueles que tenham obtido limitadas experiências práticas anteriores. De outro lado, de gestores com superior capacitação acadêmica e profissional, é exigido mais para que o elemento subjetivo não seja verificado. A reprovabilidade do equívoco, nessa última hipótese, torna-se mais facilmente constatável[20]. A consequência prática é a ampliação da responsabilização pessoal de administradores de acordo com o seu nível de qualificação individual.

A variação no rigor da análise da culpa de forma inversamente proporcional às capacidades tende a desestimular a qualificação de atuais ocupantes de cargos na Administração e a afastar bons profissionais do serviço público[21]. Nessa medida, desatende à preocupação trazida em diversos momentos pela Constituição Federal brasileira com a excelência da gestão pública e, por conseguinte, dos agentes que presentam o Estado[22].

É o caso dos princípios da eficiência e moralidade administrativa[23] (artigo 37, *caput*), da exigência de concurso público de provas e títulos para a investidura em cargos e empregos na Administração (artigo 37, inciso I), da imposição de critérios meritórios

---

Alcir Moreno da; BORGES, Mauro. *O gestor médio, a LINDB e as novas exigências da Administração Pública*. Disponível em <https://www.jota.info/opiniao-e-analise/artigos/o-gestor-medio-a-lindb-e-as-novas-exigencias-da-administracao-publica-11112018>. Acesso em 14 dez. 2018.

---

19 Cumpre ressalvar, conforme esclarece Marcelo Junqueira Calixto, que aqueles que adotam a teoria subjetiva divergem se apenas aspectos externos ao indivíduo deveriam ser considerados na aferição da culpa, tais como o tempo e o lugar da ação, ou também aspectos internos, como é o caso de sua formação intelectual, conforme CALIXTO, Marcelo Junqueira. *A culpa na responsabilidade civil* – estrutura e função. Rio de Janeiro: Renovar, 2008, p. 16.

20 SANTOS, Juarez Cirino dos. *Direito penal*: parte geral. 7ª ed. Florianópolis: Empório do Direito, 2017, p. 164-165.

21 Conforme argumentado no capítulo 4, item 4.4.4, *supra*, desincentivos reputacionais e econômicos, como a probabilidade de ser pessoalmente responsabilizado por atos funcionais, são fundamentais para afastar do serviço público bons profissionais.

22 Alguns autores entendem que, tal como ocorre de forma explícita no artigo 41 da Carta de Direitos Fundamentais da União Europeia, seria possível extrair da Constituição brasileira um implícito direito fundamental à boa administração, entendido como "o direito à administração pública eficiente e eficaz, proporcional cumpridora de seus deveres, com transparência, motivação, imparcialidade e respeito à moralidade, à participação social e à plena responsabilidade por suas condutas omissivas e comissivas". FREITAS, Juarez. *Discricionariedade Administrativa e o Direito Fundamental à Boa Administração Pública*. São Paulo: Malheiros, 2007, p. 20.

23 "A moralidade administrativa está intimamente ligada ao conceito de 'bom administrador'". MEIRELLES, Hely Lopes. *Direito administrativo brasileiro*. 41ª ed. São Paulo: Malheiros, 2015, p. 93.

para a promoção de agentes públicos (artigos 93, II e III, e 129, §4º) e da perda do cargo do servidor estável por meio de um procedimento de avaliação de desempenho (artigo 41, §1º, III). Os dispositivos demonstram a preocupação do Constituinte com a profissionalização de agentes públicos e, portanto, rechaçam interpretações que tenham o condão de afastar gestores capacitados.

Ainda em desfavor da adoção de um critério puramente subjetivo, destaque-se que, ao contrário do que ocorre nos regimes civil e penal, cujas normas, como regra, aplicam-se de forma indistinta a todos os cidadãos[24], o administrador público sujeita-se de forma voluntária a normas especiais de responsabilização pessoal. A posse e o subsequente exercício da função pública decorrem de uma prévia e expressa opção realizada de forma livre pelo agente[25].

Ao realizá-la, o gestor público deve estar ciente que o desempenho de suas funções depende de conhecimentos e capacidades mínimas, adequadas ao cargo assumido. A ampliação do espaço de tolerância a equívocos cometidos por administradores pouco qualificados, por meio da adoção da teoria da culpa em concreto, desconsidera a imprudência antecedente de aceitar uma função incompatível com sua formação intelectual.

Outra crítica à análise da culpa em concreto é a inviabilidade prática de sua demonstração. É extremamente difícil, senão impossível, aos órgãos de controle analisar o estado anímico de seus fiscalizados e identificar os impulsos psicológicos que determinaram o cometimento de um ilícito culpável. Não por outro motivo, a prova psicológica da culpa é qualificada por parte da doutrina civilista como "diabólica"[26].

A opção pelo critério subjetivo, ao menos em sua versão mais radical, torna inviável a responsabilização pessoal de administradores públicos, o que desatende a uma das principais exigências do princípio republicano: a sujeição de ocupantes de

---

24 A afirmativa tem como exceção alguns ilícitos próprios, como é o caso daqueles que somente podem ser praticados por servidores públicos.

25 O ato de posse consiste justamente na "manifestação de vontade do nomeado em aceitar a nomeação, pelo qual ficam atribuídos ao servidor as prerrogativas e os deveres do cargo". ARAGÃO, Alexandre Santos de. *Curso de direito administrativo*. 2ª ed. Rio de Janeiro: Forense, 2013, p. 548.

26 "A prova diabólica. Em sua versão de falta moral, vinculada aos impulsos anímicos do sujeito e à previsibilidade dos resultados de sua conduta, a culpa mostrava-se um elemento de dificílima comprovação. Sua aferição impunha aos juízes tarefa extremamente árdua, representada por exercícios de previsibilidade do dano e análises psicológicas incompatíveis com os limites naturais da atividade judiciária". SCHREIBER, Anderson. *Novos paradigmas da responsabilidade civil*: da erosão dos filtros da reparação à diluição dos danos. 5ª ed. São Paulo: Atlas, 2013, p. 17. Segundo Alexandre Freitas Câmara, "prova diabólica é expressão que se encontra na doutrina para fazer referência àqueles casos em que a prova da veracidade da alegação a respeito de um fato é extremamente difícil". CÂMARA, Alexandre Freitas. Doenças preexistentes e ônus da prova: o problema da prova diabólica e uma possível solução. *Revista Dialética de Direito Processual*. São Paulo: Dialética, out. de 2005, nº 31, p. 12.

cargos públicos à responsabilização pessoal por ilícitos cometidos no exercício de suas funções[27].

Seria o caso, então, de se adotar o modelo abstrato, semelhante ao do homem médio ou do *bonus pater familias*, para se investigar a culpa e a tolerabilidade do erro cometido pelo administrador público?

Foi esta a escolha realizada pelo Tribunal de Contas da União. Sua atual jurisprudência condiciona a responsabilização pessoal de agentes públicos por equívocos cometidos à comparação de sua conduta ao comportamento esperado de um "administrador médio". Havendo incompatibilidade entre os dois, torna-se necessária a imposição de uma sanção administrativa ou do ressarcimento ao erário de eventuais danos causados[28]. Espera-se que o comportamento do gestor "ao menos [se iguale] a um modelo de conduta social, adotada por um administrador médio ou homem leal, cauteloso e diligente"[29].

Objeções, no entanto, também podem ser direcionadas à utilização de um método puramente abstrato para a aferição da culpa do administrador público, sobretudo diante do que dispõe o artigo 22 da Lei de Introdução às Normas do Direito Brasileiro[30]. Seu *caput* e parágrafo primeiro expressamente impõem aos órgãos de controle que considerem – inclusive na análise da regularidade da conduta de gestores públicos – os obstáculos e dificuldades enfrentadas pelo gestor, inclusive eventuais circunstâncias concretas que tenham imposto, limitado ou condicionado sua ação, e as exigências das políticas públicas a seu cargo.

---

27 "Tão elevado prestígio conferido ao controle externo e a quem dele mais se ocupa, funcionalmente, é reflexo direto do princípio republicano. Pois, numa república, impõe-se responsabilidade jurídica pessoal a todo aquele que tenha competência (e conseqüente dever) de cuidar de tudo o que é de todos, assim do prisma da decisão, como do prisma da gestão.". BRITTO, Carlos Ayres. O Regime Constitucional dos Tribunais de Contas. In: *O Novo Tribunal de Contas*: órgão protetor dos direitos fundamentais. 3ª ed. Belo Horizonte: Fórum, 2005, p. 73.

28 A jurisprudência do TCU, contudo, não parece apresentar de maneira sistemática e segura os requisitos que devem ser observados pelo gestor para que atenda ao critério do "administrador médio". É o que demonstra Juliana Bonacorsi de Palma ao analisar centenas de precedentes da Corte de Contas Federal a respeito do tema em PALMA, Juliana Bonacorsi de. *Quem é o 'administrador médio' do TCU?* Disponível em <https://www.jota.info/opiniao-e-analise/colunas/controle-publico/quem-e-o--administrador-medio-do-tcu-22082018>. Acesso em 09 dez. 2018. Exemplificativamente, o parâmetro do "administrador médio" foi utilizado nos seguintes julgados: Brasil. Tribunal de Contas da União. Acórdão nº 1.628/2018, Plenário, Rel. Min. Benjamin Zylmer, julgado de 18.07.2018 e Acórdão nº 1.781/2017, Plenário, Rel. Min. José Múcio Monteiro, julgado de 18.08.2017.

29 Brasil. Tribunal de Contas da União. Acórdão nº 243/2010, Plenário, Rel. Min. Aroldo Cedraz, julgado de 24.10.2010.

30 Apesar da falta de sistematização, o TCU não parece seguir um critério puramente abstrato de aferição da culpa. Como se verá, em diversos precedentes, alguns anteriores à inclusão do artigo 22 à LINDB pela Lei Federal nº 13.655/2018, já deixou de aplicar sanções justamente em razão do contexto em que o erro foi cometido, como em Brasil. Tribunal de Contas da União. Acórdão nº 1.881/2011, Plenário, Rel. Min. Augusto Nardes, julgado de 20.07.2011.

A construção de um parâmetro único e abstrato de "administrador médio" desconsidera as diferentes e complexas realidades enfrentadas[31]. A técnica, embora simplifique – e, em diversos casos, viabilize – a prova da culpa, ao ignorar as circunstâncias objetivas do caso concreto, trata de forma idêntica sujeitos que se encontram em situações distintas, em infração não só ao que dispõe o artigo 22 da LINDB, mas também ao princípio constitucional da individualização da pena (artigo 5º, XLVI, da Constituição da República)[32] e à concepção material do princípio da igualdade[33].

Não é possível partir de um mesmo modelo de conduta para se aferir a culpa e a consequente tolerabilidade de erros cometidos por administradores públicos que enfrentam obstáculos e dificuldades reais distintas. Circunstâncias externas ao agente, como o desaparelhamento técnico da estrutura administrativa gerida e a falta de recursos devem ser consideradas pelos órgãos de controle.

Utilizar um padrão único de diligência e razoabilidade para avaliar todos os administradores, independentemente das circunstâncias práticas que tenham imposto, limitado ou condicionado sua ação, bem como das peculiaridades do cargo exercido, promove a idealização dos fatos com os quais agentes públicos lidam em seu dia-a-dia[34]. Presumir que diferentes gestores exerçam seu múnus em condições ideais ou mesmo idênticas é ignorar a realidade que os cerca.

Para que o controlador aprecie a tolerabilidade jurídica de equívocos, portanto, é preciso que tenha empatia com a função administrativa e enfrente as dificuldades

---

31 "Prendendo-se a uma elevada generalização, tanto o *bonus pater familias* quanto o *reasonable man* tornam-se inúteis à avaliação das situações concretas em sua rica multiplicidade. A definição de um padrão único de diligência e razoabilidade parece, de todo, incompatível com uma realidade complexa e plural, como a que caracteriza as sociedades contemporâneas". SCHREIBER, Anderson. *Novos paradigmas da responsabilidade civil*: da erosão dos filtros da reparação à diluição dos danos. 5ª ed. São Paulo: Atlas, 2013, p. 41.

32 SANTANA, Selma Pereira de. A sociedade de risco e a repercussão das capacidades individuais do sujeito para a culpa não imputável. *Cadernos do Programa de Pós-Graduação em Direito/UFRGS*, volume VIII, nº 2, 2013, p. 5. Disponível em <https://seers.ufrgs.br/ppgdir/article/download/44350/28199>. Acesso em 06 dez. 2018.

33 É atribuída a Aristóteles a concepção de igualdade que "é satisfeita se o legislador tratar de maneira igual os iguais e de maneira desigual os desiguais", conforme SILVA, José Afonso. *Curso de direito constitucional positivo*. 33ª ed. São Paulo: Malheiros, 2009, p. 213.

34 Ao comentar a Lei Federal 13.655/2018 e, especificamente, a introdução do artigo 22 à LINDB, Eduardo Jordão assinala que "a segunda idealização que o projeto pretende combater não é exatamente anunciada, mas pressuposta na maneira com que o direito administrativo tem sido aplicado: idealizam-se as condições materiais, factuais e objetivas para que a administração pública realize os ambiciosos projetos do direito público nacional (...). As consequências deste modo de pensar para a gestão pública são nefastas. Eles geram grande pressão sobre o gestor público, que acaba sendo responsabilizado por ineficiências ou limitações que fogem do seu controle.". JORDÃO, Eduardo. Art. 22 da LINDB. Acabou o romance: reforço do pragmatismo no direito público brasileiro. *RDA – Revista de Direito Administrativo*. Rio de Janeiro: Fundação Getúlio Vargas. Edição Especial: Direito Público na Lei de Introdução às Normas de Direito Brasileiro, nov. 2018, p. 68-69.

concretas que, no momento da decisão, foram experimentadas pelo gestor[35]. O ponto será retomado ao se analisar os fatores que influenciam o grau de diligência dele exigível.

Diante das limitações dos dois critérios analisados e das imposições do regime jurídico administrativo, desse modo, entende-se que a culpa e a consequente reprovabilidade dos erros cometidos por administradores públicos devem ser investigadas por meio de um método que desconsidere variações nas capacidades individuais e outros aspectos estritamente subjetivos, mas que seja sensível às dificuldades concretas e objetivas enfrentadas no momento da decisão e às exigências do cargo ocupado, tal como exige o artigo 22 da LINDB.

5.2.2. A necessária análise retrospectiva da conduta do administrador

Além da utilização de um método abstrato, mas que considere as circunstâncias objetivas do caso concreto, uma segunda exigência metodológica de extrema importância para o adequado exame dos *standards* a seguir fixados é a necessidade de uma análise retrospectiva por parte dos órgãos de controle.

Com efeito, para que haja uma apropriada apreciação da conduta supostamente culposa do gestor, demanda-se dos órgãos de controle uma análise retrospectiva da decisão por ele tomada. A escusabilidade dos erros cometidos deve ser aferida a partir do contexto fático e jurídico existente no momento da tomada de decisão.

Isso se dá na medida em que o administrador público realiza ponderações e escolhas com base nas informações disponíveis à época. Além disso, enfrenta obstáculos e dificuldades próprias do momento em que ocorre seu processo decisório, os quais poderão não mais existir em um período posterior.

O caráter imprudente ou negligente do comportamento do agente, dessa maneira, não pode ser aferido a partir de elementos futuros, à época inexistentes. O contexto existente no momento da investigação de eventual responsabilidade pessoal, a qual se dará de forma sempre posterior, não deve ser considerado para investigar a culpa, visto que irrelevante:

---

35 JORDÃO, Eduardo. Art. 22 da LINDB. Acabou o romance: reforço do pragmatismo no direito público brasileiro. *RDA – Revista de Direito Administrativo*. Rio de Janeiro: Fundação Getúlio Vargas. Edição Especial: Direito Público na Lei de Introdução às Normas de Direito Brasileiro, nov. 2018, p. 70. Interessante notar que uma das críticas opostas pela doutrina criminal à utilização do método objetivo de aferição da culpa é justamente a falta de empatia dos julgadores à situação concreta do agente: "Na aferição da tipicidade da conduta não se deve, portanto, em caso algum, ter por base a figura do homem prudente, consciencioso e diligente, com cuja conduta imaginária se deveria comparar a conduta realizada pelo agente (...). Na realidade dos fatos, a figura do *homo medius* será inferida de juízo subjetivo-pessoal do próprio julgador que, em vez de estabelecer padrão ou modelo orientador, se transfere, com todos os seus componentes, à situação do agente, determinando a conduta que deveria ser levada a efeito, segundo seu único e exclusivo entendimento do fato". TAVARES, Juarez. *Direito penal da negligência*: uma contribuição à teoria do crime culposo. São Paulo: Ed. Revista dos Tribunais, 1985, p. 137.

> "O exercício do poder extroverso estatal tem se desenvolvido por meio de uma interpretação estática, sobretudo pelo seu viés repressivo. Dito em outros termos, os controladores levaram adiante processos administrativos sancionadores, com base nos seus próprios juízos a propósito da adequação das condutas de administradores públicos e dos particulares. Juízos que, em razão da morosidade própria à burocracia, são formados sempre retrospectivamente, muitas vezes, anos após a conduta. O distanciamento temporal, contudo, turva a avaliação, propicia o seu enviesamento. Oblitera circunstâncias que não podem ser desconsideradas pelos órgãos de controle. (...) Assim é que, com base nessas perspectivas, o exercício do controle deve ser orientado por soluções pragmáticas, predicadoras da avaliação no contexto no qual a conduta examinada foi praticada (...) Afinal, se, no Direito, vigora, com predominante aceitação, o brocardo *tempus regit actum*, no que respeita a vigência da lei no tempo, outro não pode ser o viés interpretativo que deve nortear aqueles que aplicam a norma ao apreciarem os atos dos agentes públicos."[36]

A ressalva é importante uma vez que, em diversas ocasiões, o controle de uma decisão administrativa ocorre muito tempo depois da decisão tomada. Não raro, passam-se anos entre o momento da decisão administrativa e a sua análise pelos órgãos competentes. Estudos apontam, por exemplo, que, no Brasil, ações de improbidade administrativa demoram, em média, mais de seis anos para serem definitivamente julgadas[37].

Interessante notar que o apreço pelo contexto fático e jurídico existente no momento da decisão é uma exigência também para o sancionamento de administradores de sociedades empresariais. Sobre o ponto, a Comissão de Valores Mobiliários já se manifestou alertando para a necessidade de o julgador, ao analisar o atendimento do dever de diligência pelo gestor, não se distanciar da dinâmica dos fatos e desconsiderar o calor dos acontecimentos[38].

---

36 MARQUES NETO, Floriano de Azevedo; FREITAS, Rafael Véras de. *O artigo 22 da LINDB e os novos contornos do Direito Administrativo sancionador*. Disponível em <https://www.conjur.com.br/2018-jul-25/opiniao-artigo-22-lindb-direito-administrativo-sancionador>. Acesso em 27 dez. 2018.

37 A informação encontra-se divulgada em COSTA, Flávio. Brasil leva 6 anos para julgar improbidade; demora dificulta recuperação de dinheiro público. *UOL* <https://noticias.uol.com.br/politica/ultimas-noticias/2017/08/29/brasil-leva-6-anos-para-julgar-improbidade-demora-dificulta-recuperacao-de-dinheiro-publico.htm>. Acesso em 12 dez. 2018.

38 "Abra-se aqui um parêntese para esclarecer que os conceitos abertos, os assim chamados standards de conduta, como o propalado dever de diligência, o dever de conhecer o seu cliente, por não se traduzirem em normas de condutas objetivas, devem ser examinados, no processo administrativo, considerando não necessariamente e apenas a melhor conduta, mas sim a razoabilidade da conduta adotada, ainda que se possa admitir que outra conduta fosse, na opinião do julgador, mais apropriada ou adequada. É este o ponto de equilíbrio que se impõe aos padrões de conduta, dada a sua evidente falta de objetividade. Além disso, a conduta deve ser examinada considerando o momento em que deveria ser praticada em quais circunstâncias, no calor dos acontecimentos e não distante dos fatos, comodamente e com a calma atípica ao mundo dos negócios". O trecho é extraído do voto do Diretor Luiz Antônio de Sampaio Campos em Brasil. Comissão de Valores Mobiliários. Inquérito Administrativo CVM nº TA – SP2001/0725, Rel. Dir. Norma Jonssen Parente, julgado de 13.03.2003. O precedente é originalmente citado em BRIGAGÃO, Pedro Henrique Castello. *A Administração de Companhias e a Business Judgement Rule*. São Paulo: Quartier Latin, 2017, p. 204-205.

A advertência, embora direcionada ao julgamento da conduta de administradores de companhias privadas, adequa-se ao regime de responsabilização pessoal de gestores públicos. Uma análise retrospectiva, que retorne ao contexto existente no momento da decisão, é essencial para se investigar a reprovabilidade do erro, seja do gestor privado, seja do administrador de uma entidade pública.

Como se verá à frente, ao se aplicar a presente exigência metodológica aos parâmetros a seguir apresentados, impõe-se, *e.g.*, que o nível de incerteza jurídica envolvido na interpretação de determinado enunciado normativo seja aferido no momento em que o processo decisório ocorreu. Do mesmo modo, exige-se que o grau de urgência de uma determinada solução somente possa ser analisado de acordo com o contexto fático existente quando da realização da escolha administrativa.

5.2.3. A exigência de erro grosseiro pelo artigo 28 da LINDB e a interpretação restritiva dos parâmetros

Ao longo do capítulo anterior, viu-se que a Constituição da República, em diversos dispositivos, vedou que a responsabilidade civil e administrativa do gestor público por atos praticados no exercício da função tenha caráter objetivo, sendo necessária a constatação de dolo ou culpa[39].

A incidência do princípio da culpabilidade no Direito Administrativo Sancionador, previsto no artigo 5º, inciso XLV da Constituição da República, e as condicionantes impostas pelo seu artigo 37, §6º, dispositivos presentes em sua redação originária, já impunham um caráter necessariamente subjetivo à responsabilidade pessoal do administrador, inclusive no caso do cometimento de equívocos. O ordenamento jurídico brasileiro, ao menos desde então, já reconhecia a existência de um espaço de tolerância ao erro por ele incorrido.

O artigo 28 da Lei de Introdução às Normas do Direito Brasileiro, incluído pela Lei Federal nº 13.655/2018, além de confirmar a existência do referido espaço, parece ter inovado no sistema jurídico brasileiro nesse ponto. É que, como visto, o dispositivo passou a exigir a presença de dolo ou, ao menos, de um erro grosseiro para que possa ocorrer a responsabilização pessoal de agentes do Estado. No caso de cometimento de um erro (por definição, não intencional), o dispositivo elevou o grau de culpa exigido para que o gestor possa ser responsabilizado, civil ou administrativamente[40], pela prática de um ato funcional.

---

39 O raciocínio é desenvolvido ao longo do item 4.2, *supra*.

40 Remete-se aqui aos argumentos apresentados no item 4.3 do capítulo anterior, em que se contestou a tese de que o artigo 28 da LINDB apenas alcançaria a responsabilidade administrativa do agente público.

Ao se utilizar da expressão "erro grosseiro", a LINDB reconhece relevância aos diferentes graus de culpa na responsabilização pessoal do administrador público[41]. Por meio dela, passou-se a impor que se constate uma culpa de natureza grave ou gravíssima para que o equívoco seja considerado juridicamente inescusável, ampliando o espaço de tolerância ao cometimento de erros pelo gestor. A inovação promovida pelo artigo 28 da LINDB no espaço de tolerabilidade ao erro é reconhecida pela doutrina[42] e pelo Tribunal de Contas da União, conforme o seguinte trecho do acórdão nº 2.391/2018, *leading case* a respeito do tema:

> "cabe ressaltar que a Lei 13.655/2018 introduziu vários dispositivos na Lei de Introdução às Normas do Direito Brasileiro – LINB, que diretamente alcançam a atividade jurisdicional desta Corte de Contas, em especial a atividade de aplicação de sanções administrativas e de correção de atos irregulares. (...) Dito isso, é preciso conceituar o que vem a ser erro grosseiro para o exercício do poder sancionatório desta Corte de Contas. (...) Tomando como base esse parâmetro, o erro leve é o que somente seria percebido e, portanto, evitado por pessoa de diligência extraordinária, isto é, com grau de atenção acima do normal, consideradas as circunstâncias do negócio. O erro grosseiro, por sua vez, é o que poderia ser percebido por pessoa com diligência abaixo do normal, ou seja, que seria evitado por pessoa com nível de atenção aquém do ordinário, consideradas as circunstâncias do negócio. Dito de outra forma, o erro grosseiro é o que decorreu de uma grave inobservância de um dever de cuidado, isto é, que foi praticado com culpa grave."[43]

Com efeito, antes da edição da Lei Federal nº 13.655/2018, a jurisprudência nacional, a partir de diversos precedentes do Supremo Tribunal Federal, entendia por bem diferenciar os critérios de responsabilização do administrador e do advogado público parecerista[44].

41 A maior parte da doutrina civil e penal costuma reconhecer a existência de três graus de culpa: grave, leve e levíssima. Há, no entanto, sérias ressalvas a respeito da existência desta última modalidade. Sobre o tema, conferir CALIXTO, Marcelo Junqueira. *A culpa na responsabilidade civil* – estrutura e função. Rio de Janeiro: Renovar, 2008, p. 107-109.

42 "Na verdade, estão abrangidas na ideia de erro grosseiro as noções de imprudência negligência e imperícia, quando efetivamente graves – ou gravíssimas. (...) O importante é ponderar o equívoco com as motivações e os cuidados que foram tomados. Apenas casos graves poderão ensejar responsabilidade pessoal. Outros equívocos podem até significar algum tipo de ação de superior hierárquico (como perda de um cargo comissionado), mas não a aplicação de uma sanção". BINENBOJM, Gustavo; CYRINO, André. O art. 28 da LINDB. A cláusula geral do erro administrativo. *RDA – Revista de Direito Administrativo*. Rio de Janeiro: Fundação Getúlio Vargas. Edição Especial: Direito Público na Lei de Introdução às Normas de Direito Brasileiro, nov. 2018, p. 213-214. Também nesse sentido, ver FERRAZ, Luciano. *Alteração na Lindb e seus reflexos sobre a responsabilidade dos agentes públicos*. Disponível em <https://www.conjur.com.br/2018-nov-29/interesse-publico-lindb-questao-erro-grosseiro-decisao-tcu#author>. Acesso em 16 dez. 2018.

43 Brasil. Tribunal de Contas da União. Acórdão nº 2.391/2018, Relator Ministro Benjamin Zylmer, Plenário, julgado de 17.10.2018.

44 Faz-se menção aqui, em especial, aos seguintes precedentes: Brasil. Supremo Tribunal Federal. Mandado de Segurança 24.073/DF, Relator Ministro Carlos Velloso, Tribunal Pleno, julgado de 06.11.2002 e Mandado de Segurança nº 24.584/DF, Relator Ministro Marco Aurélio, Tribunal Pleno, julgado de 09.08.2007.

Este, ao emitir uma mera opinião jurídica, apenas responderia pela atuação administrativa em caso de dolo ou erro grosseiro. Já aquele, por ter o poder de atuar em nome do Estado, seria responsável sempre que incorresse em dolo ou em um erro juridicamente culpável (culpa simples). Apenas no caso de pareceres vinculantes, em que haveria uma partilha do poder decisório, advogado e administrador compartilhariam os mesmos critérios de responsabilização[45].

O artigo 28 da LINDB, porém, incrementou o grau de culpa exigido do administrador para que seja lícita sua responsabilização pessoal por atos praticados no exercício da função. Foram unificados os critérios para todos os agentes públicos, adotando-se os parâmetros já exigidos anteriormente pelo Supremo Tribunal Federal para a responsabilização dos advogados de Estado. Desse modo, parece ter sido superada a histórica distinção entre administradores e pareceristas.

Trata-se de política legislativa inspirada em motivos já tratados ao longo do livro. A inevitabilidade do erro, os excessos do controle e os decorrentes prejuízos ao processo decisório do administrador e a práticas de inovação e experimentalismo na gestão pública levaram o legislador infraconstitucional a tornar mais rígidos os requisitos para a responsabilização de agentes públicos por equívocos cometidos[46].

O erro grosseiro é conceituado como aquele que pode ser percebido mesmo por um indivíduo que tenha um nível de atenção aquém do normal[47]. No caso do administrador público, pode ser entendido como o equívoco que viola as exigências mais elementares de conhecimento e diligência de sua profissão, observadas as circunstâncias do caso concreto e as específicas imposições da função exercida.

Não se pode, assim, impor exigências extremamente rígidas para que se constate a escusabilidade de um equívoco cometido. A imposição do requisito do "erro grosseiro" para que seja lícita a responsabilização pessoal de agentes públicos exige a inequívoca constatação de uma culpa grave. Demanda, desse modo, um filtro restritivo na interpretação dos parâmetros a seguir construídos[48]. Em outros termos, a presença de responsabilidade pessoal do administrador público em caso de erro deve

---

45 Uma detida análise a respeito da jurisprudência brasileira, sobretudo do STF, consta de MENDONÇA, José Vicente Santos de. A responsabilidade pessoal do parecerista público em quatro standards. In: *Revista da AGU*, ano 9, nº 24, abr./jun. de 2010, p. 141-150.

46 SUNDFELD, Carlos Ari e MARQUES NETO, Floriano de Azevedo. Decisões públicas e seu controle. In: SUNDFELD, Carlos Ari (org.). *Contratações públicas e seu controle*. São Paulo: Malheiros, 2013, p. 279.

47 É esse o conceito adotado pelo civilista Sílvio de Salvo Venosa e pelo TCU no precedente mencionado linhas atrás: VENOSA, Sílvio de Salvo. Direito civil: parte geral. 8ª ed. São Paulo: Atlas, 2008, p. 378-379 e Brasil. Tribunal de Contas da União. Acórdão nº 2.391/2018, Relator Ministro Benjamin Zylmer, Plenário, julgado de 17.10.2018.

48 A exigência de uma interpretação restritiva dos parâmetros de responsabilização pessoal de agentes públicos, mais especificamente de advogados pareceristas, é sugerida em MENDONÇA, José Vicente Santos de. A responsabilidade pessoal do parecerista público em quatro standards. In: *Revista da AGU*, ano 9, nº 24, abr./jun. de 2010, p. 157.

ser submetida a um controle deferente dos órgãos responsáveis, que, sobre o ponto, devem assumir uma postura autorrestritiva[49].

O erro escusável é um conceito jurídico indeterminado e, por isso, possui uma zona de certeza positiva, negativa e de penumbra[50]. A exigência de culpa grave pelo artigo 28 da LINDB funciona aqui como um critério de desempate. Se, após a análise do grau de incidência de todos os parâmetros apresentados ao longo deste capítulo, permanecer dúvida a respeito inescusabilidade ou não de um equívoco cometido (o que ocorrerá na chamada zona de penumbra), a responsabilidade pessoal não poderá ser imputada. *In dubio pro administrator*.

Como metodologia de trabalho, portanto, deve-se interpretar os *standards* de responsabilização pessoal do gestor a seguir construídos de maneira restritiva, retrospectiva e considerando-se as peculiaridades objetivas do caso concreto e as específicas exigências do cargo exercido.

5.3. Parâmetros para a análise da tolerabilidade do erro

Ao se deparar com um equívoco cometido por um gestor público, é preciso que os órgãos de controle analisem a presença de uma série de elementos que influenciarão no grau de culpabilidade presente e, por consequência, na potencial responsabilidade civil e administrativa de seu fiscalizado. Como visto no item anterior, apenas erros grosseiros, em que seja constatada uma culpa de natureza grave, autorizam a responsabilização pessoal.

Assim, após apresentada a metodologia que parece mais adequada às peculiaridades do regime jurídico administrativo, nos próximos tópicos serão construídos os *standards* que permitem avaliar a tolerabilidade dos equívocos cometidos por administradores públicos no exercício de suas funções. Destaque-se, desde já, que a verificação dos parâmetros em cada caso concreto ocorrerá em uma escala de graus, e não na modalidade "tudo ou nada". A sua maior ou menor presença, a depender do *standard* analisado, influenciará na escusabilidade ou não do erro cometido.

A partir do peculiar regime jurídico de responsabilização pessoal de agentes públicos, é possível desenvolver os quatro seguintes parâmetros operacionais.

---

49 Sobre o significado de controle deferente, ver JORDÃO, Eduardo. *Controle judicial de uma administração pública complexa*: a experiência estrangeira na adaptação da intensidade do controle. São Paulo: Malheiros: SBDP, 2016, p. 50.

50 BINENBOJM, Gustavo. *Uma teoria do direito administrativo*: direitos fundamentais, democracia e constitucionalização. 2ª ed. Rio de Janeiro: Renovar, 2008, p. 222.

5.3.1. Diligência

5.3.1.1. Os elementos da diligência

A tolerabilidade jurídica do erro depende, como primeiro parâmetro, do atendimento a um grau mínimo de diligência na realização de uma decisão. Quanto mais intenso for o nível de diligência do gestor na instrução de seu processo decisório, maior será o espaço de tolerância ao cometimento de erros[51].

Com efeito, o administrador público, para que realize uma escolha devidamente informada, deve instruir seu processo decisório com um mínimo de dados relevantes. Sob pena de incorrer em culpa, o cumprimento do dever de diligência depende da coleta prévia de uma quantidade mínima de dados jurídicos e técnicos necessários para a tomada de uma determinada decisão. Constatado o cometimento de um erro pelo gestor, os órgãos de controle devem avaliar se as informações por ele angariadas foram *relevantes* e *suficientes*.

Informações jurídicas relevantes são aquelas relacionadas ao conteúdo e à forma de uma escolha administrativa[52]. A licitude do objeto, dos motivos e da finalidade da decisão, a competência da autoridade, a ausência de conflito de interesses[53], o grau de discricionariedade envolvido, a necessidade ou não de observância de formalidades prévias (como licitações, concursos, audiências e consultas públicas), a presença de motivação adequada, entre outros aspectos, devem, a depender do caso, ser submetidos a uma anterior análise do respectivo órgão jurídico.

Dados técnicos, por um critério de exclusão, são aqueles oriundos de disciplinas não jurídicas, como a engenharia, a economia e as ciências contábeis. Como exemplo de informação técnica relevante à tomada de uma decisão administrativa, estudos a

---

51 Igualmente, para a doutrina administrativista espanhola, "o alcance do erro depende, em qualquer ordem jurídica, do assessoramento ou das informações com as quais [o autor] tenha contado ou com as quais deveria ter contado para saber de sua ilegalidade ou da alta probabilidade de sua ilegalidade". No original, "el alcance del error depende, en cualquier orden jurídico, del asesoramiento o información con que haya contado o con el que debía haber contado para conocer su antijuridicidad o la alta probabilidad de su antijuridicidad". GAVÍN, Ignacio Pemán. *El sistema sancionador español* (hacia una teoría general de las infracciones y sanciones administrativas). Barcelona: Cedecs, 2000, p. 323.

52 O conteúdo e a forma correspondem aos requisitos intrínsecos e extrínsecos do ato administrativo, conforme a doutrina MELLO, Celso Antônio Bandeira de. *Curso de Direito Administrativo*. 32ª ed. São Paulo: Malheiros, 2015, p. 401-402.

53 O conflito de interesses, entendido como uma situação de discrepância entre interesses públicos e o interesse do tomador de decisão, não necessariamente decorrerá de sua má-fé, o que desqualificaria a presença do erro. Basta pensar na hipótese de contratação de uma sociedade que tenha como sócio minoritário um parente do gestor, sem que ele tenha conhecimento do fato. A Lei nº 12.813/2013, embora direcionada apenas aos cargos e empregos que integram a Administração Federal, estabelece alguns padrões objetivos para aferição do conflito de interesses.

respeito do perfil geológico do solo são essenciais para instruir a escolha de construção de um imóvel público em determinado local[54].

A partir do que dispõe o artigo 20, *caput*, da LINDB, as consequências práticas também devem ser consideradas como dados relevantes à tomada de decisão e integram os elementos da diligência. A opção pelo administrador público, ao modelar uma licitação para a concessão de uma rodovia, em adotar o tipo de licitação maior outorga, conforme autoriza o artigo 15, II, da Lei Federal nº 8.987/95, pode ter como consequência prática a fixação de tarifas elevadas pelo concessionário. Isso porque, como a menor tarifa não é considerada para fins de julgamento da licitação, o concessionário tenderá a elevar as tarifas cobradas dos usuários como forma de absorver o preço pago pela outorga[55]. Tal potencial consequência deve ser considerada pelo gestor no momento da elaboração do edital.

Sobre o ponto, recorde-se que, de acordo com a metodologia adotada no presente livro[56], ao se analisar o atendimento ao dever de diligência pelo gestor em razão da consideração prévia das consequências práticas de sua decisão, é preciso avaliar a época em que ela foi proferida. Nesse momento, somente se levará em conta se, previamente à tomada de decisão, foram levadas em conta as possíveis consequências que dela poderiam advir.

A efetiva verificação posterior de consequências positivas ou negativas que não poderiam ter sido razoavelmente previstas à época em que a decisão foi levada a efeito (as já mencionadas *unanticipated consequences*[57]) não influenciará na análise do grau de diligência do agente público. As decorrências efetivamente verificadas a partir da atuação administrativa apenas devem ser levadas em conta no momento da fixação e dosimetria da pena, caso constatado ser o erro cometido inescusável, conforme se extrai do artigo 22, §2º, da LINDB[58].

---

54 O TCU já responsabilizou pessoalmente gestores públicos em razão da elaboração de projetos básicos deficientes por não incluírem a realização de estudos geológicos relativos à área em que a obra pública se realizará. Nesse sentido, por exemplo, Brasil. Tribunal de Contas da União. Acórdão nº 2.158/2015, Relator Ministro Marcos Bemquerer, Plenário, julgado de 26.08.2015.

55 JUSTEN FILHO, Marçal. *Teoria geral das concessões de serviço público*. São Paulo: Dialética, 2003, p. 68-72

56 A importância da análise retrospectiva dos parâmetros por parte dos órgãos de controle foi desenvolvida no item 5.2.2, *supra*.

57 MERTON, Robert K. The unanticipated consequences of purposive social action. *American Sociological Review*, vol. 1, nº 6, dezembro de 1936.

58 Segundo o dispositivo, na aplicação da sanção, devem ser consideradas a natureza e a gravidade da infração, bem como os danos que dela provierem à Administração Pública. De forma semelhante, Eduardo Jordão afirma que "o art. 22 requer consideração das circunstâncias mencionadas no tópica acima, no momento da fixação da sanção administrativa". JORDÃO, Eduardo. Art. 22 da LINDB. Acabou o romance: reforço do pragmatismo no direito público brasileiro. *RDA – Revista de Direito Administrativo*. Rio de Janeiro: Fundação Getúlio Vargas. Edição Especial: Direito Público na Lei de Introdução às Normas de Direito Brasileiro, nov. 2018, p. 85.

Obviamente, nem todas as informações jurídicas e técnicas são relevantes para a tomada de decisão. A sua essencialidade variará de acordo com cada caso concreto e com o momento em que o processo decisório ocorreu. Assim como a modificação de textos normativos e entendimentos jurisprudenciais pode alterar a exigência de consultas jurídicas prévias à decisão, o advento de novas tecnologias pode exigir do gestor a reunião de novas informações técnicas ou tornar inúteis diligências antes tidas por essenciais. Mais uma vez é preciso que se analise a relevância da informação à época do processo decisório.

Em algumas hipóteses, a legislação obriga que o administrador consulte órgãos jurídicos ou técnicos a respeito de determinada informação ao seu processo decisório. O próprio legislador presume, *ex ante*, a sua relevância nos casos especificados[59]. O artigo 38, parágrafo único, da Lei Federal nº 8.666/93, *e.g.*, determina que as minutas de editais de licitação e de contratos, convênios e acordos administrativos, sejam previamente examinadas e aprovadas pela assessoria jurídica do respectivo órgão ou entidade[60].

Outro exemplo é o artigo 186, §3º, da Lei Federal nº 8.112/90. O dispositivo exige que o servidor público que pretende se aposentar por invalidez se submeta à análise de uma junta médica oficial. Somente após consultado o referido órgão técnico e emitido um parecer médico a respeito da incapacidade do agente público para o desempenho das atribuições do cargo, portanto, poderá o administrador conceder-lhe a aposentadoria por invalidez[61].

A depender das peculiaridades em questão, a ausência de solicitação de um parecer jurídico ou técnico que a lei exija para a tomada da decisão administrativa poderá caracterizar violação ao dever de diligência por parte do administrador e, por

---

59 "São muitas as hipóteses em que a autoridade competente para praticar determinado ato administrativo depende da prévia manifestação de órgão técnico ou jurídico. É o que ocorre no tombamento, na outorga de licença-saúde ou de aposentadoria por invalidez, na licença para construir, na aplicação de penalidades administrativas, na execução de obras públicas e tantas outras. Além disso, na quase totalidade dos processos administrativos, a autoridade administrativa, para fundamentar a sua decisão, depende de pareceres jurídicos emitidos por advogados públicos, que exercem a atividade de consultoria com fundamento nos artigos 131 e 132 da Constituição.". DI PIETRO, Maria Sylvia Zanella. Artigo 27. In: PEREIRA, Flávio Henrique Unes (coord.). *Segurança jurídica e qualidade das decisões públicas*: desafios de uma sociedade democrática. Brasília: Senado Federal, 2015, p. 36.

60 O caráter obrigatório da consulta prévia ao órgão jurídico decorre da interpretação realizada pelo Supremo Tribunal Federal da referida norma no já mencionado Mandado de Segurança nº 24.584/DF. Nesse sentido, PEREIRA JUNIOR, Jessé Torres; DOTTI, Marinês Restelatto. Responsabilidade da assessoria jurídica no processo administrativo das licitações e contratações. *Fórum de Contratação e Gestão Pública – FCGP*, Belo Horizonte, ano 10, n. 114, jun. 2011, p. 28.

61 Ressalte-se, porém, que a aposentadoria é exemplo de ato administrativo vinculado. Preenchidos os requisitos legais, a Administração tem o dever de emiti-lo, conforme MELLO, Celso Antônio Bandeira de. *Curso de Direito Administrativo*. 32ª ed. São Paulo: Malheiros, 2015, p. 410.

conseguinte, a inescusabilidade de eventual erro por ele cometido[62]. No entanto, ver-se-á nos próximos tópicos que há fatores, como a urgência da solução administrativa e as dificuldades materiais enfrentadas, que poderão justificar a omissão na coleta dessas informações.

De outro lado, o caso concreto poderá demandar do gestor a solicitação de opiniões técnicas ou jurídicas que não se encontrem especificadas em lei ou em qualquer ato normativo. Em geral, para que atenda ao comando normativo contido no artigo 26, parágrafo único, inciso I, da Lei Federal nº 8.666/93 e justifique a dispensa de licitação por urgência, bastará que o agente público, de próprio punho, ateste a emergência em questão.

Por vezes, porém, será preciso que recorra a órgãos com *expertises* específicas, cuja consulta não é expressamente exigida pelo referido diploma legal, como no caso de uma encosta que ameaça desabar sobre imóveis residenciais e, por isso, demanda a realização de imediatas obras de contenção pelo Poder Público. Nessa hipótese, em regra, apenas um laudo técnico poderá atestar o caráter emergencial de tal situação.

Assim como ocorre com sua relevância, a suficiência das informações agregadas pelo administrador público dependerá das particularidades do caso concreto. Somente diante de uma situação específica será possível avaliar se os dados que instruíram a decisão foram bastantes para subsidiar uma decisão bem informada. Tal julgamento será influenciado por diferentes fatores, a serem tratados nos próximos tópicos.

Antes que se passe ao específico exame de tais elementos, porém, cumpre recordar uma importante ressalva a respeito dos limites cognitivos do gestor. Conforme desenvolvido no segundo capítulo, é virtualmente inviável a qualquer administrador acessar e considerar todas as informações que tenham alguma relevância para a solução do problema. Há uma quantidade quase infinita de dados potencialmente disponíveis, sendo, em tese, sempre possível agregar mais informações ao processo decisório[63].

O administrador, porém, possui tempo e recursos escassos e um conjunto relativamente indefinido de decisões a tomar. A busca de novas informações possui um custo que, em determinados casos, supera os prejuízos econômicos e sociais decorrentes do risco de um equívoco decisório. Assim como existe um tempo ideal na tomada de decisões institucionais, há um ponto ótimo na procura por dados necessários à sua instrução[64]. Não se deve exigir que o gestor reúna todas as informações relevantes à

---

62 Em algumas ocasiões, o TCU responsabilizou administradores que incorreram em equívocos decisórios que, supostamente, decorreram da ausência de solicitação de parecer obrigatório da assessoria jurídica competente, como, por exemplo, em Brasil. Tribunal de Contas da União. Acórdão nº 2.158/2011, Relator Ministro Augusto Sherman, 2ª Câmara, julgado de 05.04.2011.

63 O ponto é desenvolvido no item 2.4, *infra*.

64 "Um raciocínio padrão na economia da informação é que os tomadores de decisão devem investir na coleta de dados até o ponto em que os (crescentes) custos marginais de fazê-lo se igualem aos benefícios marginais esperados de informações adicionais (Stigler, 1961)". Tradução livre. No original, "A standard line in the economics of information is that decisionmakers should invest

tomada de decisão, mas sim avaliar se elas eram razoavelmente acessíveis diante do contexto decisório[65].

Aproveitando-se do exemplo em que uma encosta aparentemente ameaça desmoronar, imagine a hipótese em que os primeiros estudos tenham constatado a existência de um pequeno risco de desabamento. No entanto, o preço de realização de pesquisas adicionais (que poderiam aumentar o grau de certeza sobre a emergência) é superior ao da própria obra.

Nesse caso, ao menos em princípio, não faz sentido que o administrador vá em busca de informações adicionais, na medida em que o custo do erro – consistente na realização de obras públicas inúteis – é inferior ao da diligência que tem por finalidade evitá-lo. A realização da obra será mais eficiente, ainda que o risco não esteja totalmente apurado, do que buscar mais informações a um custo maior do que a própria intervenção. Além disso, a urgência da situação, parâmetro que é objeto do próximo tópico, requer rapidez do Poder Público na solução a ser apresentada.

5.3.1.2. Urgência da decisão

O primeiro elemento que influencia o grau de diligência exigível do administrador e que, por isso, deve ser considerado pelos órgãos de controle ao avaliar a tolerabilidade de equívocos decisórios cometidos é a urgência da decisão a ser tomada. O parâmetro ora construído funciona da seguinte maneira: quanto mais imediata é a

in gathering information just up to the point at which the (increasing) marginal costs of doing so equal the expected marginal benefits of further information (Stigler 1961).". VERMEULE, Adrian. Rationally Arbitrary Decisions (in Administrative Law). *Harvard Law School Public Law & Legal Theory Working Paper Series*, paper nº 13-24. Disponível em <https://papers.ssrn.com/sol3/papers.cfm?abstract_id=2239155&download=yes>. Acesso em 21 dez. 2018. A ideia de Adrian Vermeule é baseada no seguinte artigo do economista George Joseph Stigler: STIGLER, George Joseph. The Economics of Information. The University of Chicago Press: *Journal of Political Economy*, vol. 69, nº 3, junho de 1961.

65 É esse o entendimento da jurisprudência norte-americana a respeito do preenchimento do dever de diligência por parte de administradores de companhias privadas, conforme decidido pela Suprema Corte de Delaware em *Brehm v. Eisner* (746 A.2D 244, 2000): "o parâmetro para julgar o componente informacional da tomada de decisão do diretor não significa que o conselho deve ser informado de todos os fatos. O conselho é responsável por considerar apenas os fatos materiais que são razoavelmente disponíveis, e não aqueles que são imateriais ou fora de razoável alcance". No original, "the standard for judging the informational component of the director's decision making does not mean that the board must be informed of every fact. The board is responsible for considering only material facts that are reasonable available, not those that are immaterial or out of the board's reasonable reach". O precedente é mencionado em BRIGAGÃO, Pedro Henrique Castello. *A Administração de Companhias e a Business Judgement Rule*. São Paulo: Quartier Latin, 2017, p. 137.

solução requisitada da Administração Pública, menor é o nível de diligência a ser exigido do gestor no caso concreto[66].

O argumento que o justifica é simples. Como visto no capítulo 4, as decisões institucionais possuem um tempo ótimo e a demora em decidir pode causar sérios prejuízos ao interesse público e até mesmo tornar inútil qualquer ação por parte do Poder Público[67]. Na hipótese apresentada no item anterior, o excesso de planejamento decisório pode impedir que o ente público aja de maneira célere e, assim, evite um desastre: o desmoronamento da encosta sobre imóveis residenciais.

Questões emergenciais demandam escolhas administrativas rápidas e, em regra, menos diligentes e refletidas. É preciso tempo para a reunião de informações relevantes à tomada de decisão. Em geral, semanas ou até meses são necessários para que o administrador público realize pesquisas de preço a respeito do bem, serviço ou obra que deseja contratar, solicite e aguarde a elaboração de estudos jurídicos e técnicos a respeito de matérias complexas e reúna outros documentos e dados pertinentes ao seu processo decisório.

A incidência de erros, contudo, tende a ser maior quanto mais célere e desinformada for a decisão. A ausência de dados relevantes e a impossibilidade de reflexões mais profundas a respeito do problema e de alternativas de solução tendem a gerar equívocos na apreciação pelo administrador público dos elementos factuais e jurídicos que envolvem a decisão a ser tomada. Nesses casos, opções costumam ser feitas de maneira mais intuitiva e menos racional[68].

Na hipótese de decisões urgentes, portanto, eventuais erros podem ser justificados pela sua necessária agilidade. A tolerância jurídica ao cometimento de equívocos decisórios, em outros termos, deve ser ampliada de acordo com o grau de urgência da solução demandada do gestor, tendo em vista o pouco tempo disponível para a tomada de decisão.

---

66 Parâmetro semelhante é sugerido por Marçal Justen Filho em relação ao grau de diligência exigido da Administração em licitações e contratações públicas: "Quanto maior a extensão temporal de que dispuser a Administração, tanto mais extensas e cuidadosas deverão ser as formalidades da Administração para evitar contratação nociva e assegurar a mais ampla participação possível de interessado". JUSTEN FILHO, Marçal. *Comentários à Lei de Licitações e Contratos Administrativos*. 15ª ed. São Paulo: Dialética, 2012, p. 348.

67 O argumento é apresentado no item 4.4.3 do capítulo anterior.

68 "O processo intuitivo incorpora um número maior de variáveis, já que fatores emocionais, políticos, de oportunidade e de sensibilidade permeiam todo o processo decisório, desde as etapas iniciais, reduzindo as visões racional-analíticas da decisão. Por isso, o juízo intuitivo do dirigente, baseado no conhecimento e na experiência do contexto, pode levar a melhores decisões do que a ênfase nas técnicas racionais de otimização. Embora as técnicas racionais possam prever melhor erros e riscos, pode-se considerar, conforme Mintzberg, que as técnicas analíticas de decisão, após serem recebidas com entusiasmo, são expulsas pelas portas dos fundos das empresas". MOTTA, Paulo Roberto. Razão e intuição: recuperando o ilógico na teoria da decisão gerencial. *Revista de Administração Pública*: Rio de Janeiro, volume 22, nº 3, 1998, p. 88.

Não se quer dizer aqui que a urgência da situação necessariamente isentará de qualquer responsabilidade o administrador que tenha sido pouco diligente e, por esse motivo, tenha incorrido em erro no exercício de suas funções. Somente a análise do caso concreto e do grau de incidência dos demais parâmetros poderá determinar sua responsabilidade civil e administrativa.

Além disso, ver-se-á que o nível de incerteza e imprevisibilidade da emergência é elemento fundamental na análise da escusabilidade do erro[69]. Não raro, a urgência de determinada situação decorre de uma falta de planejamento culposo ou mesmo intencional do agente público, e não de um caso fortuito ou de força maior. É o que a doutrina e a jurisprudência costumam denominar de "emergência fabricada". O erro, nesses casos, poderá ser juridicamente inescusável justamente em razão da previsibilidade e evitabilidade da urgência provocada[70].

Ressalve-se, ainda, que as decisões administrativas possuem diferentes níveis de urgência, o que influenciará de maneira inversamente proporcional o grau de diligência exigido. Há um notável descompasso entre a emergência envolvida no fato de todos os elevadores de uma repartição que desempenhe um serviço burocrático estarem quebrados e na falta de medicamentos ou equipamentos médicos em um hospital público. Embora ambas as situações possam ser consideradas urgentes, há de se concordar que sua intensidade é distinta[71].

No primeiro caso, a demora do administrador em solucionar o problema em razão do período necessário para a reunião de informações relevantes pode gerar desconforto momentâneo em servidores e visitantes, que terão de usar as escadas por mais tempo, ou até mesmo impossibilitar que pessoas com dificuldades de locomoção cheguem nos andares mais altos. No entanto, ao contrário do que ocorre no segundo, não acarretará risco para a vida de seres humanos, considerando que os elevadores em mau funcionamento sejam prontamente interditados[72].

Em situações de calamidade pública, por outro lado, o nível de urgência é extremo e, por conseguinte, o grau de diligência exigido do administrador é mínimo. Nesses casos, diversas medidas imediatas são exigidas da Administração, como é o caso da realização de resgates e atendimentos médicos a um número elevado de vítimas, da

---

69 O tema será tratado no item 5.3.3, *supra*.

70 ROCHA, Cármen Lúcia Antunes. Conceito de urgência no Direito Público brasileiro. *Revista Trimestral de Direito Público*. Belo Horizonte, nº 60, jan./mar. 2015, p. 302.

71 O exemplo é apresentado em MOREIRA NETO, Diogo de Figueiredo; GARCIA, Flávio Amaral. Desastres naturais e as contratações emergenciais. *RDA – Revista de Direito Administrativo*. Rio de Janeiro: Fundação Getúlio Vargas, v. 265, 2014, p. 161.

72 MOREIRA NETO, Diogo de Figueiredo; GARCIA, Flávio Amaral. Desastres naturais e as contratações emergenciais. *RDA – Revista de Direito Administrativo*. Rio de Janeiro: Fundação Getúlio Vargas, v. 265, 2014, p. 161-162.

aquisição de medicamentos e mantimentos para desabrigados e desobstrução de vias públicas interditadas[73].

A demanda de ações de extrema urgência por parte do Poder Público poderá exigir[74] que o gestor deixe de reunir informações importantes em prol da celeridade na tomada de decisão. Em hipóteses limite, inclusive, será preciso que o administrador dispense diligências determinadas de forma expressa em lei.

No caso de desastres naturais, *e.g.*, poderá não ser viável a realização de prévia cotação de preço para a aquisição de bens e serviços essenciais ao atendimento da população ou mesmo a celebração de um instrumento contratual com os respectivos fornecedores, embora tais diligências sejam exigidas em contratações emergenciais pelos artigos 26, parágrafo único, inciso III, e 60, parágrafo único, da Lei nº 8.666/93. Tal opinião é manifestada pelos professores Diogo de Figueiredo Moreira Neto e Flávio Amaral Garcia ao criticar exigências realizadas por órgãos de controle a diversos municípios da Região Serrana do Estado do Rio de Janeiro, devastados pelas chuvas de janeiro de 2011:

> "Ora, desastres naturais e grandes catástrofes não podem receber, do intérprete e aplicador das normas, um tratamento idêntico ao de demandas quotidianas e rotineiras do setor público, e mesmo ao de demandas que sejam emergenciais, porém não relacionadas a risco à vida e a periclitação de outros direitos fundamentais das pessoas. A razão está em que a utilização dos mesmos parâmetros e critérios do processo ordinário de contratação ou dos mesmos modelos de controle, em casos nos quais, inevitavelmente, se está diante da impossibilidade do atendimento literal das formalidades exigidas pela lei, pode levar, com alta probabilidade, a resultados desastrosos, com perdas de vidas humanas, superpondo valores instrumentais, válidos, mas obviamente secundários, a valores substanciais e primários, por isso sob a alta proteção principiológica constitucional. (...) É irreal pressupor que a escolha das empresas no cenário de catástrofes naturais possa aguardar a cotação de, no mínimo, três delas, tal qual ocorre com situações de emergência com menor gravidade. É irreal pressupor que o início da execução dos serviços possa aguardar a formalização do contrato e extrair da ausência de prévio contrato formal uma nulidade absoluta."[75]

---

73 MOREIRA NETO, Diogo de Figueiredo; GARCIA, Flávio Amaral. Desastres naturais e as contratações emergenciais. *RDA – Revista de Direito Administrativo*. Rio de Janeiro: Fundação Getúlio Vargas, v. 265, 2014, p. 152-167.

74 Não há discricionariedade por parte do administrador em dispensar o certame licitatório se a sua realização puder ocasionar prejuízo ou comprometer a segurança de pessoas, segundo MARQUES NETO, Floriano de Azevedo. Contratação direta por emergência: situação calamitosa – irrelevância dos fatores causadores da situação emergencial. *Revista Trimestral de Direito Público*, nº 21, 1998, p. 130. Utilizando-se do mesmo raciocínio, entende-se que, se a realização de diligências e o consequente adiamento da decisão puder colocar em risco a vida de cidadãos, é dever – e não uma faculdade – do gestor público dispensá-las.

75 MOREIRA NETO, Diogo de Figueiredo; GARCIA, Flávio Amaral. Desastres naturais e as contratações emergenciais. RDA – Revista de Direito Administrativo. Rio de Janeiro: Fundação Getúlio Vargas, v. 265, 2014, p. 153.

Eventuais equívocos cometidos em tais situações de calamidade, como é o caso da contratação de serviços ou aquisição de produtos por preço acima do mercado, decorrente de sua deficiente cotação, poderão, a depender das peculiaridades do caso concreto, ser justificados pela emergência da situação[76].

O grau de diligência exigido do administrador público, portanto, será tanto menor quanto maior for a urgência da decisão a ser tomada no caso concreto. Em hipóteses emergenciais, consequentemente, o espaço de tolerância jurídica ao cometimento de equívocos decisórios deve ser ampliado.

5.3.1.3. Relevância da decisão

O segundo fator que influi no grau de diligência exigido do gestor público em sua atuação funcional é a importância da decisão administrativa em questão. O parâmetro funciona de forma inversa ao anterior: quanto maior a relevância da escolha a ser feita pelo administrador, maior também deve ser o nível de diligência dele exigido e, portanto, menor o espaço de tolerância a erros[77].

A razão para tanto também é simples e semelhante à apresentada no tópico antecedente. Como visto, a incidência de equívocos tende a ser menor quanto maior for a diligência do agente público. Decisões mais refletidas e informadas costumam evitar falhas na intepretação dos elementos fáticos e jurídicos necessários à tomada de decisão.

Porém, a reunião de dados relevantes e a realização de reflexões profundas a respeito da escolha a ser realizada tomam tempo e recursos da Administração Pública. A realização de estudos técnicos, a elaboração de pareceres, a coleta de documentos pertinentes e o aprofundamento de outras diligências geram custos econômicos relevantes ao Estado.

O grau de cautela, desse modo, deve ser justificado pela relevância da matéria que é objeto da decisão. Não se espera que o administrador público seja de-

---

76 É controverso, porém, que o pagamento de preços altos em situações de calamidade necessariamente decorreria de um equívoco do gestor. Para alguns economistas, sobretudos os adeptos da escola austríaca, o suposto "lucro excessivo", ao menos em um livre mercado, seria uma mera decorrência da grande discrepância entre a produção de um serviço ou produto e a sua demanda pelo público, conforme MISES, Ludwig von. *In a free market, no profit is "excessive"*. Disponível em <https://mises.org/wire/free-market-no-profit-excessive>. Acesso em 06 jan. 2019. Sobre a possibilidade de controle de preço em situações emergenciais, ver BARROSO, Luís Roberto. A ordem econômica constitucional e os limites à atuação estatal no controle de preços. *RDA – Revista de Direito Administrativo*. Rio de Janeiro: Fundação Getúlio Vargas, v. 226, 2001, p. 209-211. Na filosofia, ver SANDEL, Michael J. *Justiça* – o que é fazer a coisa certa. 4ª ed. Rio de Janeiro: Civilização Brasileira, 2011, p. 11-18.

77 Destaque-se mais uma vez que o grau de importância da decisão não é definitivo na análise da tolerabilidade do erro do administrador, sendo essencial a análise em conjunto dos demais parâmetros fixados.

masiadamente diligente ao realizar escolhas pouco relevantes, como é o caso de pequenas e esporádicas aquisições. O excesso de diligências, nesses casos, revelará ineficiência na administração do estoque decisório. De outro lado, em escolhas especialmente importantes, demanda-se um grau de prudência superior ao usual. A escassez de tempo e recursos determina que decisões sejam hierarquizadas pelo gestor[78].

A própria legislação costuma impor diligências em geral dispensadas ou exonerar o agente público de certas precauções mínimas de acordo com o grau de relevância da decisão. O artigo 39 da Lei 8.666/93, *e.g.*, exige a realização de audiências públicas antes da publicação de edital de licitações cujo objeto tenha valor estimado superior a trezentos e trinta milhões de reais[79]. Já o artigo 60, parágrafo único, do referido diploma legal chega a autorizar a celebração de contratos verbais no caso de pequenas compras realizadas mediante pronto pagamento.

Mesmo quando a lei é silente, porém, os custos envolvidos e o dever de eficiência administrativa impõem que haja alguma coerência entre a relevância da decisão a ser tomada e os cuidados que devem ser assumidos pelo gestor em seu processo decisório. Mais uma vez, o espaço de tolerância ao cometimento de equívocos acompanhará o grau de diligência dele exigido.

Justificado o parâmetro, cumpre investigar o que se entende por relevância da decisão administrativa. A importância da escolha realizada pode ser avaliada por meio de critérios econômicos ou não econômicos, considerando, nesse último caso, elementos sociais, ambientais, políticos e jurídicos[80].

Do ponto de vista *econômico*, uma decisão será importante quando tiver o potencial de impactar de forma relevante as finanças do próprio ente público ou de outros agentes do mercado. Exemplo disso é o processo decisório de celebração e modelagem de uma parceria público-privada, espécie de concessão pública reservada a grandes investimentos[81]. Os vultosos valores envolvidos e o comprometimento das finanças do ente por longo período justificam um grau acentuado de cautela por parte

---

78 SIMON, Herbert Alexander. *Administrative behavior*: a study of decision-making processes in administrative organizations. 4ª ed. Nova Iorque: The Free Press, 1997, p. 4-5.

79 Está-se tomando em consideração aqui os valores previstos no artigo 23, I, alínea "c", da Lei n 8.666/93 atualizados de acordo com o Decreto Federal nº 9.142/2018.

80 São esses, com exceção da relevância ambiental, os critérios eleitos pelo legislador para a presença de repercussão geral, requisito essencial à admissibilidade de Recursos Extraordinários, conforme disposto no artigo 1.035, §1º, do Código de Processo Civil.

81 Os contratos de parceria público-privada devem envolver recursos superiores a dez milhões de reais e prazo de execução de, no mínimo, cinco anos, conforme artigo 2º, §4º, I e II, da Lei 11.079/04. São reservadas, assim, a grandes investimentos, como aqueles relacionados ao setor de infraestrutura. Sobre o tema, conferir WALD, Arnoldo. As PPPs e a infra-estrutura. In: *Revista de Direito da Associação dos Procuradores do Novo Estado do Rio de Janeiro*, vol. XVII. Parcerias Público-Privadas. Coord. Flávio Amaral Garcia. Rio de Janeiro: Lumen Juris, 2006.

do administrador, o qual se reflete nas exigências que a própria legislação aplicável traz para a celebração desses contratos[82].

A relevância econômica da decisão já foi considerada pelo Tribunal de Contas da União como fator essencial na análise do cumprimento do dever de diligência do administrador e da tolerabilidade do erro por ele cometido. No caso em questão, que envolvia obras bilionárias realizadas na Refinaria Abreu e Lima, o gestor teria, de forma não intencional, praticado ato que violava dispositivo expresso do Regulamento de Procedimento Licitatório da Petrobras vigente à época (Decreto nº 2.745/98)[83]. O Tribunal entendeu que o erro em questão seria grosseiro, na medida em que os elevados recursos envolvidos na contratação em tela demandavam cuidados especiais por parte do administrador:

> "Ao contrário do Parquet, entendo que a conduta da responsável se enquadra no disposto no art. 28 da nova LINDB, que prevê a responsabilização pessoal do agente público por suas decisões ou opiniões técnicas em caso de dolo ou erro grosseiro. (...) Avalio que o descumprimento literal de importante cláusula do Regulamento Licitatório da Petrobras possa ser tipificado como erro grosseiro, precipuamente no caso em que ora se examina, envolvendo licitações de bilhões de reais, que tiveram que ser repetidas após todas as propostas se situarem em valores superiores aos limites admitidos pela Petrobras. Pelo elevado vulto e importância das contratações, seria esperado da ex-gestora um especial zelo na prática de atos"[84]

A relevância de uma decisão administrativa pode decorrer, ainda, de aspectos não econômicos. Do ponto de vista *social e ambiental*, tem-se como exemplo a escolha do agente público em promover ou não uma regularização fundiária em Área de Preservação Permanente ("APP") ocupada de forma irregular por população de baixa renda. As APPs são áreas de extrema importância para a preservação de recursos ambientais, sendo, por isso, vedada a supressão da vegetação nelas localizada, o que é excepcionado justamente em hipóteses de interesse social[85].

---

82 Os incisos do artigo 10 da Lei nº 11.079/04 estabelecem uma série de diligências a serem cumpridas de forma prévia à própria abertura do processo licitatório, como, por exemplo, a elaboração de estudo técnico que avalie o potencial comprometimento das metas de resultados fiscais (inciso I), a realização de estimativa dos recursos públicos suficientes para o cumprimento das obrigações assumidas pela Administração (inciso IV) e a submissão da minuta do edital e do contrato à consulta pública (inciso VI).

83 Maiores detalhes a respeito da decisão encontram-se em MOTTA, Fabrício. *Ainda sobre o debate em torno do conceito de "erro grosseiro"*. Disponível em <https://www.conjur.com.br/2018-dez-13/ainda-debate-torno-conceito-erro-grosseiro>. Acesso em 06 jan. 2019.

84 Brasil. Tribunal de Conta da União. Acórdão nº 2.677/2018, Relator Ministro Benjamin Zylmer, Plenário, julgado de 21.11.2018.

85 A regularização fundiária por motivos sociais de núcleos urbanos que ocupam Áreas de Preservação Permanente é autorizada pelos artigos 8º e 64 do Código Florestal (Lei Federal nº 12.651/2012).

Por fim, a decretação de uma intervenção federal ou estadual, autorizada nas hipóteses elencadas pelo artigo 34 da Constituição da República, é exemplo de decisão que gera um relevante impacto sob o prisma *político e jurídico*, na medida em que representa uma excepcional relativização da autonomia do ente federativo[86]. Por esse motivo, também demanda um especial grau de diligência por parte do Chefe do Poder Executivo Federal ou Estadual, conforme o caso.

5.3.1.4. Obstáculos materiais à obtenção de informações relevantes

Como último fator de influência no nível de diligência exigido do administrador público, tem-se a presença de circunstâncias fáticas que tenham limitado a atuação do agente no caso concreto[87]. Em específico, a existência de obstáculos materiais à obtenção de informações relevantes tem o condão de reduzir o grau de diligência exigido do gestor e, por consequência, ampliar o espaço de tolerância ao cometimento de equívocos decisórios.

Com efeito, viu-se acima que o artigo 22 da LINDB determina que, na interpretação de normas sobre gestão pública, devem ser considerados os obstáculos e as dificuldades reais do administrador. O parágrafo primeiro do dispositivo, por sua vez, impõe que, nas decisões a respeito da regularidade da conduta administrativa, sejam levadas em consideração as circunstâncias práticas que tenham imposto, limitado ou condicionado as suas ações.

Em sua atuação funcional, o administrador público lida com uma série de dificuldades materiais que comprometem a qualidade de sua gestão. No que interessa aos objetivos do presente trabalho, há certos obstáculos que dificultam a realização de diligências e a consequente compreensão da realidade fática e jurídica por parte do gestor, facilitando o cometimento de equívocos decisórios. Alguns exemplos concretos ilustram o que ora se relata[88].

---

86 "Em nosso sistema federativo, o regime de intervenção federal representa excepcional e temporária relativização do princípio básico da autonomia dos Estados. A regra, entre nós, é a não intervenção, tal como se extrai facilmente do disposto no caput do art. 34 da Constituição quando diz que "a União não intervirá nos Estados nem no Distrito Federal, exceto para: (...)". Brasil. Supremo Tribunal Federal, Intervenção Federal nº 2.909/SP, Relator para acórdão Ministro Gilmar Mendes, Plenário, julgado de 08.05.2003.

87 A expressão é utilizada em JORDÃO, Eduardo. Art. 22 da LINDB. Acabou o romance: reforço do pragmatismo no direito público brasileiro. *RDA – Revista de Direito Administrativo*. Rio de Janeiro: Fundação Getúlio Vargas. Edição Especial: Direito Público na Lei de Introdução às Normas de Direito Brasileiro, nov. 2018, p. 80.

88 Grande parte das dificuldades aqui mencionadas foram inspiradas nos exemplos apresentados por Eduardo Jordão em artigo dedicado ao tema e, em específico, no seguinte trecho do trabalho: "A respeito da natureza das dificuldades que poderão ser referidas, a maior parte dos comentaristas têm citado dificuldades e obstáculos materiais, temporais, orçamentários e de pessoal. Estas são, afinal, as mais óbvias circunstâncias que podem impedir a implementação de uma dada política

Deficiências na infraestrutura administrativa, como a falta de digitalização de processos e documentos, o baixo desenvolvimento de procedimentos de arquivologia e outras falhas na organização das informações da Administração Pública, embaraçam a obtenção de dados relevantes não apenas pelos cidadãos interessados, mas também pelo próprio gestor, que necessita realizar consultas recorrentes e em tempo hábil[89]. Grande parte dos entes públicos brasileiros não possui uma estrutura de Tecnologia da Informação minimante desenvolvida[90].

Não é incomum, aliás, que entes federativos, sobretudo municípios, não possuam um registro eletrônico das normas em vigor ou que este se encontre desatualizado. É possível conceber, assim, hipótese em que a utilização de norma revogada para fundamentar a atuação administrativa decorra de um erro de Direito escusável do gestor, visto que induzido pela desatualização do banco de dados do próprio ente público ou em razão das dificuldades à consulta física da legislação vigente[91].

A carência de recursos financeiros, do mesmo modo, pode impedir a concretização de diligências especialmente onerosas. A depender das limitações orçamentárias do ente federativo administrado, não será possível a realização de perícias técnicas mais complexas, ainda que relevantes à tomada de decisão, sob pena de comprometimento de sua saúde fiscal.

O excesso de trabalho e a consequente escassez de tempo, do mesmo modo, limitam a realização de diligências necessárias à tomada de decisão. Tal contexto pode decorrer de falhas estruturais, como a ausência de servidores, mas também de necessidades contingentes do ente administrado. É razoavelmente comum que o excesso de trabalho decorra de demandas ocasionais e imprevisíveis como, por exemplo, a

---

pública. Além disso, são as dificuldades mais frequentemente reportadas pela imprensa em relação à administração pública em todo o país: falta de verbas, tempo escasso para planejar e executar a ação, déficit de pessoal, baixa qualidade dos recursos humanos disponíveis, deficiências de material de escritório, de infraestrutura mínima de trabalho, dentre outras.". JORDÃO, Eduardo. Art. 22 da LINDB. Acabou o romance: reforço do pragmatismo no direito público brasileiro. *RDA – Revista de Direito Administrativo*. Rio de Janeiro: Fundação Getúlio Vargas. Edição Especial: Direito Público na Lei de Introdução às Normas de Direito Brasileiro, nov. 2018, p. 76.

89 TELLO, Diana Carolina Valencia; LIMA, Edilson Vitorelli Diniz. A administração pública nas sociedades da informação e do conhecimento. *RDA – Revista de Direito Administrativo*. Rio de Janeiro: Fundação Getúlio Vargas. Rio de Janeiro, v. 262, jan./abr. 2013, p. 153.

90 LAIA, Marconi Martins de; CUNHA, Maria Alexandra Viegas Cortez da; NOGUEIRA, Antônio Roberto Ramos; MAZZON, José Afonso. Electronic Government Policies in Brazil: context, ICT management and outcomes. *Revista de Administração de Empresas*. São Paulo: Fundação Getúlio Vargas, vol. 51, nº 1, jan./fev. 2011.

91 Outro exemplo, apresentado no item 3.3.2, *supra*, é a aplicação pelo administrador de norma jurídica revogada de forma tácita, erro de Direito que pode ser justificado pela sobreposição de diversas normas parcialmente contraditórias. Como se vê, assim, nem sempre a aplicação de norma jurídica revogada, exemplo usualmente apresentado pela doutrina de erro grosseiro, configurará, de fato, um equívoco inescusável.

ocorrência de numerosas e simultâneas aposentadorias no mesmo local de trabalho ou auditorias não programadas realizadas por órgãos de controle.

O déficit de recursos humanos especializados, igualmente, pode dificultar o acesso por parte do gestor público a pareceres e opiniões jurídicas e técnicas. É bastante comum, *e.g.*, que entes municipais não possuam engenheiros com qualificação adequada para elaborar projetos básicos ou fiscalizar a realização de obras minimamente complexas, bem como um órgão de advocacia pública composto por servidores concursados[92].

A existência de condições precárias para o desempenho das atribuições já foi considerada suficiente pelo Tribunal de Contas da União – mesmo antes do acréscimo do artigo 22 à LINDB pela Lei nº 13.655/2018 – para elidir a responsabilidade pessoal de agentes públicos pelo cometimento de equívocos na fiscalização de contratos. Segundo entendeu a referida Corte, "o julgamento pela irregularidade das contas, a imputação de débito e a aplicação de multa se mostram medidas desproporcionais contra aqueles que não tinham condições adequadas de trabalho"[93].

A consideração às limitações materiais ganha ainda mais importância na realidade do setor público brasileiro, em que, apesar das exigências jurídicas de isonomia, há uma sensível heterogeneidade financeira, técnica e material entre os diferentes entes que compõem a Federação, sobretudo os municipais[94]. Avaliar, por meio do mesmo padrão de conduta, determinado integrante da cúpula do Governo Federal e um modesto gestor de um pequeno município do interior do país é desconsiderar as diferentes dificuldades enfrentadas por cada um deles[95].

A presença de obstáculos reais que, objetivamente, impactem a ação do administrador público e dificultem a apreciação dos fatos e dos elementos jurídicos

---

92 Segundo dados da Associação Nacional de Procuradores Municipais (ANPM), mais de um terço dos municípios brasileiros não conta com procuradores concursados em seus quadros, conforme <https://www.anpm.com.br/noticias/ver/2126/so-34-dos-municipios-tem-procuradores-concursados/>. Acesso em 06 jan. 2019.

93 Brasil. Tribunal de Contas da União. Acórdão nº 839/2011, Relator Ministro Raimundo Carreiro, Plenário, julgado de 06.04.2011.

94 "Essa descentralização municipalista, em um país em que a desigualdade entre os municípios é maior do que a desigualdade entre as cinco regiões, gerou nova heterogeneidade constitutiva da Federação brasileira. Às heterogeneidades vinculadas à dimensão física, às diferenças socioculturais e políticas das sociedades e elites subnacionais e às assimetrias socioeconômicas entre as regiões, deve-se acrescentar a disparidade de situações entre os municípios, os quais são agora entes federativos plenos, formalmente homogêneos e responsáveis por várias ações governamentais.". *Estado, instituições e democracia*: república, livro 9, vol. 1. Brasília: Instituto de Pesquisa Econômica Aplicada, 2010, p. 185. Disponível em <http://www.ipea.gov.br/portal/index.php?option=com_content&view=article&id=6533>. Acesso em 10 jan. 2019.

95 JORDÃO, Eduardo. Art. 22 da LINDB. Acabou o romance: reforço do pragmatismo no direito público brasileiro. *RDA – Revista de Direito Administrativo*. Rio de Janeiro: Fundação Getúlio Vargas. Edição Especial: Direito Público na Lei de Introdução às Normas de Direito Brasileiro, nov. de 2018, p. 76.

pertinentes à tomada de decisão, portanto, deve ser considerada na apreciação do atendimento de seu dever de diligência e, consequentemente, na tolerabilidade ou não de eventuais equívocos cometidos[96].

Ressalve-se, por fim, que o parâmetro ora construído não significa que o agente público será isento de qualquer responsabilidade pessoal sempre que se deparar com dificuldades materiais. Isso porque, a uma, nem todos os obstáculos enfrentados pelo gestor são relevantes ou suficientes para tornar determinado erro juridicamente tolerável. As dificuldades podem não ter influenciado no equívoco cometido ou serem facilmente superáveis. Mais uma vez, apenas a análise do caso concreto e da incidência dos demais parâmetros poderá determinar sua responsabilidade pessoal[97].

A duas, pois, assim como ocorre com a urgência de certas demandas administrativas, as dificuldades encontradas podem decorrer de uma ação ou omissão do próprio administrador[98]. Nesses casos, a inescusabilidade do erro cometido poderá decorrer, igualmente, da sua previsibilidade e evitabilidade, objetos de parâmetro a ser tratado à frente.

5.3.2. Exigências do cargo ocupado

Além do atendimento a um grau mínimo de diligência, a tolerabilidade de equívocos cometidos pelo administrador público possui como parâmetro as específicas exigências do cargo ocupado. O *standard* que se propõe obedece à seguinte lógica: quanto menos próximo for o equívoco cometido pelo gestor das funções e conhecimentos exigidos pelo cargo ocupado, maior será o espaço de tolerância jurídica.

---

96 A motivação do gestor, em que demonstre o contexto enfrentado para a tomada de decisão, poderá auxiliar os órgãos de controle no julgamento de eventual erro cometido, conforme JORDÃO, Eduardo. Art. 22 da LINDB. Acabou o romance: reforço do pragmatismo no direito público brasileiro. *RDA – Revista de Direito Administrativo*. Rio de Janeiro: Fundação Getúlio Vargas. Edição Especial: Direito Público na Lei de Introdução às Normas de Direito Brasileiro, nov. de 2018, p. 72-73.

97 "Em última análise, caberá ao julgador avaliar se as dificuldades e os obstáculos declarados pelo gestor foram de fato 'reais' e se de alguma forma impactaram as suas escolhas. (...) A lei, afinal, não criou um salvo conduto para o gestor, a quem bastaria mencionar dificuldades para ver-se livre do controle sobre seus atos. Ela apenas exigiu a 'consideração' dessas dificuldades". JORDÃO, Eduardo. Art. 22 da LINDB. Acabou o romance: reforço do pragmatismo no direito público brasileiro. *RDA – Revista de Direito Administrativo*. Rio de Janeiro: Fundação Getúlio Vargas. Edição Especial: Direito Público na Lei de Introdução às Normas de Direito Brasileiro, nov. de 2018, p. 74.

98 Retomando o exemplo citado acima, o gestor pode ter ciência de que, em um futuro próximo, haverá um número considerável de aposentadorias naquela carreira e permanecer inerte. Nesse caso, o aumento do volume de trabalho para os servidores remanescentes decorrerá de uma falha de planejamento da própria Administração, que deveria ter tomado providências para redistribuir a carga de trabalho e, dentro dos limites da Lei de Responsabilidade Fiscal, dar início aos trâmites necessários à realização de concurso público para preencher aqueles cargos vagos.

O parâmetro ora fixado também encontra respaldo expresso no que dispõe o artigo 22, *caput*, da LINDB. Segundo o dispositivo, além dos obstáculos e dificuldades reais enfrentadas pelo administrador, a interpretação das normas sobre gestão pública deve considerar "as exigências das políticas públicas a seu cargo".

As exigências das políticas públicas a cargo do agente público, conforme mencionado na norma, podem ser interpretadas como as atividades e conhecimentos técnicos demandados do gestor em razão da função por ele desempenhada dentro de uma determinada estrutura administrativa. O dispositivo exige, no que interessa ao presente livro, que tais elementos sejam levados em consideração ao se investigar a escusabilidade de equívocos cometidos por agentes públicos.

Com efeito, há uma grande heterogeneidade de cargos e funções na Administração, que demandam conhecimentos e responsabilidades variáveis. A formação intelectual exigida para o chefe da superintendência de obras de determinada secretaria de estado deve ser distinta daquela imposta ao diretor de contratos desse mesmo órgão. Enquanto para o primeiro cargo são demandados conhecimentos mínimos de engenharia, no segundo é esperado alguma *expertise* jurídica e administrativa em contratos públicos.

Em outro exemplo, as funções que recaem sobre o presidente de uma autarquia são necessariamente distintas daquelas que devem ser assumidas pelo seu coordenador de licitações e contratos. Não se espera do ocupante do mais alto cargo de determinada instituição que se debruce de forma profunda sobre questões laterais, como é o caso de pequenas formalidades envolvidas na fiscalização de ajustes celebrados pela entidade[99]. O grau de cobrança em caso de erro será maior, no entanto, no caso de agentes públicos que, por conta do cargo exercido, devem se dedicar aos pormenores da gestão contratual[100].

Em aparente contradição com o que ora se sustenta, porém, alguns órgãos de controle possuem entendimento firmado no sentido de que a responsabilidade do

---

99 Trata-se de raciocínio semelhante ao empreendido pelo seguinte precedente, ao tratar da responsabilidade do Chefe do Poder Executivo Municipal por atos de improbidade praticados por seus subordinados: "O Prefeito não realiza pessoalmente todas as funções do cargo, mas sim executa aquelas que lhe são privativas, delegando as demais aos seus auxiliares e aos técnicos da Prefeitura. Não se confundem as atividades que são de sua responsabilidade direta, porque requerem a sua execução pessoal, com as atividades que são de sua responsabilidade indireta, cabendo-lhe a supervisão hierárquica. Da qualidade de Chefe do Poder Executivo, não decorre, por si só, sua responsabilidade por todos os atos de improbidade administrativa praticados por terceiros, agentes públicos ou não, na sua gestão, sendo indispensável que tenha concorrido por ação ou omissão". Brasil. Tribunal de Justiça do Rio Grande do Sul. Apelação Cível nº 70031363385, Relator Desembargador Francisco José Moesch, 21ª Câmara Cível, julgado de 31.08.2011.

100 A consideração dos específicos cargos ocupados pelos diferentes administradores investigados na determinação de sua responsabilidade pessoal foi uma preocupação específica da Corte de Contas Federal no seguinte precedente: Brasil. Tribunal de Contas da União. Acórdão nº 2.391/2018, Relator Ministro Benjamin Zylmer, Plenário, julgado de 17.10.2018.

gestor não deve ser afastada pelo fato de não possuir conhecimentos específicos em relação ao objeto da decisão equivocada, ainda que sua atuação tenha se baseado em informações técnicas prestadas pelos órgãos competentes. Isso porque, segundo se argumenta, cabe somente ao administrador – e não ao parecerista que fornece a opinião –, de acordo com seus critérios de conveniência e oportunidade, a palavra final a respeito da edição ou não do ato administrativo[101].

Concorda-se que o simples fato de o agente público não possuir formação técnica relacionada à decisão tomada não necessariamente é suficiente para isentá-lo de qualquer responsabilidade pessoal pelo erro cometido. Mais uma vez, somente a análise do caso concreto e da incidência dos demais *standards* será capaz de determinar a sua escusabilidade.

No entanto, a indução do administrador a erro devido a informações que instruíram seu processo decisório e sobre as quais ele não possui – e, sobretudo, não deveria possuir em razão do cargo ocupado – conhecimentos técnicos deve, ao menos, ser levada em consideração pelos órgãos de controle quando da análise da tolerabilidade de eventual erro cometido[102].

---

101 "A existência de pareceres técnicos e/ou jurídicos não exime o gestor de ser responsabilizado. Este Tribunal possui entendimento firmado (Acórdãos 179/2011-TCU-Plenário, 1.736/2010- TCU-Plenário, 4.420/2010-TCU-2ª Câmara, 2.748/2010-TCU-Plenário e 1.528/2010-TCU-Plenário) no sentido de que a responsabilidade do gestor não é afastada neste caso, pois a ele cabe a decisão sobre a prática do ato administrativo eventualmente danoso ao erário. Pareceres técnicos e/ou jurídicos não têm força para impor ao administrador a prática de um ato manifestamente irregular, uma vez que a ele cabe, em última instância, decidir sobre a conveniência e oportunidade de praticar atos administrativos, principalmente os concernentes a contratações que vão gerar pagamentos". Brasil. Tribunal de Contas da União. Acórdão nº 5.178/2013, Relator Ministro Augusto Sherman, Primeira Câmara, julgado de 30.07.2013.

102 Em semelhante sentido, é como parece se manifestar José Vicente Santos de Mendonça ao tratar da responsabilidade do advogado público parecerista por erros grosseiros cometidos: "Caso alguma dessas opiniões jurídicas tenha induzido o administrador a erro e gerado prejuízo, nada mais natural do que responsabilizar seu prolator à conta do erro inescusável. Todos os elementos da responsabilização estão presentes: ação, nexo causal, resultado danoso, culpa. Não são cabíveis argumentos do tipo "o administrador é quem, de fato, decide, o parecer é apenas uma opinião" se, à luz do caso, o parecer foi, concretamente, o que induziu e motivou o ato danoso. Já é tempo de superarmos, de espírito aberto, o que chamaremos de falácia da importância oportuna da opinião jurídica: quando se trata de destacar o relevo da função consultiva pública no controle interno de juridicidade, todos, corretamente, sublinhamos a importância intrínseca do parecer jurídico; mas, quando se trata de adentrar nos meandros da responsabilização do consultor, o parecer passa a não valer muita coisa, é só mais uma opinião, quase um palpite, que, mesmo se levado a cabo, e ainda que grosseiramente equivocado, opera o milagre de transferir automática, irreversível e inteiramente a responsabilidade da prática do ato (que era seu único objeto e do qual tratava por inteiro e em extensão) à autoridade administrativa". MENDONÇA, José Vicente Santos de. A responsabilidade pessoal do parecerista público em quatro standards. In: *Revista da AGU*, ano 9, nº 24, abr./jun. de 2010, p. 151.

O fato de a palavra final a respeito da atuação administrativa caber ao gestor não pode torná-lo um segurador universal de todos os equívocos em que incorre. Ao contrário, como visto no parâmetro anterior, o fato de ter sido diligente e buscado a opinião de órgãos técnicos para embasar sua opção é fator que atenua – ou, a depender do caso, até mesmo elimina – a presença de culpa pelo erro incorrido[103].

Em verdade, a indução do administrador público a erro por órgãos com *expertise* institucional para tratar de temas técnicos, a depender das peculiaridades da hipótese concreta, poderá tornar a incidência do equívoco inevitável, excluindo, assim, sua culpa e responsabilidade pessoal. Não por outro motivo, ver-se-á à frente que o grau de aderência do gestor às informações obtidas em seu processo decisório constitui um dos *standards* de análise do erro.

Por fim, cabe destacar que o parâmetro ora tratado não parece se chocar com a metodologia eleita para a aferição da culpa do administrador. Ao abordá-la, recorde-se das críticas apresentadas ao método concreto no sentido de que circunstâncias pessoais e internas do agente público, como sua formação intelectual, à luz do regime jurídico administrativo, não devem ser consideradas na aferição da reprovabilidade do equívoco[104].

O argumento não é contraditório com a necessidade de os órgãos de controle levarem em conta, na apreciação do erro cometido, as funções exercidas e os conhecimentos técnicos exigidos pelo cargo ocupado pelo administrador. Isso porque as exigências inerentes ao cargo são circunstâncias objetivas e externas ao agente que o ocupa e existem independentemente de sua formação intelectual e outros aspectos internos.

São os conhecimentos demandados do cargo – e não os conhecimentos técnicos do gestor público que o exerce – que devem ser consideradas na aferição da culpa e na escusabilidade dos erros cometidos. De um Ministro ou de um Secretário de Fazenda, são exigidos conhecimentos profundos em disciplinas como economia e finanças não por conta de sua avançada formação acadêmica em universidades de ponta, mas pelo simples fato de ocuparem cargos que lhes exigem tal tipo de *expertise*.

Ao se analisar a responsabilidade pessoal do administrador público em razão do cometimento de um equívoco, portanto, os órgãos de controle devem avaliar quais as funções e conhecimentos técnicos eram exigidos para a ocupação daquele determinado cargo, independentemente da formação de quem o exerce. O espaço de tolerância será tanto menor, quanto mais próximo for o erro cometido das exigências específicas da função ocupada.

---

103 Em regra, quando não se trata de conhecimentos que o gestor deveria possuir em razão do próprio cargo ocupado, não há que se falar em imperícia no caso de erro. De igual maneira, se o administrador buscou informações técnicas antes de tomar sua decisão, também não se verifica imprudência nem negligência. Ausentes, pois, imperícia, imprudência e negligência, não restaria caracterizada, a princípio, a presença de culpa do gestor. No entanto, como já pontuado, a aferição de sua responsabilidade dependerá da análise conjunta de todos os parâmetros tratados no presente capítulo.

104 O raciocínio foi desenvolvido no item 5.2.1, *supra*.

5.3.3. Grau de incerteza fática ou jurídica envolvida na decisão

O terceiro parâmetro para aferição da tolerabilidade do erro do administrador público é o grau de incerteza[105] fática ou jurídica envolvida na decisão em questão. Quanto maior o nível de incerteza, maior também deve ser o espaço de tolerância ao cometimento de equívocos por parte do gestor.

O *standard* se justifica por razões já apresentadas em capítulos anteriores. Como visto no capítulo 2, a probabilidade da existência de erros é proporcional ao nível de incerteza da decisão administrativa a ser tomada. O acerto das escolhas assumidas pelo administrador público depende da verificação futura de projeções realizadas no presente. Nesse contexto, equívocos se tornam inevitáveis e, no que interessa a este parâmetro, mais prováveis quanto maior for a imprevisibilidade em questão[106].

A escusabilidade do erro cometido pelo administrador também é diretamente proporcional à sua imprevisibilidade e evitabilidade. Isso se dá na medida em que a culpa do gestor na ocorrência do equívoco – cuja presença em elevado grau é requisito à existência de um erro grosseiro – será tanto menor, a ponto de se tornar inexistente, quanto maior for a dificuldade de sua previsão e prevenção e, por consequência, maior for a incerteza fática ou jurídica envolvida.

Conforme visto no capítulo 4[107], a caracterização da culpa do administrador público depende da viabilidade em concreto de se antecipar e evitar o evento indesejado, o que se dá tanto em relação à sua responsabilidade civil[108], quanto em relação à sua responsabilidade administrativa, objeto de estudo do Direito Administrativo Sancionador[109]. Por isso, o espaço de tolerância ao cometimento de equívocos deve acompanhar o grau de incerteza da decisão.

Outro fundamento para o parâmetro ora tratado é, mais uma vez, o artigo 22 da LINDB. O dispositivo, como visto, impõe que, no controle da gestão pública, sejam considerados os obstáculos e as dificuldades enfrentados pelo administrador público. Dentre eles, está justamente a imprevisibilidade dos elementos de fato ou de direito relevantes à tomada da decisão.

A incerteza fática ocorre em razão da dificuldade de previsão ou prevenção de algum elemento de fato envolvido na decisão administrativa. Exemplos de escolhas realizadas pelo administrador público sob tal perspectiva foram apresentados ao lon-

---

105 O termo incerteza é aqui utilizado de forma ampla, como sinônimo de imprevisibilidade e gênero das espécies "risco" e "incerteza propriamente dita". Sobre a diferenciação entre os conceitos, ver item 2.3, *supra*.

106 O raciocínio é desenvolvido também no item 2.3 *supra*.

107 O ponto é objeto do item 4.2.1, *supra*.

108 NADER, Paulo. *Curso de direito civil*: responsabilidade civil, vol. 7. 6ª ed. Rio de Janeiro: Forense, 2016, p. 139.

109 OSÓRIO, Fábio Medina. *Direito Administrativo Sancionador*. 5ª ed. São Paulo: Editora Revista dos Tribunais, 2015, p. 375-376.

go do capítulo 2, ao se tratar da inevitabilidade do erro em decisões tomadas em ambientes de elevada complexidade[110].

A incerteza jurídica, por sua vez, decorre da indeterminação da legislação relevante à decisão a ser tomada pelo gestor público. É difundido o entendimento de que as normas jurídicas possuem diferentes graus de determinabilidade. Enquanto regras prescrevem comandos objetivos, expressando diretamente um dever, uma proibição ou uma permissão, princípios estabelecem objetivos e estados ideais, os quais podem ser alcançados por diferentes ações concretas[111]. Por vezes, ainda, o legislador se vale de cláusulas gerais ou conceitos jurídicos indeterminados, os quais, a exemplo dos princípios, possuem uma ampla zona de incerteza[112].

Quanto mais intenso for o grau de indeterminação ou de complexidade da legislação aplicável, maior será a dificuldade do administrador em interpretá-la de maneira correta e, desse modo, entender o que ela veda, determina ou possibilita. Consequentemente, mais amplo também deverá ser o espaço de tolerância por parte dos órgãos de controle ao cometimento de equívocos interpretativos. É o que Eduardo Jordão denomina de "dificuldade jurídica", que consiste na complexidade envolvida na intepretação de preceitos jurídicos relativamente indeterminados:

> "Mas há uma dificuldade de outra natureza que também pode ser relevante e que casa bem com todo o projeto. Trata-se da *dificuldade jurídica*. Refiro-me à dificuldade de interpretar a legislação relevante para entender o que ela determina, veda ou possibilita. Esta dificuldade não é negligenciável. Ela decorre da complexidade em si da legislação, às vezes intrincada, cheia de detalhes, às vezes continente de termos com alto grau de indeterminação. Mas resulta também da tradição jurídico-cultural brasileira, em especial no que concerne ao manejo de princípios. Eles são utilizados corriqueiramente de forma tão maleável e tão livre, que, a rigor, qualquer determinação textual expressa da lei pode ser afastada pela suposta incidência de princípios abstratos como o da moralidade ou da dignidade da pessoa humana."[113]

Destaque-se, porém, que o grau de indeterminação de um mesmo texto normativo não costuma se manter estático ao longo do tempo[114]. Logo após a edição de

---

110 O tema é desenvolvido no item 2.4, *supra*.

111 BARCELLOS, Ana Paula de. *Ponderação, racionalidade e atividade jurisdicional*. Rio de Janeiro: Renovar, 2005, p. 169-170.

112 MOREIRA, José Carlos Barbosa. Regras de experiência e conceitos juridicamente indeterminados. In: MOREIRA, José Carlos Barbosa. *Temas de direito processual*. 2ª série. São Paulo: Saraiva, 1980, p. 63-64.

113 JORDÃO, Eduardo. Art. 22 da LINDB. Acabou o romance: reforço do pragmatismo no direito público brasileiro. *RDA – Revista de Direito Administrativo*. Rio de Janeiro: Fundação Getúlio Vargas. Edição Especial: Direito Público na Lei de Introdução às Normas de Direito Brasileiro, nov. de 2018, p. 77.

114 Trata-se de fenômeno semelhante à mutação constitucional, em que há a alteração de sentido de uma determinada norma constitucional sem que ocorra a modificação formal do respectivo texto por uma emenda à Constituição, conforme BARROSO, Luís Roberto. *Curso de Direito Constitucional Contemporâneo*. Os conceitos fundamentais e a construção do novo modelo. 5ª ed. Rio de Janeiro: Saraiva, 2015, p. 123.

uma nova norma jurídica, ainda estão sendo definidos os contornos de sua incidência. Nesse momento, por isso, o espaço para o cometimento de equívocos interpretativos é mais amplo.

Ao longo do tempo, diferentes fatores podem reduzir o nível de incerteza e, por conseguinte, a dificuldade na definição do sentido de uma cláusula legal, o que deverá ser considerado ao se avaliar a tolerabilidade do erro na interpretação jurídica realizada pelo administrador público.

A edição de regulamentos, súmulas e outros atos administrativos normativos tem o condão de densificar o sentido de textos legais de conteúdo relativamente indeterminado e vincular os órgãos e entidades a que se destinam, conforme determina o artigo 30, parágrafo único, da LINDB. A redução da insegurança jurídica por meio de seu poder normativo, inclusive, é um dever da Administração Pública, conforme determina o *caput* do referido dispositivo[115].

Precedentes e práticas administrativas reiteradas também podem estabelecer orientações gerais a respeito do adequado significado de textos jurídicos e – segundo determina a teoria das autolimitações administrativas[116] e, de certa forma, o artigo 24 da LINDB[117] – devem sempre ser considerados pelo administrador na instrução de seu processo decisório. O não ineditismo na interpretação de um determinado texto normativo tende a reduzir o espaço de escusabilidade ao cometimento de equívocos.

Além disso, a existência de precedentes judiciais e orientações oriundas de outras instituições de controle externo e interno da Administração, como os Tribunais de Contas e os órgãos de advocacia pública, também reduzem a incerteza do gestor na

115 "O art. 30 (...) diz respeito ao dever de instauração da segurança jurídica por meio do aperfeiçoamento do desenho institucional da ordem normativa. Dever público normativamente atribuído, de modo imediato, primário e vinculante, pela própria LINDB, a todas as autoridades públicas que profiram decisões e manejem casos de Direito Público. (...) Quanto ao ponto, à semelhança do artigo 927 do CPC, o art. 30, no seu parágrafo único, institui as decisões e técnicas decisórias que entende possuir a autoridade vinculante do precedente, quais sejam: súmulas, regulamentos e consultas, dentro de cada estrutura hierárquica administrativa e controladora.". MOREIRA, Egon Bockmann; PEREIRA, Paula Pessoa. Art. 30 da LINDB. O dever público de incrementar a segurança jurídica. *RDA – Revista de Direito Administrativo*. Rio de Janeiro: Fundação Getúlio Vargas. Edição Especial: Direito Público na Lei de Introdução às Normas de Direito Brasileiro, nov. de 2018, p. 247 e 266.

116 ARAGÃO, Alexandre Santos de. Teoria das autolimitações administrativas: atos próprios, confiança legítima e contradição entre órgãos administrativos. *Revista Eletrônica de Direito Administrativo Econômico*, nº 14, Salvador, maio/junho/julho de 2008.

117 O dispositivo, embora se direcione apenas às decisões que revisem atuações administrativas para determinar a observância das orientações da época, deve ser aplicado a toda e qualquer decisão administrativa, tendo em vista o que determina o princípio da segurança jurídica e, em específico, da proteção da confiança.

interpretação de textos normativos. Ainda que de forma menos intensa, a doutrina jurídica também pode assumir esse papel[118].

No entanto, muito embora a incerteza possa ser reduzida, sempre existirá um espaço de indefinição fática ou jurídica quanto aos efeitos de decisões complexas. O nível de incerteza envolvida na escolha administrativa a ser realizada, assim, deve influenciar o grau de culpa do administrador público no cometimento de um equívoco decisório: quanto maior a imprevisibilidade dos elementos de fato envolvidos na decisão ou da interpretação mais adequada da legislação aplicável, mais amplo será o espaço jurídico de tolerância a erros.

5.3.4. Grau de aderência da decisão em relação às informações coletadas

O quarto e último parâmetro útil à verificação da escusabilidade do erro é o grau de aderência da escolha realizada em relação aos dados coletados pelo administrador ao longo de seu processo decisório. Quanto mais coerente for a decisão em relação às informações obtidas, maior também deverá ser o espaço de tolerância ao cometimento de equívocos.

O administrador público, como visto, possui um dever de diligência mínima. Deve instruir sua decisão com uma quantidade determinada de informações relevantes, como estudos técnicos, pareceres jurídicos e outros documentos. A quantidade de dados necessários ao preenchimento de sua obrigação variará de acordo com uma série de fatores, como a urgência e importância da decisão e os obstáculos materiais à obtenção de dados.

No entanto, ao menos em regra, o agente público não é obrigado a realizar uma escolha que seja coerente ou mesmo que considere as informações coletadas. O exemplo mais lembrado pela doutrina é o dos pareceres jurídicos. Salvo nas hipóteses em que a lei impõe sua obrigatoriedade[119], as opiniões dadas pelos órgãos de advocacia pública ou de assessoria jurídica não vinculam o administrador público em sua atuação funcional, que poderá delas dissentir[120].

O mesmo ocorre com os dados técnicos angariados pelo gestor. Imagine que, ao instruir sua decisão em reformar ou não um determinado viaduto, o administrador

---

118 Ao contrário das normas e, a depender do caso, dos precedentes judiciais e administrativos, os ensinamentos da doutrina não possuem força vinculante. No entanto, seus entendimentos, ao menos os majoritários ou oriundos de autores consagrados, auxiliam na redução da incerteza dos textos jurídicos.

119 Parcela da doutrina entende que os chamados "pareceres vinculantes" não são propriamente pareceres, mas sim atos administrativos decisórios, tendo em vista a ausência de caráter meramente enunciativo. É o caso de MOTTA, Carlos Pinto Coelho. *Eficácia nas licitações e contratos*: estruturas da contratação, concessões e permissões, responsabilidade fiscal, pregão – parcerias público/privadas. 10ª ed. Belo Horizonte: Del Rey, 2005, p. 327.

120 MOREIRA NETO, Diogo de Figueiredo. *A responsabilidade do advogado de Estado*. Disponível em <http://abrap.org.br/wp-content/uploads/2012/12/res.pdf>, p. 10-11. Acesso em 05 jan. 2019.

receba dos engenheiros competentes a notícia de que sua estrutura apresenta sérios danos e um risco iminente de ruir, de modo a ser necessária a realização de imediatas obras de manutenção.

Mesmo diante de tal informação, é possível que o gestor determine a realização de um prévio e moroso procedimento licitatório – que poderia ser dispensado com base no que dispõe o artigo 24, inciso IV, da Lei nº 8.666/93 – ou mesmo opte por não realizar a obra. Nesses casos, a incoerência entre as informações técnicas obtidas e a decisão tomada reduzirá o espaço de tolerância ao cometimento de um equívoco que a elas se relacione, como é o caso do desabamento do viaduto em questão em decorrência da omissão do Poder Público.

A justificativa para o presente parâmetro é semelhante à apresentada no item anterior. A obtenção de informações relevantes junto aos órgãos competentes e com *expertise* para tanto serve justamente para orientar o agente público em suas decisões na direção mais adequada. Em regra, ao divergir ou – pior – ignorar os dados técnicos ou jurídicos que instruíram sua escolha, ainda que de boa-fé[121], o administrador assume maior risco em cometer um equívoco. A não aderência da decisão em relação às informações coletadas, dessa forma, tenderá a ampliar o seu grau de culpa pelos erros que as contrariem.

É preciso diferenciar, porém, as situações em que o agente motivadamente diverge de uma determinada informação obtida daquelas em que ele simplesmente a ignora. A total indiferença por parte do gestor a um dado técnico ou jurídico relevante traduzirá uma maior negligência na tomada de decisão e, por isso, reduzirá o espaço de tolerância a eventuais equívocos.

O contrário ocorrerá nos casos em que o gestor público, ainda que não siga as informações que constam de seu processo de decisão, justifique adequadamente sua divergência. Nessa hipótese, aliás, quanto mais consistentes forem os motivos apresentados para contrariar os dados obtidos, maior também deve ser o grau de tolerância ao erro[122].

A não aderência do gestor à determinada informação obtida, inclusive, pode decorrer não de sua discordância em relação ao conteúdo do dado, mas de sua equivocada percepção de que ela não é relevante ou não se aplica à decisão a ser tomada.

---

121 Recorde-se do capítulo 3, em especial do item 3.3, *supra*, que a boa-fé subjetiva é requisito do próprio conceito de erro.

122 É o que aponta Diogo de Figueiredo Moreira Neto ao tratar da possibilidade de agentes públicos divergirem do parecer jurídico ao tomarem decisões: "Os agentes administrativos, em princípio, não estão obrigados à observância de pareceres jurídicos, embora suas decisões, se os contrariar, devem apresentar motivação consistente para afastar os argumentos neles deduzidos.". MOREIRA NETO, Diogo de Figueiredo. Independência técnico-funcional da Advocacia de Estado. In: TAVARES, Lúcia Léa Guimarães (org.). *Revista de Direito da Associação dos Procuradores do Novo Estado do Rio de Janeiro*, vol. XVI – Advocacia Pública. Rio de Janeiro: Renovar, 2006, p. 17.

É o que, na teoria dos precedentes, denomina-se "distinção inconsistente"[123]. Como exemplo, o administrador pode deixar de observar um parecer jurídico vinculante sob o enganado argumento de que as supostas peculiaridades do caso em questão justificariam uma solução diversa daquela estabelecida como orientação geral[124].

O ponto introduz uma importante e última ressalva também presente em outros parâmetros. A simples divergência entre a decisão e as informações jurídicas e técnicas coletadas não necessariamente determinará a responsabilidade pessoal do administrador pelo erro incorrido. É possível que, no caso concreto, ele possua razões aparentemente legítimas (ainda que equivocadas) para contrariar tais dados. O que se quer afirmar aqui é, apenas, que a coerência entre a decisão tomada e as informações obtidas deve ser levada em consideração na análise da escusabilidade do erro[125].

---

123 O tema é tratado em MELLO, Patrícia Perrone Campos. *Precedentes* – O desenvolvimento judicial do direito no constitucionalismo contemporâneo. Rio de Janeiro: Renovar, 2008, p. 206-209.

124 O exemplo é apresentado em BINENBOJM, Gustavo; CYRINO, André. O art. 28 da LINDB. A cláusula geral do erro administrativo. *RDA – Revista de Direito Administrativo*. Rio de Janeiro: Fundação Getúlio Vargas. Edição Especial: Direito Público na Lei de Introdução às Normas de Direito Brasileiro, nov. 2018, p. 220.

125 Também não se quer dizer aqui que o equívoco cometido pelo parecerista que instrui uma decisão administrativa acarretará, necessariamente, sua responsabilização pessoal, o que somente poderá ser determinado por meio da análise de parâmetros específicos. A respeito do tema, ver MENDONÇA, José Vicente Santos de. A responsabilidade pessoal do parecerista público em quatro standards. In: *Revista da AGU*, ano 9, nº 24, abr./jun. de 2010, p. 141-150.

CONCLUSÃO

> *"Os erros e as ignorâncias, é certo que são muitos mais que as ciências, porque para saber e acertar, não há mais que um caminho, e para errar, infinitos"*
>
> *Padre Antônio Vieira*

As principais ideias desenvolvidas ao longo do presente livro podem ser sintetizadas por meio das seguintes proposições objetivas:

1. O controle público não é gratuito. O seu exercício implica custos diretos e indiretos ao Estado. Exemplos disso são os gastos relacionados à manutenção de grandes estruturas governamentais e ao pagamento de servidores públicos bem qualificados dedicados a essa função. Como custos indiretos, têm-se os gastos relacionados à prestação de contas, à adequação das ações da Administração às determinações do agente controlador e os prejuízos decorrentes do desencorajamento a inovações e da redução da velocidade da máquina administrativa. Além disso, o controle pode gerar custos não econômicos, como a elevação do risco de que as próprias instituições que o exercem incorram em ilicitudes e a criação de empecilhos ao combate por parte do Estado aos abusos praticados por atores privados. No limite, os excessos do controle são causa de fenômeno conhecido na literatura especializada como *accountability overload*.

2. O controle, porém, também pode gerar benefícios. Necessitamos de instrumentos que corrijam os equívocos incorridos por agentes estatais e inibam a corrupção e outros tipos de malversação de recursos público. A existência de órgãos de controle independentes e qualificados, como o Poder Judiciário, o Ministério Público e os Tribunais de Contas, é apontada, inclusive, como uma das principais causas do expressivo desenvolvimento da democracia brasileira.

3. Apesar das resistências à adoção de raciocínios econômicos e consequecialistas na gradação do controle, é preciso que se busque uma medida ideal, de modo que o monitoramento da Administração gere maiores benefícios do que danos ao interesse público. Seu ponto ótimo variará de acordo com a relevância da atividade fiscalizada, os custos envolvidos, a ineficácia de medidas alternativas e diversos outros fatores.

4. O controle exercido sobre o administrador público no Brasil possui duas grandes características que decorrem do próprio modelo normativo nacional: a vagueza dos textos normativos e a multiplicidade, independência e sobreposição dos órgãos de controle. De um lado, os dispositivos que embasam as atividades dos agentes de controle costumam-se valer de princípios, cláusulas gerais e conceitos jurídicos indeterminados. De outro, a atuação do gestor é controlada por uma multiplicidade de órgãos e entidades que possuem competências vezes sobrepostas, dando origem à chamada redundância do controle.

5. Além disso, o modelo brasileiro possui peculiaridades que, embora influenciadas pelo ordenamento jurídico nacional, decorrem do comportamento de parte dos órgãos de controle. São exemplos de excessos do controle público o seu exercício com base na particular interpretação do agente fiscalizador de determinado enunciado normativo ou em um mero palpite a respeito das potenciais consequências de sua decisão, a descoordenação e contradição entre os órgãos de monitoramento da Administração, o negativismo e, finalmente, a intolerância ao cometimento de equívocos pelo administrador.

6. A análise do cenário em que o processo decisório dos administradores públicos ocorre permite demonstrar que o cometimento de erros é, em alguma medida, inevitável. Com efeito, para que atenda aos requisitos do "modelo racional", o gestor deve, em sua tomada de decisão, identificar de forma precisa o problema a ser solucionado, os objetivos públicos que pretende alcançar e aqueles que poderão ser sacrificados com a medida a ser tomada. Em seguida, deve atribuir a cada um dos objetivos identificados um determinado peso em abstrato e listar as diferentes alternativas que tenham o condão de resolver ou atenuar o problema. Por fim, cabe a ele valorar cada alternativa de acordo com o grau de realização (ou de sacrifício) em concreto dos objetivos definidos na primeira fase do processo decisório e, assim, selecionar a opção mais adequada.

7. O múnus de realizar escolhas em nome da Administração Pública, porém, não é uma tarefa tão simples e objetiva como faz parecer o método racional. O processo decisório envolve uma série de dificuldades que tornam inevitável o cometimento de equívocos. Em primeira ordem, grande parte das decisões tomadas por gestores públicos têm por objeto ou são condicionadas por sistemas de alta complexidade, como os espaços urbanos, a economia, o meio ambiente e os sistemas de saúde, educação e de transportes. Tais sistemas são caracterizados pela mutabilidade, interdependência e intensa interação entre os elementos que o integram.

8. Por isso, as escolhas realizadas no setor público costumam gerar consequências de difícil ou impossível antecipação, podendo influenciar áreas totalmente distintas daquelas que, em princípio, são objeto da opção administrativa. Destaque-se, ainda, que o administrador público lida com cenários de risco e incertezas a todo momento, de modo que o acerto de suas opções é, constantemente, condicionado ao acaso.

9. Além disso, estudos oriundos da economia comportamental demonstram que todo indivíduo está sujeito às mais variadas falhas cognitivas, não sendo capaz de evitá-las de maneira consistente. Desse modo, a existência de erros inevitáveis por parte do administrador resulta também da limitação da racionalidade humana e de sua consequente incapacidade de captar, compreender e processar de forma perfeita as informações disponibilizadas. Embora haja meios que permitam minimizar as limitações cognitivas e, consequentemente, o cometimento de equívocos no setor público, é impossível impedir que o comportamento humano, em algum momento, desvie daquilo que se esperaria de uma racionalidade plena.

10. A formação imperfeita da vontade do indivíduo em decorrência de uma equivocada apreensão da realidade é tema de interesse clássico das Ciências Jurídicas, em especial do Direito Civil e do Direito Penal. No Direito Administrativo brasileiro, no entanto, ao contrário do que ocorre em outros países, são escassos os estudos doutrinários ou precedentes jurisprudenciais que tratem do conceito, das espécies e, sobretudo, das consequências jurídicas do erro cometido pelo administrador público no exercício de suas funções.

11. O erro é conceituado como uma desconformidade não intencional entre o motivo em que o administrador público baseou sua atuação e a realidade fática ou jurídica. Por definição, é essencial para a sua configuração que a má avaliação dos motivos seja não intencional. O equívoco pressupõe a ausência de dolo ou malícia daquele que nele incorre. O erro de fato consiste em uma completa ignorância ou um conhecimento imperfeito por parte do gestor a respeito de uma situação que seja pressuposto da atuação administrativa. Já o erro de Direito consiste em uma apreciação equivocada por parte do gestor a respeito de determinada norma jurídica e, consequentemente, sobre a legalidade da atuação da Administração no caso concreto.

12. No Direito Administrativo brasileiro, o erro cometido pelo gestor público tem como potenciais consequências a potencial nulidade dos atos emitidos pela Administração e a exclusão de sua responsabilidade administrativa e civil, desde que preenchidos certos requisitos.

13. A não responsabilização do administrador público em caso do cometimento de um equívoco inevitável tem como primeiro fundamento a ausência de culpa *lato sensu* e o caráter necessariamente subjetivo de sua responsabilidade pessoal. A evitabilidade é pressuposto do elemento subjetivo. Para atuar de forma culpável, é necessário que o agente tenha condições de prever e evitar o resultado indesejado, o que, por definição, não ocorre no caso de equívocos inevitáveis.

14. O caráter subjetivo da responsabilidade administrativa do gestor, primeiramente, decorre da incidência do princípio constitucional da culpabilidade. Em um de seus possíveis sentidos, a norma limita o exercício do poder sancionatório do Estado ao condicioná-lo à efetiva comprovação do elemento subjetivo.

15. A maior parte da doutrina administrativista brasileira, embora não propugne uma identidade absoluta entre as disciplinas, defende que o Direito Penal e o Direito Administrativo Sancionador deveriam observar um núcleo normativo comum. Os direitos e garantias previstos na Constituição (e mesmo na legislação ordinária) para proteger os acusados da prática de um ilícito penal deveriam, ao menos em seus aspectos essenciais, estender-se àqueles que estão sujeitos a sanções de natureza administrativa.

16. O principal argumento utilizado é a unidade do *jus puniendi* do Estado: a ação sancionatória estatal com base no poder de polícia e no poder disciplinar não seria substancialmente diferente do poder punitivo criminal, de modo a ser necessário um tratamento integrado das disciplinas. Ademais, defende-se que, entre os ilícitos administrativos e penais, não existiria qualquer diferença ontológica. A tipificação de uma conduta como um crime ou como uma infração administrativa seria uma questão de mera política legislativa, a flutuar ao sabor das conveniências de ocasião. Argumenta-se, ainda, que a não extensão das garantias e direitos fundamentais do Direito Penal ao Direito Administrativo Sancionador permitiria que o Estado, ao transformar um ilícito penal em administrativo, facilmente fugisse do regime de proteção constitucional aos acusados de ilícitos criminais.

17. No entanto, a automática transposição de garantias e direitos entre as duas disciplinas vem sendo corretamente questionada por parte importante da doutrina. A extensão irrefletida de garantias penais à seara administrativa desconsidera a autonomia científica e, sobretudo, as singularidades finalísticas e funcionais do Direito Administrativo. A eventual extensão de normas penais ao regime administrativo punitivo, desse modo, deve ocorrer não de maneira automática, mas somente na medida em que justificada pelo escopo específico das normas sancionadoras em questão.

18. Sob tal perspectiva, a culpabilidade pode ser reconhecida como um princípio aplicável ao Direito Administrativo Sancionador voltado ao administrador público. Isso porque, sob uma ótica formal, as normas constitucionais de onde é extraído o princípio da culpabilidade não são direcionadas exclusivamente ao acusado de um ilícito penal, tendo por objetivo proteger todo e qualquer acusado, inclusive em âmbito administrativo. Além disso, o regime de responsabilidade dos administradores públicos lida exclusivamente com pessoas físicas, possuindo finalidades e ideais próprios e, em parte, distintos daqueles que embasam a regulação econômica de sociedades empresariais. Em uma escala de graus, a disciplina encontra-se mais próxima do Direito Penal do que o Direito Administrativo Sancionador aplicável às corporações, o que implica uma comunicação mais intensa de institutos.

19. Assim como ocorre com a responsabilidade administrativa, a presença de culpa ou dolo do gestor público é exigida também para a configuração de sua responsabilidade civil, ainda que por fundamento diverso. O artigo 37, §6º, da Constituição da República é expresso ao limitar a imposição de reembolso pelo agente público causador do dano aos *"casos de dolo ou culpa"*. Além disso, permitir que o agente público seja responsabilizado pela mera existência de nexo de causalidade entre sua atuação funcional e os eventuais prejuízos suportados pelo Estado vai de encontro à teoria do órgão. Segundo ela, as atividades praticadas pelos gestores no exercício de suas funções devem ser atribuídas apenas e tão-somente à pessoa jurídica a quem presentam. Em princípio, assim, as obrigações assumidas pelo administrador em nome do Estado devem ser a este exclusivamente imputadas.

20. A existência de um espaço de tolerância jurídica ao cometimento de equívocos é justificada, ainda, pela norma disposta no artigo 28 da LINDB. O legislador infraconstitucional, por meio do referido dispositivo, decidiu restringir a responsabilidade pessoal dos agentes públicos às hipóteses em que houver a prática de um ato ilícito intencional (dolo) ou o cometimento de um erro grosseiro, reconhecendo de forma expressa um espaço jurídico de tolerância ao seu cometimento. Em oposição ao entendimento da doutrina e do TCU, defende-se que o dispositivo se direciona tanto à responsabilidade administrativa, quanto à responsabilidade civil do gestor.

21. O último fundamento para a não responsabilização pessoal do administrador público caso incida em um equívoco tolerável é a incidência dos princípios constitucionais da eficiência e da economicidade administrativa. O temor decorrente da intolerância ao cometimento de erros gera um ambiente de imprevisibilidade que tende a trazer sérios prejuízos ao seu processo decisório. A maior ou menor possibilidade de ser responsabilizado pessoalmente pela decisão tomada – e não a realização do interesse público no caso concreto – passa a ser um dos principais critérios de escolha entre as opções possíveis. O receio de cometer erros incentiva a inércia e o excesso de formalismos.

22. A cultura de intolerância ao erro do gestor é, ainda, um grande desincentivo a inovações, as quais *são cruciais para o enfrentamento dos problemas com os quais a Administração lida diuturnamente. Soluções inovadoras têm o condão de reduzir os custos da máquina administrativa, economizando recursos públicos, e tornar a atuação do Estado mais eficaz.* Além disso, essa cultura desencoraja a prática do experimentalismo institucional por parte do gestor, peça fundamental na promoção da inovação na Administração Pública, e prejudica a adequada administração de riscos.

23. A existência de um espaço de erro é também vital para que as decisões do Estado não sejam adiadas para além de seu tempo ótimo, prejudicando a eficiência e economicidade das ações administrativas. A escolha por parte do administrador do momento de decidir deve resultar de uma ponderação entre rapidez e precisão, e não de um temor excessivo em ser responsabilizado por eventuais erros cometidos.

24. Por fim, a absoluta intolerância ao cometimento de equívocos afasta bons quadros dos cargos públicos de gestão, na medida em que os torna excessivamente temerosos em comprometer seu patrimônio e sua reputação ao assumir tal função.

25. Diante disso, passa-se à proposição de *standards* para a análise da escusabilidade (ou não) do erro cometido pelo gestor no exercício de suas funções. Com efeito, ao regime de responsabilização pessoal de administradores públicos, não é adequada a aplicação de um método puramente subjetivo de aferição da culpa. A consideração das características pessoais e internas do indivíduo para a imputação de responsabilidade, como sua formação intelectual, prestigia gestores incompetentes e penaliza aqueles cujas capacidades encontram-se acima da média. Não se pode esquecer, ainda, que o gestor se sujeita de forma voluntária a normas especiais de responsabilização. Ao realizá-la, deve estar ciente de que o desempenho de suas funções depende de conhecimentos e capacidades mínimas, adequadas ao cargo assumido. A opção pelo critério subjetivo, ao menos em sua versão mais radical, ademais, torna inviável a prova da culpa, o que desatende ao princípio republicano.

26. Também não é adequada a aplicação de um método puramente abstrato, sobretudo diante do que dispõe o artigo 22 da LINDB. O dispositivo impõe aos órgãos de controle que considerem os obstáculos e dificuldades enfrentadas pelo gestor, inclusive eventuais circunstâncias concretas que tenham imposto, limitado ou condicionado sua ação e as exigências das políticas públicas a seu cargo.

27. Dessa forma, a análise da culpa e da consequente reprovabilidade dos erros cometidos deve ser realizada por meio de um método que desconsidere variações nas capacidades individuais e outros aspectos estritamente subjetivos, mas que seja sensível às dificuldades concretas e objetivas enfrentadas no momento da decisão e às exigências do cargo ocupado.

28. A segunda exigência metodológica de extrema importância para o adequado exame dos *standards* é a necessidade de uma análise retrospectiva por parte dos órgãos de controle. Para que haja uma apropriada apreciação da conduta supostamente culposa do gestor, a escusabilidade dos erros cometidos deve ser aferida a partir do contexto fático e jurídico existente no momento da tomada de decisão.

29. Por fim, o artigo 28 da LINDB demanda um filtro restritivo na interpretação dos parâmetros construídos. É que o dispositivo passou a exigir a presença de dolo ou, ao menos, de um erro grosseiro para que possa ocorrer a responsabilização pessoal de agentes do Estado. É preciso que se constate uma culpa de natureza grave ou gravíssima para que o equívoco seja considerado juridicamente inescusável, ampliando o espaço de tolerância ao cometimento de erros.

30. O primeiro parâmetro para a análise da tolerabilidade do erro do gestor público é o atendimento a um grau mínimo de diligência na realização de uma decisão. Quanto mais intensa for a diligência do gestor na instrução de seu processo decisório, maior será o espaço de tolerância ao cometimento de erros. Para que realize uma escolha devidamente informada, o administrador deve instruir seu processo decisório com uma quantidade mínima de dados jurídicos e técnicos relevantes. A partir do que dispõe o artigo 20, *caput*, da LINDB, as consequências práticas também devem ser consideradas na tomada de decisão.

31. Nem todas as informações jurídicas e técnicas são relevantes para a decisão. A sua essencialidade variará de acordo com as especificidades da hipótese em questão e com o momento em que o processo decisório ocorreu. Em algumas hipóteses, a legislação obriga que o administrador consulte órgãos jurídicos ou técnicos a respeito de determinada informação, presumindo, *ex ante*, a sua relevância. De outro lado, o caso concreto poderá demandar do gestor a solicitação de opiniões técnicas ou jurídicas que não se encontrem especificadas em lei ou em qualquer ato normativo.

32. É virtualmente inviável a qualquer administrador acessar e considerar todas as informações que tenham alguma relevância para a solução do problema. Há uma quantidade quase infinita de dados potencialmente disponíveis e o gestor possui tempo e recursos escassos e um conjunto relativamente indefinido de decisões a tomar. Por isso, não se deve dele exigir que reúna todas as informações relevantes à tomada de decisão, mas sim avaliar se estas eram razoavelmente acessíveis diante do contexto decisório.

33. O primeiro elemento que influencia o grau de diligência exigível do administrador é a urgência da decisão a ser tomada. Quanto mais imediata é a solução requisitada da Administração Pública, menor é o nível de diligência a ser exigido do gestor no caso concreto. É preciso tempo para a reunião de informações relevantes à tomada de decisão. No entanto, questões emergenciais demandam escolhas administrativas rápidas e, em regra, menos diligentes e refletidas. Em caso de decisões urgentes, portanto, eventuais erros podem ser justificados pela sua necessária agilidade. As decisões administrativas, porém, possuem diferentes níveis de urgência. Em situações de calamidade pública, o nível de urgência é extremo e, por conseguinte, o grau de diligência exigido do administrador é menor do que o esperado em situações cotidianas.

34. O segundo fator que influi no grau de diligência exigido é a importância da decisão administrativa em questão. Quanto maior a relevância da escolha a ser feita, maior também deve ser o nível de diligência exigido do administrador e, portanto, menor o espaço de tolerância a erros. Isso se dá na medida em que a incidência de equívocos tende a ser menor quanto mais diligente for o agente público. A reunião de dados relevantes e a realização de reflexões profundas a respeito da escolha a ser realizada, porém, tomam tempo e recursos da Administração Pública. O grau de cautela deve ser justificado pela relevância da matéria que é objeto da decisão. A importância da escolha realizada pode ser avaliada por meio de critérios econômicos ou não econômicos, considerando, nesse último caso, elementos sociais, ambientais, políticos e jurídicos.

35. Como último fator de influência no nível de diligência exigido do gestor, tem-se a presença de circunstâncias fáticas que tenham limitado a sua atuação no caso concreto. A existência de obstáculos materiais pode embaraçar a obtenção de documentos e dados relevantes pelo gestor, que necessita realizar consultas recorrentes e em tempo hábil, tendo o condão, assim, de reduzir o grau de diligência exigido.

36. A tolerabilidade dos equívocos cometidos pelo administrador possui como segundo parâmetro de análise as específicas exigências do cargo ocupado. Quanto menos próximo for o erro das funções e conhecimentos exigidos pelo cargo, maior será o espaço de tolerância jurídica ao erro. O parâmetro ora fixado também encontra respaldo expresso no que dispõe o artigo 22, *caput*, da LINDB. Há uma grande heterogeneidade de cargos e funções na Administração, que demandam conhecimentos e responsabilidades variáveis, o que deve ser considerado na imposição de responsabilidade pessoal por eventuais erros cometidos.

37. O terceiro parâmetro para aferição da tolerabilidade do erro do administrador público é o grau de incerteza fática ou jurídica envolvida na decisão em questão. Quanto maior o nível de incerteza, maior também deve ser o espaço de tolerância ao cometimento de equívocos. A probabilidade da existência de erros é proporcional ao nível de incerteza da decisão administrativa a ser tomada. Do mesmo modo, a escusabilidade do erro cometido pelo administrador também é diretamente proporcional à sua imprevisibilidade. Isso se dá na medida em que a culpa do gestor na ocorrência do equívoco será tanto menor, a ponto de se tornar inexistente, quanto maior for a dificuldade de sua previsão.

38. A incerteza fática ocorre em razão da imprevisibilidade de algum elemento de fato envolvido na decisão administrativa. A incerteza jurídica, por sua vez, decorre da indeterminação da legislação relevante à decisão a ser tomada pelo gestor. Quanto mais intenso for o grau de indeterminação ou de complexidade da legislação aplicável, maior será a dificuldade do gestor em interpretá-la de maneira correta.

39. O quarto e último parâmetro útil à verificação da escusabilidade do erro é o grau de aderência da escolha realizada em relação aos dados coletados pelo administrador ao longo de seu processo decisório. Quanto mais coerente for a decisão em relação às informações obtidas, maior também deverá ser o espaço de tolerância ao cometimento de equívocos. A obtenção de informações relevantes junto aos órgãos competentes e com *expertise* para tanto serve justamente para orientar o agente público em suas decisões. Ao divergir ou ignorar os dados técnicos ou jurídicos que instruíram sua escolha, o administrador assume um maior risco em cometer equívocos e, desse modo, tem ampliado o seu grau de culpa pelos erros que os contrariem.

40. É preciso, porém, diferenciar as situações em que o agente motivadamente diverge de uma determinada informação daquelas em que ele simplesmente a ignora. A indiferença por parte do gestor a um dado relevante poderá revelar negligência na tomada de decisão e, por isso, reduzir o espaço de tolerância a eventuais equívocos. O contrário ocorrerá nos casos em que o gestor, ainda que não siga a informações que constam de seu processo de decisão, justifique adequadamente sua divergência. Nessa hipótese, quanto mais consistentes forem os motivos apresentados para contrariar os dados obtidos, maior também deve ser o grau de tolerância ao erro.

REFERÊNCIAS BIBLIOGRÁFICAS

Doutrina

ABRAMCZUC, André Ambrosio. *A prática da tomada de decisão*. São Paulo: Atlas, 2009.

AGUIAR JÚNIOR, Ruy Rosado de. *A responsabilidade civil do estado pelo exercício da função jurisdicional no Brasil*. Belo Horizonte: Fórum, 2007.

___________. Responsabilidade civil do médico. *Revista dos Tribunais*, São Paulo, v. 84, n. 718, ago. 1995.

ALESSI, Renato. *Instituciones de derecho administrativo*. 3ª ed. Barcelona: Bosh, 1970.

ALEXY, Robert. On Balancing and Subsumption. A Structural Comparison. Blackwell Publishing: *Ratio Juris*, vol. 16, nº 4, dezembro de 2003.

ALMEIDA, Acir. *Superando o caos*: legislativos como sistemas complexos adaptativos. In: FURTADO, Bernardo Alves; SAKOWSKI, Patrícia Alessandra Morita e TÓVOLL, Marina Haddad (eds.). *Modelagem de sistemas complexos para políticas públicas*. Brasília: IPEA, 2015.

ANAMATRA. Ofício nº 219/2018. Disponível em <https://www.jota.info/wp-content/uploads/2018/04/ofi%CC%81cio-anamatra-n219_sugesta%CC%83o-de-veto-ao-pl-7448_2017_pr.pdf>. Acesso em 23 jul. 2018.

ARAGÃO, Alexandre Santos de. *Curso de direito administrativo*. 2ª ed. Rio de Janeiro: Forense, 2013.

___________. *Empresas Estatais*: O Regime Jurídico das Empresas Públicas e Sociedades de Economia Mista. Rio de Janeiro: Forense, 2017.

___________. Teoria das autolimitações administrativas: atos próprios, confiança legítima e contradição entre órgãos administrativos. *Revista Eletrônica de Direito Administrativo Econômico*, nº 14, Salvador, maio/junho/julho de 2008.

ARAÚJO, Valter Shuenquener. *O princípio da proteção da confiança*: uma nova forma de tutela do cidadão diante do Estado. Niterói: Impetus, 2009.

ARROW, Kenneth. *Social Choice and Individual Values*. Nova Iorque: John Wiley and Sons, 1963.

ÁVILA, Humberto. *Teoria dos princípios*: da definição à aplicação dos princípios jurídicos. 13ª edição. São Paulo: Malheiros, 2012.

BAPTISTA, Patrícia. *Transformações do direito administrativo*. 2ª ed. Rio de Janeiro: Lumen Juris, 2018.

BARCELLOS, Ana Paula de. *Ponderação, racionalidade e atividade jurisdicional*. Rio de Janeiro: Renovar, 2005.

BARROS, Paulo César. *Commendatur Vobis in Isto Pane Quomodo Unitatem Amare Debeatis*: A eclesiologia eucarística nos *Sermones ad populum* de Agostinho de Hipona e o movimento ecumênico. Roma: Editrice Pontificia Università Gregoriana, 2002.

BARROSO, Luís Roberto. A ordem econômica constitucional e os limites à atuação estatal no controle de preços. *RDA – Revista de Direito Administrativo*. Rio de Janeiro: Fundação Getúlio Vargas, v. 226, 2001.

__________. Constituição, democracia e supremacia judicial: direito e política no Brasil contemporâneo. *Revista da Faculdade de Direito da UERJ*, vol. 2, nº 21, janeiro/junho de 2012.

__________. *Curso de Direito Constitucional Contemporâneo*. Os conceitos fundamentais e a construção do novo modelo. 5ª ed. Rio de Janeiro: Saraiva, 2015.

__________. *O controle de constitucionalidade no direito brasileiro*: exposição sistemática da doutrina e análise crítica da jurisprudência. 6ª ed. São Paulo: Saraiva, 2012.

__________. Prefácio: O Estado contemporâneo, os direitos fundamentais e a definição da supremacia do interesse público. In: SARMENTO, Daniel (Org.). *Interesses públicos versus interesses privados*: desconstruindo o princípio da supremacia do interesse público. Rio de Janeiro: Lumen Juris, 2005.

BAZERMAN, Max H; MOORE, Don A. *Processo decisório*. 8ª ed. Rio de Janeiro: Elsevier, 2014.

BECK, Garry Stanley. *The economic approach to human behavior*. Chicago e Londres: The University of Chicago Press, 1978.

BECKER, Selwin W.; RONEN, Joshua e SORTER, George H. Opportunity costs: an experimental approach. *Journal of Accounting Research*, 1974.

BENDOR, Jonathan B. *Parallel Systems*: Redundancy in Government. Berkeley: University of California Press, 1985.

BENEDETTO, Maria de. Understanding and preventing corruption: a regulatory approach. In Preventing Corruption and Promoting good Government and Public Integrity (ed. CERRILLO-I-MARTÍNEZ, Agustí; PONCE, Juli). In: *Preventing Corruption and Promoting good Government and Public Integrity*. Bruxelas: Bruylant, 2017.

BESSANT, John; TIDD, Joe. *Innovation and entrepreneurship*. Nova Jersey: John Wiley & Sons, 2007.

BINENBOJM, Gustavo. *Poder de polícia, ordenação, regulação*: transformações político-jurídicas, econômicas e institucionais do direito administrativo ordenador. Belo Horizonte: Fórum, 2016.

__________. *Uma teoria do direito administrativo*: direitos fundamentais, democracia e constitucionalização. 2ª ed. Rio de Janeiro: Renovar, 2008.

BINENBOJM, Gustavo; CYRINO, André. O art. 28 da LINDB. A cláusula geral do erro administrativo. *RDA – Revista de Direito Administrativo*. Rio de Janeiro: Fundação Getúlio Vargas. Edição Especial: Direito Público na Lei de Introdução às Normas de Direito Brasileiro, nov. 2018.

BITENCOURT, Cezar Roberto. *Erro de tipo e erro de proibição*: uma análise comparativa. 6ª ed. São Paulo: Saraiva, 2013.

__________. *Tratado de direito penal*, volume 1: parte geral. 13ª ed. São Paulo, Saraiva, 2008.

BOBBIO, Norberto. *A era dos direitos*. Rio de Janeiro: Elsevier, 2004.

Brasil. Ministério da Saúde. Secretaria de Ciência, Tecnologia e Insumos Estratégicos. Departamento de Assistência Farmacêutica e Insumos Estratégicos. *Aquisição de medicamentos para assistência farmacêutica no SUS*: orientações básicas. Brasília: Ministério da Saúde, 2006. Disponível em <http://www.ensp.fiocruz.br/portal-ensp/judicializacao/pdfs/284.pdf>. Acesso em 03 ago. 2018.

Brasil. Tribunal de Contas da União. Roteiro de Auditoria de Gestão de Riscos. Brasília: TCU, Secretaria de Métodos e Suporte ao Controle Externo, 2017. Disponível em <http://portal.tcu.gov.br/biblioteca-digital/roteiro-de-auditoria-de-gestao-de-risco-1.htm.> Acesso em 15 mar. 2018.

BRIGAGÃO, Pedro Henrique Castello. *A Administração de Companhias e a Business Judgement Rule*. São Paulo: Quartier Latin, 2017.

BRITTO, Carlos Ayres. O Regime Constitucional dos Tribunais de Contas. In: *O Novo Tribunal de Contas*: órgão protetor dos direitos fundamentais. 3ª ed. Belo Horizonte: Fórum, 2005.

BRUNONI, Nivaldo. *Princípio de culpabilidade*: considerações. Curitiba, Juruá, 2008.

BUCHANAN, James; TULLOCK, Gordon. *The Calculus of Consent*. Ann Arbor: University of Michigan Press, 1962.

CAETANO, Marcelo. *Princípios fundamentais do direito administrativo*. Rio de Janeiro: Forense, 1977.

CAHALI, Yussef Sahid. *Responsabilidade civil do estado*. 3ª ed. São Paulo: Editora Revista dos Tribunais, 2007.

CALIXTO, Marcelo Junqueira. *A culpa na responsabilidade civil* – estrutura e função. Rio de Janeiro: Renovar, 2008.

CAMACHO, Joana M. Socías. Error material, error de hecho y error de derecho. Concepto y mecanismos de correcíon. *Revista de Administrácion Pública*, nº 157, janeiro-abril, 2002.

CÂMARA, Alexandre Freitas. Doenças preexistentes e ônus da prova: o problema da prova diabólica e uma possível solução. *Revista Dialética de Direito Processual*. São Paulo: Dialética, out. de 2005.

CAMPOS, Anna Maria. Accountability: quando poderemos traduzi-la para o português? *Revista de Administração Pública*, n. 24, fev./abr. 1990.

CAVALIERI FILHO, Sergio. *Programa de responsabilidade civil*. 8ª ed. São Paulo: Atlas, 2009.

CAVALCANTE, Pedro; CUNHA, Bruno Queiroz. É preciso inovar no governo, mas por quê? In CAVALCANTE, Pedro; et. al. (org.). *Inovação no setor público*: teoria, tendências e casos no Brasil. Brasília: Enap: Ipea, 2017.

CARSON, Lindsey D.; PRADO, Mariana Mota. Using institutional multiplicity to address corruption as a collective action problem: Lessons from de Brazilian case. *The Quartely Review of Economics and Finance*, nº 62, 2016.

CARVALHO FILHO, José dos Santos. *Manual de direito administrativo*. 23ª ed. Rio de Janeiro: Lumen Juris, 2010.

CATALAN, Marcos. *A morte da culpa na responsabilidade contratual*. São Paulo: Editora Revista dos Tribunais, 2013.

CHANG, Welton; et. al. Accountability and adaptive performance under uncertainty: A long-term view. *Judgment and Decision Making Journal*, v. 12, nº 6, novembro de 2017.

CHOO, Chun Wei. *A organização do conhecimento*: como as organizações usam a informação para criar significado, construir conhecimento e tomar decisões. São Paulo: Editora Senac São Paulo, 2003.

CIARELLI, Gustavo; ÁVILA, Marcos. A influência da mídia e da heurística da disponibilidade na percepção da realidade: um estudo experimental. *Revista de Administração Pública*. Rio de Janeiro: Fundação Getúlio Vargas, vol. 43, nº 3, maio/jun. 2009.

CIRINO DOS SANTOS, Juarez. *Direito penal*: parte geral. 7ª ed. Florianópolis: Empório do Direito, 2007.

COASE, Ronald. The Problem of Social Cost. *The Journal of Law & Economics*, vol. 3, outubro de 1960.

Conselho Nacional de Justiça. Justiça Pesquisa – Lei de Improbidade Administrativa, Obstáculos à Plena Efetividade do Combate aos Atos de Improbidade. Disponível em <http://www.cnj.jus.br/files/conteudo/destaques/arquivo/2015/06/1ef013e1f4a64696eeb89f0fbf3c1597.pdf>. Acesso em 25 jul. 2018.

COSTA, Flávio. Brasil leva 6 anos para julgar improbidade; demora dificulta recuperação de dinheiro público. *UOL* <https://noticias.uol.com.br/politica/ultimas-noticias/2017/08/29/brasil-leva-6-anos-para-julgar-improbidade-demora-dificulta-recuperacao-de-dinheiro-publico.htm>. Acesso em 12 dez. 2018.

CRETELLA JÚNIOR, José. Anulação do ato administrativo por "desvio de poder". *RDA – Revista de Direito Administrativo*. Rio de Janeiro: Fundação Getúlio Vargas, v. 91, 1968.

__________. *O Estado e a obrigação de indenizar*. São Paulo: Saraiva, 1980.

CRUZ, Alcir Moreno da; BORGES, Mauro. *O gestor médio, a LINDB e as novas exigências da Administração Pública*. Disponível em <https://www.jota.info/opiniao-e-analise/artigos/o-gestor--medio-a-lindb-e-as-novas-exigencias-da-administracao-publica-11112018>. Acesso em 14 dez. 2018.
CUNHA, Sérgio Sérvulo. Responsabilidade do Administrador Público. São Paulo: *Interesse Público – IP*, ano 4, nº 15, jul./set., 2002.

DANTAS, Bruno. O risco de 'infantilizar' a gestão pública. *Jornal O Globo*, 08.01.2018. Disponível em <https://oglobo.globo.com/opiniao/o-risco-de-infantilizar-gestao-publica-22258401>. Acesso em 10 mar. 2018.

DHAMI, Sanjit; AL-NOWAIHI, Ali; SUNSTEIN, Cass R.. *Heuristics and Public Policy*: Decision Making Under Bounded Rationality. Junho de 2018. Disponível em <https://ssrn.com/abstract=3198739>. Acesso em 19 out. 2018.

DI PIETRO, Maria Sylvia Zanella. *Direito administrativo*. 30ª edição. Rio de Janeiro: Forense, 2017.

__________. Responsabilidade do Estado por atos jurisdicionais. *RDA – Revista de Direito Administrativo*. Rio de Janeiro: Fundação Getúlio Vargas, v. 198, 1994.

__________. Artigo 27. In: PEREIRA, Flávio Henrique Unes (coord.). *Segurança jurídica e qualidade das decisões públicas*: desafios de uma sociedade democrática. Brasília: Senado Federal, 2015.

DIAS, Jorge de Figueiredo; ANDRADE, Manuel da Costa. *Criminologia*: o homem delinquente e a sociedade criminógena. Coimbra: Coimbra Editora, 1997.

DINAMARCO, Cândido Rangel. *Instituições de direito processual civil*, tomo 1. São Paulo: Malheiros, 2003.

DWORKIN, Ronald. *Taking rights seriously*. Cambridge: Harvard University Press, 1978.

EDMONDSON, Amy C. *Estratégias para aprender com o erro*. Harvard Business Review Brasil, 17 de novembro de 2014. Disponível em <http://hbrbr.uol.com.br/estrategias-para-aprender-com-o-erro/>. Acesso em 16 out. 2018.

ELSTER, Jon. *Solomonic judgements*: studies in the limitation of rationality. Cambridge: Cambridge University Press, 1989.

ENTERRÍA, Eduardo Garcia de. El problema jurídico de las sanciones administrativas. In: *Revista española de derecho administrativo*, nº 10, 1976.

Estado, instituições e democracia: república, livro 9, vol. 1. Brasília: Instituto de Pesquisa Econômica Aplicada, 2010. Disponível em <http://www.ipea.gov.br/portal/index.php?option=com_content&view=article&id=6533>. Acesso em 10 jan. 2019.

FALCÃO, Joaquim. *A pena é o processo*. Folha de São Paulo, São Paulo, 08 jun. 2010, opinião. Disponível em <https://www1.folha.uol.com.br/fsp/opiniao/fz0806201007.htm>. Acesso em 03 ago. 2018.

FARBER, Daniel A.; FRICKEY, Philip P. *Law and Public Choice*: a critical introduction. Chicago e Londres: The University of Chicago Press, 1991.

FARIAS, Cristiano Chaves de; ROSENVALD, Nelson. *Curso de Direito Civil*, volume 1. 11ª ed. Salvador: Editora JusPODIVM, 2013.

FERRAZ, Luciano. *Alteração na Lindb e seus reflexos sobre a responsabilidade dos agentes públicos*. Disponível em <https://www.conjur.com.br/2018-nov-29/interesse-publico-lindb-questao-erro-grosseiro-decisao-tcu#author>. Acesso em 16 dez. 2018.

FERRAZ JR., Tércio Sampaio. *A Ciência do Direito*. 3ª ed. São Paulo: Atlas, 2014.

FERREIRA, Aurélio Buarque de Holanda. *Miniaurélio:* o minidicionário da língua portuguesa. 7ª ed. Curitiba: Ed. Positivo, 2008.

FISCHER, Tânia. Administração pública como área de conhecimento e ensino: a trajetória brasileira. In: *Revista de Administração de Empresas*, vol. 24, nº 4, São Paulo, out./dez., 1984.

FREITAS, Izaías Dantas. A finalidade da pena no Direito Administrativo Disciplinar. *Revista de Informação Legislativa*, Brasília, nº 141, jan./mar. 1999. Disponível em <https://www2.senado.leg.br/bdsf/bitstream/handle/id/455/r141-10.pdf?sequence=4>. Acesso em 14 jun. 2018.

FREITAS, Juarez. *Discricionariedade Administrativa e o Direito Fundamental à Boa Administração Pública*. São Paulo: Malheiros, 2007.

FURTADO, Lucas Rocha. *Curso de Direito Administrativo*. Belo Horizonte: Ed. Fórum, 2016.

FURTADO, Bernardo Alves; SAKOWSKI, Patrícia Alessandra Morita e TÓVOLL, Marina Haddad. Abordagens de sistemas complexos para políticas públicas. In FURTADO, Bernardo Alves; SAKOWSKI, Patrícia Alessandra Morita e TÓVOLL, Marina Haddad (eds.). *Modelagem de sistemas complexos para políticas públicas*. Brasília: IPEA, 2015.

GAVENTA, John; MCGEE, Rosemary. The Impact of Transparency and Accountability Initiatives. *Development Policy Review*, nº 31, 2013. Disponível em <https://onlinelibrary.wiley.com/doi/abs/10.1111/dpr.12017>. Acesso em 23 ago. 2018.

GAVIN, Ignacio Pemán. *El sistema sancionador español* (hacia una teoría general de las infracciones y sanciones administrativas). Barcelona: Cedecs, 2000.

GARCÍA, Alejandro Nieto. *Derecho Administrativo Sancionador*. 5ª ed. Madrid: Editorial Tecnon, 2018.

GASPARRI, Pietro. *Corso di diritto amministrativo*, vol. III – Le disorganizzazione e le disfunzione amministrative. Padova: Cedam, 1956.

GERSEN, Jacob; POSNER, Eric A. Timing Rules and Legal Institutions. *Harvard Law Review*, v. 121, 2007.

GIERKE, Otto. *Political Theories of the Middle Age*. Cambridge: Cambridge University Press, 1922, p. Disponível em <https://socialsciences.mcmaster.ca/econ/ugcm/3ll3/gierke/MedPolTheo.pdf>. Acesso em 03 ago. 2018.

GOFFAUX, Patrick. *Dictionnaire de droit administratif.* 2ª edição. Bruxelas: Éditions Bruylant, 2016.

GOMES, Orlando. Culpa x risco. *Revista de Direito Civil Contemporâneo*, vol. 11, ano 4. São Paulo: Editora Revista dos Tribunais, abr.-jun. 2017.

GUEDES, Demian. *Autoritarismo e Estado no Brasil*: tradição, transição e processo administrativo. Belo Horizonte: Letramento, 2016.

GUIMARÃES, Fernando Vernalha. *O Direito Administrativo do Medo*: a crise da ineficiência pelo controle. Disponível em <http://www.direitodoestado.com.br/colunistas/fernando-vernalha-guimaraes/o-direito-administrativo-do-medo-a-crise-da-ineficiencia-pelo-controle>. Acesso em 23 ago. 2018.

HALACHMI, Arie. Accountability overloads. In: BOVENS, M.; SCHILLEMANS, T.; GOODIN, R. (Eds.). *The Oxford Handbook of Public Accountability*. Oxford: Oxford University Press, 2014.

HALLSWORTH, Michael; EGAN, Mark. *Why Governments Need to Nudge Themselves*. Behavioral Scientists, setembro de 2018. Disponível em <http://behavioralscientist.org/why-governments-need-to-nudge-themselves/>. Acesso em 22 out. 2018.

HERKENHOFF, Henrique Geaquinto. Responsabilidade pressuposta. In TARTUCE, Flávio; CASTILHO, Ricardo (coord.). *Direito Civil*: direito patrimonial, direito existencial. São Paulo: Método, 2006.

HOLLAND, John H. *Complexity*: a very short introduction. Oxford: Oxford University Press, 2014.

HUNGRIA, Nelson. Ilícito administrativo e ilícito penal. *RDA – Revista de Direito Administrativo*. Rio de Janeiro: Fundação Getúlio Vargas, nº 1, v. 1, 1945.

International Federation of Accountants. *Governance in the Public Sector*: A Governing Body Perspective, p. 41. Disponível em <https://www.ifac.org/system/files/publications/files/study-13-governance-in-th.pdf>. Acesso em 15 jul. 2018.

JÉZE, Gaston. De l'erreur de fait comme grief pourvant servir de base pour excès de pouvoir. In: *Revue du Droit Public*, 1911.

JOLLS, Christine; SUNSTEIN, Cass R.; THALER, Richard. Behavioral approach to Law & Economics. *Stanford Law Review*, nº 1471, janeiro de 1998.

JORDÃO, Eduardo. Art. 22 da LINDB. Acabou o romance: reforço do pragmatismo no direito público brasileiro. *RDA – Revista de Direito Administrativo*. Rio de Janeiro: Fundação Getúlio Vargas. Edição Especial: Direito Público na Lei de Introdução às Normas de Direito Brasileiro, nov. 2018.

___________. *Controle judicial de uma administração pública complexa*: a experiência estrangeira na adaptação da intensidade do controle. São Paulo: Malheiros: SBDP, 2016.

___________. Globalization and convergence in judicial review: what can we learn from the case of Brazil? *A&C – Revista de Direito Administrativo & Constitucional*, Belo Horizonte, ano 17, n. 69, jul./set. 2017.

___________. Por mais realismo no controle da administração pública. *Revista Direito do Estado*, nº 183, 2016. Disponível em <http://www.direitodoestado.com.br/colunistas/Eduardo-Jordao/por-mais-realismo-no-controle-da-administracao-publica>. Acesso em 23 jul. 2018.

JÚNIOR, Alceu Maurício. *O Estado de risco*: o Estado Constitucional de Direito no paradigma social do risco. (Doutorado em Direito) – Pontifícia Universidade Católica do Rio de Janeiro, 2011.

JUSTEN FILHO, Marçal. *Comentários à Lei de Licitações e Contratos Administrativos*. 15ª ed. São Paulo: Dialética, 2012.

___________. *Curso de direito administrativo*. 8ª ed. Belo Horizonte: Fórum, 2012.

___________. *Teoria geral das concessões de serviço público*. São Paulo: Dialética, 2003.

KAHNEMAN, Daniel. *Rápido e devagar*: duas formas de pensar. 1ª ed. Rio de Janeiro: Objetiva, 2012.

KIRON, David; et. al. Sustainability Nears a Tipping Point. *MIT Sloan Management Review*, vol. 53, 2012. Disponível em <http://sloanreview.mit.edu/article/sustainability-nears-a-tipping-point/>. Acesso em 14 dez. 2018.

KLINGNER, Donald E., NALBANDIAN, John, ROMZEK, Barbara S. Politics, Administration, and Markets: Conflicting Expectations and Accountability. *American Review of Public Administration*, nº 32, junho de 2002.

KNIGHT, Frank Hyneman. *Risk, uncertainty and profit*. New York: Cosimo Classics, 2006.

KOPPEL, Jonathan J. S. Pathologies of Accountability: ICANN and the Challenge of "Multiple Accountabilities Disorder". *Yale School of Management*: Public Administration Review, vol. 65, nº 1, janeiro/fevereiro 2005.

LAIA, Marconi Martins de; CUNHA, Maria Alexandra Viegas Cortez da; NOGUEIRA, Antônio Roberto Ramos; MAZZON, José Afonso. Electronic Government Policies in Brazil: context, ICT management and outcomes. *Revista de Administração de Empresas*. São Paulo: Fundação Getúlio Vargas, vol. 51, nº 1, jan./fev. 2011.

LÆGREID, Per. Accountability and New Public Management. In: BOVENS, M.; SCHILLEMANS, T.; GOODIN, R. (Eds.). *The Oxford Handbook of Public Accountability*. Oxford: Oxford University Press, 2014.

LARENZ, Karl. *Metodologia da ciência do direito*. Tradução de José Lamego. 3ª ed. Lisboa: Fundação Calouste Gulbenkian, 1997.

LEAL, Fernando. Propostas para uma abordagem teórico-metodológica do dever constitucional de eficiência. *Revista Eletrônica de Direito Administrativo Econômico*, número 15, agosto/setembro/outubro de 2008. Disponível em <http://www.direitodoestado.com/revista/REDAE-15-AGOSTO-2008-FERNANDO%20LEAL.pdf>. Acesso em 28 ago. 2018.

LOPES JR., Aury. *O tempo como pena processual*: em busca do direito de ser julgado em um prazo razoável. Disponível em <http://www.ambito-juridico.com.br/site/index.php?n_link=revista_artigos_leitura&artigo_id=458#_ftn20>. Acesso em 03 ago. 2018.

LUCAS JR., Gary M.; TASIĆ, Slaviša. Behavioral Public Choice and the Law. *West Virginia Law Review*, vol. 118, 2015.

LUPION, Bruno. Polícia Federal e Ministério Público travam disputa velada na Lava Jato. Qual o papel de cada um. *Nexo Jornal*. <https://www.nexojornal.com.br/expresso/2017/04/18/Pol%C3%ADcia-Federal-e-Minist%C3%A9rio-P%C3%BAblico-travam-disputa-velada-na-Lava-Jato.-Qual-o-papel-de-cada-um>. Acesso em 23 jul. 2018.

MANSBRIDGE, Jane. A Contingency Theory of Accountability. *The Oxford Handbook of Public Accountability*. Oxford: Oxford University Press, 2014.

MARQUES NETO, Floriano de Azevedo. Art. 23 da LINDB. O equilíbrio entre mudança e previsibilidade na hermenêutica jurídica. *RDA – Revista de Direito Administrativo*. Rio de Janeiro: Fundação Getúlio Vargas. Edição Especial: Direito Público na Lei de Introdução às Normas de Direito Brasileiro, nov. de 2018.

___________. Contratação direta por emergência: situação calamitosa – irrelevância dos fatores causadores da situação emergencial. *Revista Trimestral de Direito Público*, nº 21, 1998.

___________. Os grandes desafios do controle da Administração Pública. *Fórum de Contratação e Gestão Pública - FCGP*. Belo Horizonte, ano 9, n. 100, abr. 2010.

___________. *Regulação estatal e interesses públicos*. São Paulo: Malheiros, 2002.

MARQUES NETO, Floriano de Azevedo; FREITAS, Rafael Véras de. *O artigo 22 da LINDB e os novos contornos do Direito Administrativo sancionador*. Disponível em <https://www.conjur.com.br/2018-jul-25/opiniao-artigo-22-lindb-direito-administrativo-sancionador>. Acesso em 27 dez. 2018.

MARQUES NETO, Floriano de Azevedo; PALMA, Juliana Bonacorsi de. *Juridicidade e controle dos acordos regulatórios*: o caso TAC ANATEL. Disponível em <https://edisciplinas.usp.br/pluginfile.php/4296871/mod_resource/content/1/Juridicidade%20e%20Controle%20dos%20Acordos%20Regulat%C3%B3rios%20-%20O%20Caso%20TAC%20ANATEL.pdf>. Acesso em 02 ago. 2018.

MARTINS-COSTA, Judith. *A boa-fé no direito privado*: sistema e tópica no processo obrigacional. São Paulo: Revista dos Tribunais, 2000.

MASCARENHAS, Rodrigo Tostes de Alencar. *O Medo e o Ato Administrativo*. Disponível em <http://www.direitodoestado.com.br/colunistas/rodrigo-tostes-mascarenhas/o-medo-e-o-ato-administrativo>. Acesso em 15 mar. 2018.

MAZZILLI, Hugo Nigro. *Regime jurídico do Ministério Público*. 7ª ed. São Paulo: Saraiva, 2013.

MEDAUAR, Odete. *Direito administrativo moderno*. 18ª ed. São Paulo: Editora Revista dos Tribunais, 2014.

MEILÁN GIL, José Luis. Delimitácion conceptual del error material y de cuenta. *Revista de Administrácion Pública*, nº 55, 1968.

MEIRELLES, Hely Lopes. *Direito Administrativo Brasileiro*. 41ª ed. São Paulo: Malheiros, 2015.

MELLO, Celso Antônio Bandeira de. *Curso de Direito Administrativo*. 32ª ed. São Paulo: Malheiros, 2015.

___________. *Discricionariedade e Controle Jurisdicional*. 2ª ed. São Paulo: Malheiros, 2003.

MELO, Marcus André e PEREIRA, Carlos. *Making Brazil Work*: Checking the President in a Multiparty System. Londres e Nova Iorque: Palgrave Macmillan, 2013.

MELLO, Patrícia Perrone Campos. *Precedentes* – O desenvolvimento judicial do direito no constitucionalismo contemporâneo. Rio de Janeiro: Renovar, 2008.

MELLO, Rafael Munhoz de. *Princípios Constitucionais de Direito Administrativo Sancionador*: as sanções administrativas à luz da Constituição Federal de 1988. São Paulo: Malheiros, 2007.

___________. Sanção Administrativa e o Princípio da Culpabilidade. *A&C – Revista de Direito Administrativo & Constitucional*, Belo Horizonte, ano 5, nº 22, out./dez. 2005.

MENDES, Conrado Hübner. *Jurisprudência impressionista*. Disponível em https://epoca.globo.com/conrado-hubner-mendes/jurisprudencia-impressionista-23066592>. Acesso em 31 jul. 2018.

MENDES, Gilmar Ferreira; BRANCO, Paulo Gustavo Gonet. *Curso de direito constitucional.* 8ª ed. São Paulo: Saraiva, 2013.

MENDONÇA, José Vicente Santos de. A responsabilidade pessoal do parecerista público em quatro standards. In: *Revista da AGU*, ano 9, nº 24, abr./jun. de 2010.

___________. Conceitos inventados de direito administrativo. *A&C – Revista Brasileira de Direito Público*, Belo Horizonte, ano 14, n. 53, abr./jun. 2016.

___________. Direito Administrativo e Inovação: limites e possibilidades. *A&C – Revista Brasileira de Direito Público*, Belo Horizonte, v. 17, nº 69, 2017.

___________. *Direito constitucional econômico*: a intervenção do Estado na economia à luz da razão pública e do pragmatismo. 2ª ed. Belo Horizonte: Fórum, 2018.

___________. Heurísticas: Yes, a opinião pública também é irracional! *Revista Insight Inteligência*, nº 60, janeiro/fevereiro/março de 2013.

MIR, José Cerezo. *Curso de Derecho Penal español*, v. 1. Madrid: Tecnos, 1985.

MERTON, Robert K. The unanticipated consequences of purposive social action. *American Sociological Review*, vol. 1, nº 6, dezembro de 1936.

Ministério Público Federal. Nota Técnica Conjunta nº 1/2018. Disponível em <http://www.mpf.mp.br/pgr/documentos/Oficio_NotaTecnica_130418_PGR00192069_2018.pdf>, p. 5. Acesso em 23 ago. 2018.

MIRABETE, Julio Fabrinni; FABRINNI, Renato N. *Manual de direito penal*, volume 1: parte geral, arts. 1º a 120 do CP. 32ª ed. São Paulo: Atlas, 2016.

MIRANDA, Rodrigo Fontenelle de A. *Implementando a gestão de riscos no setor público*. Belo Horizonte: Fórum, 2017.

MISES, Ludwig von. *In a free market, no profit is "excessive"*. Disponível em <https://mises.org/wire/free--market-no-profit-excessive>. Acesso em 06 jan. 2019.

MITCHEL, Melanie. *Complexity*: a guided tour. Oxford: Oxford University Press, 2009.

MONTEIRO, Jorge Vianna. A conjuntura das escolhas públicas. *Revista de Administração Pública*: Rio de Janeiro, volume 30, nº 3, maio/jun. 1996.

___________. O lado escuro da escolha pública. *Revista de Administração Pública*: Rio de Janeiro, volume 41, nº 3, maio/jun. 2007.

MOREIRA, Egon Bockmann. *Processo Administrativo* – Princípios Constitucionais e a Lei 9.784/99. São Paulo: Malheiros, 2000.

MOREIRA, Egon Bockmann; PEREIRA, Paula Pessoa. Art. 30 da LINDB. O dever público de incrementar a segurança jurídica. *RDA – Revista de Direito Administrativo*. Rio de Janeiro: Fundação Getúlio Vargas. Edição Especial: Direito Público na Lei de Introdução às Normas de Direito Brasileiro, nov. de 2018.

MOREIRA, José Carlos Barbosa. Regras de experiência e conceitos juridicamente indeterminados. In: MOREIRA, José Carlos Barbosa. *Temas de direito processual*. 2ª série. São Paulo: Saraiva, 1980.

MOREIRA NETO, Diogo de Figueiredo. *A responsabilidade do advogado de Estado*. Disponível em <http://abrap.org.br/wp-content/uploads/2012/12/res.pdf>. Acesso em 05 jan. 2019.

___________. *A responsabilidade do advogado de Estado*. Exposição apresentada em 31 de outubro de 2007, no auditório da Procuradoria Geral do Estado do Rio de Janeiro. Disponível em <http://abrap.org.br/wp-content/uploads/2012/12/res.pdf>. Acesso em 15 mar. 2018.

__________. *Curso de Direito Administrativo*: parte introdutória, parte geral e parte especial. Rio de Janeiro: Ed. Forense, 2009.

__________. Independência técnico-funcional da Advocacia de Estado. In: TAVARES, Lúcia Léa Guimarães (org.). *Revista de Direito da Associação dos Procuradores do Novo Estado do Rio de Janeiro*, vol. XVI – Advocacia Pública. Rio de Janeiro: Renovar, 2006.

__________. *Mutações do direito administrativo*. Rio de Janeiro: Renovar, 2007.

MOREIRA NETO, Diogo de Figueiredo; GARCIA, Flávio Amaral. A principiologia no Direito Administrativo Sancionador. *Revista Eletrônica de Direito do Estado*, nº 37, janeiro/fevereiro/março de 2014. Disponível em <http://www.direitodoestado.com.br/codrevista.asp?cod=610>. Acesso em 04 set. 2018.

__________. Desastres naturais e as contratações emergenciais. *RDA – Revista de Direito Administrativo*. Rio de Janeiro: Fundação Getúlio Vargas, Rio de Janeiro, v. 265, jan./abr. 2014.

MOTTA, Carlos Pinto Coelho. *Eficácia nas licitações e contratos*: estruturas da contratação, concessões e permissões, responsabilidade fiscal, pregão – parcerias público/privadas. 10ª ed. Belo Horizonte: Del Rey, 2005.

MOTTA, Fabrício. *Ainda sobre o debate em torno do conceito de "erro grosseiro"*. Disponível em <https://www.conjur.com.br/2018-dez-13/ainda-debate-torno-conceito-erro-grosseiro>. Acesso em 06 jan. 2019.

MOTTA, Paulo Roberto. Razão e intuição: recuperando o ilógico na teoria da decisão gerencial. *Revista de Administração Pública*: Rio de Janeiro, volume 22, nº 3, 1998.

MUELLER, Bernardo. *Sistemas complexos em políticas públicas no Brasil*. In FURTADO, Bernardo Alves; SAKOWSKI, Patrícia Alessandra Morita e TÓVOLL, Marina Haddad (eds.). *Modelagem de sistemas complexos para políticas públicas*. Brasília: IPEA, 2015.

NADER, Paulo. *Curso de direito civil*: responsabilidade civil, vol. 7. 6ª ed. Rio de Janeiro: Forense, 2016.

NIEBUHR, Joel de Menezes. *O Erro Grosseiro* – Análise crítica do Acórdão nº 2.391/2018 do TCU. Disponível em <https://www.zenite.blog.br/o-erro-grosseiro-analise-critica-do-acordao-no-2-3912018-do-tcu/>. Acesso em 16 dez. 2018.

NÓBREGA, Marcos. Novos marcos teóricos em licitação no Brasil: um olhar para além do sistema jurídico. *Revista Eletrônica de Direito do Estado*, número 30, abril/maio/junho de 2012. Disponível em <http://www.direitodoestado.com.br/codrevista.asp?cod=617>. Acesso em 25 jul. 2018.

NORONHA, Irene Patrícia. Desafios de inovação na administração pública contemporânea: "destruição criadora" ou "inovação destruidora" do direito administrativo? *Fórum Administrativo – FA*. Belo Horizonte, ano 17, nº 194, abr., 2017.

Nossa Opinião. O risco da flexibilização. *O Globo*, Rio de Janeiro, 01 set. 2014. Disponível em <https://oglobo.globo.com/opiniao/o-risco-da-flexibilizacao-13776345>. Acesso em 04 ago. 2018.

OECD. *Applications of Complexity Science for Public Policy*: New Tools for Finding Unanticipated Consequences and Unrealized Opportunities. Setembro de 2009, Sicília, p. 2. Disponível em <https://www.oecd.org/sti/sci-tech/43891980.pdf >. Acesso em 09 set. 2018.

OLIVEIRA, Odilon Cavallari de. *Parecer sobre o PL 7448/2017*, em face do parecer-resposta dos autores do PL e de outros juristas. Disponível em <https://portal.tcu.gov.br/lumis/portal/file/fileDownload.jsp?fileId=8A81881F62B15ED20162F95CC94B5BA4&inline=1>. Acesso em 15 dez. 2018.

OLIVEIRA, Ana Carolina Carlos de. *Direito de Intervenção e Direito Administrativo Sancionador*: o pensamento de Hassmer e o Direito Penal Brasileiro. Dissertação (Mestrado em Direito) – Faculdade de Direito da Universidade de São Paulo, São Paulo, 2012.

OLIVEIRA, Régis Fernandes de. *Infrações e Sanções Administrativas*. São Paulo: Revista dos Tribunais, 1985.

OLSON, Mancur. *The Logic of Collective Action* (Public Goods and the Theory of Groups). Cambridge: Harvard University Press, 1965.

OSÓRIO, Fabio Medina. Conceito e tipologia dos atos de improbidade administrativa. *Revista de doutrina do Tribunal Regional Federal da 4ª Região*, nº 57, dez. 2012. Disponível em <http://www.revistadoutrina.trf4.jus.br/index.htm?http://www.revistadoutrina.trf4.jus.br/artigos/edicao050/Fabio_Osorio.html>. Acesso em 30 jul. 2018.

___________. *Direito Administrativo Sancionador*. 5ª ed. São Paulo: Editora Revista dos Tribunais, 2015.

___________. *Improbidade administrativa na Constituição de 1988*: uma ilegalidade qualificada. Disponível em <http://bdjur.stj.jus.br/jspui/bitstream/2011/63419/improbidade_administrativa_constituicao_osorio.pdf>. Acesso em 25 jul. 2018.

PALMA, Juliana Bonacorsi de. *A medida do controle da Administração Pública*. Disponível em <https://www.jota.info/colunas/controle-publico/a-medida-do-controle-da-administracao-publica-05042017>. Acesso em 25 ago. 2018.

___________. *A proposta de Lei da Segurança Jurídica na gestão e do controle públicos e as pesquisas acadêmicas*. Disponível em <http://www.sbdp.org.br/wp/wp-content/uploads/2018/04/PALMA-Juliana-A-proposta-de-lei-da-seguran%C3%A7a-jur%C3%ADdica.pdf>. Acesso em 02 mar. 2018.

___________. *Quem é o 'administrador médio' do TCU?* Disponível em <https://www.jota.info/opiniao-e-analise/colunas/controle-publico/quem-e-o-administrador-medio-do-tcu-22082018>. Acesso em 09 dez. 2018.

___________. *Sanção e acordo na Administração Pública*. São Paulo: Malheiros, 2015.

PARGENDLER, Mariana. Responsabilidade Civil dos Administradores e Business Judgment Rule no Direito Brasileiro. *Revista dos Tribunais*, v. 953, 2015.

PASCOAL, Valdecir. *Direito Financeiro e Controle Externo*. Rio de Janeiro: Forense; São Paulo: Método, 2015.

PEREIRA, André Gonçalves. *Erro e ilegalidade no acto administrativo*. Lisboa: Edições Ática, 1965.

PEREIRA, Caio Mário da Silva. *Instituições de Direito Civil*: introdução ao Direito Civil – teoria geral de Direito Civil, v. I. 20ª ed. Rio de Janeiro: Forense, 2004.

PEREIRA, Jane Reis Gonçalves. *As garantias constitucionais entre utilidade e substância*: uma crítica ao uso de argumentos pragmatistas em desfavor dos direitos fundamentais. Direitos Fundamentais & Justiça. Belo Horizonte, ano 10, nº 35, jul./dez. 2016.

PEREIRA JUNIOR, Jessé Torres; DOTTI, Marinês Restelatto. Responsabilidade da assessoria jurídica no processo administrativo das licitações e contratações. *Fórum de Contratação e Gestão Pública – FCGP*, Belo Horizonte, ano 10, n. 114, jun. 2011

PERES, Úrsula Dias. Custos de Transação e Estrutura de Governança no Setor Público. *Revista Brasileira de Gestão de Negócios*. São Paulo, Vol. 9 n. 24, maio/ago. 2007.

PIRES, Fernanda. 'Apagão das canetas' trava infraestrutura. Jornal Valor Econômico, 27.07.2018. Disponível em <https://www.valor.com.br/brasil/5691757/apagao-das-canetas-trava-infraestrutura>. Acesso em 04 set. 2018.

PIRES, Breno. TCU quer declarar inidoneidade da Andrade Gutierrez. *O Estado de São Paulo*. Disponível em <https://economia.estadao.com.br/noticias/geral,tcu-quer-declarar-inidoneidade-da-andrade,70002267799>. Acesso em 23 jul. 2018.

POGREBINSCHI, Thamy. *Pragmatismo*: teoria social e política. Rio de Janeiro: Relume Dumará, 2005.

POLITT, Christopher *The essential public manager*. Londres: Open University Press, 2003.

POLLITT, Christopher; et. al. *Desempenho ou legalidade?* Auditoria operacional e de gestão pública em cinco países. Belo Horizonte: Fórum, 2008.

POSNER, Richard A. *Overcoming law*. Cambridge, MA: Harvard University Press, 1995.

QUEIROZ, Paulo. *Funções do Direito Penal*. Legitimação versus deslegitimação do sistema penal. São Paulo: Revista dos Tribunais, 2005.

QUIRINO, Carina de Castro. Irracionalidade do agente público e teoria da escolha pública comportamental: notas sobre um elefante na sala. *Revista Quaestio Iuris*, vol. 11, nº 2, Rio de Janeiro, 2018.

RAND, William. Sistemas complexos: conceitos, literatura, possibilidades e limitações. In FURTADO, Bernardo Alves; SAKOWSKI, Patrícia Alessandra Morita e TÓVOLL, Marina Haddad (eds.). *Modelagem de sistemas complexos para políticas públicas*. Brasília: IPEA, 2015.

REALE, Miguel. *Lições preliminares de direito*. 25ª ed. Rio de Janeiro: Saraiva, 2001.

RIBEIRO, Leonardo Coelho. *O direito administrativo como "caixa de ferramentas*: uma nova abordagem da ação pública". São Paulo: Malheiro, 2016.

ROCHA, Cármen Lúcia Antunes. Conceito de urgência no Direito Público brasileiro. *Revista Trimestral de Direito Público*. Belo Horizonte, nº 60, jan./mar. 2015.

RODRIGUES, Cristiano. *Teorias da Culpabilidade e Teoria do Erro*. Rio de Janeiro: Editora Forense, 2010.

ROSILHO, André Janjácomo. *Controle da Administração Pública pelo Tribunal de Contas da União*. (Doutorado em Direito) – Faculdade de Direito da Universidade de São Paulo, São Paulo, 2016.

SABEL, Charles F.; SIMON, William H. *Minimalism and Experimentalism in the Administrative State*. Columbia Law School Public Law & Legal Theory Working Paper Group, Paper nº 10-238, novembro de 2011.

SAKOWSKI, Patrícia A. Morita; TÓVOLLI Marina H. Perspectivas da complexidade para a educação no Brasil. In FURTADO, Bernardo Alves; SAKOWSKI, Patrícia Alessandra Morita e TÓVOLL, Marina Haddad (eds.). *Modelagem de sistemas complexos para políticas públicas*. Brasília: IPEA, 2015.

SANDEL, Michael J. *Justiça* – o que é fazer a coisa certa. 4ª ed. Rio de Janeiro: Civilização Brasileira, 2011.

SANTANA, Selma Pereira de. A sociedade de risco e a repercussão das capacidades individuais do sujeito para a culpa não imputável. *Cadernos do Programa de Pós-Graduação em Direito/UFRGS*, volume VIII, nº 2, 2013. Disponível em <https://seers.ufrgs.br/ppgdir/article/download/44350/28199>. Acesso em 06 dez. 2018.

SCHILLEMANS, Thomas e BOVENS, Mark. *The Challenge of Multiple Accountability*: Does Redundancy lead to Overload?. Disponível em <https://dspace.library.uu.nl/bitstream/handle/1874/319030/Challenge_multiple_accountability_Schillemans_Bovens_2011.pdf?sequence=1>. Acesso em 23 jul. 2018.

SCHREIBER, Anderson. *Novos paradigmas da responsabilidade civil*: da erosão dos filtros à diluição dos danos. 5ª ed. São Paulo: Atlas, 2013.

SCHNELLENBACH, Jan; SCHUBERT, Christian. Behavioral public choice: A survey, *Freiburger Diskussionspapiere zur Ordnungsökonomik*, nº 14/03, 2014.

SEPÚLVEDA, Antônio Guimarães; QUIRINO, Carina de Castro. A economia comportamental como instrumento de otimização institucional. In BOLONHA, Carlos; BONIZZATO, Luigi; MAIA, Fabiano (coord.). *Teoria institucional e constitucionalismo contemporâneo*. Curitiba: Juruá, 2016.

SHAH, Anwar. *Balance, Accountability and Responsiveness*: Lessons about Decentralization. Policy Research Working Paper nº 2021, 1998. The World Bank, Washington, DC. Disponível em <http://documents.worldbank.org/curated/pt/392211468742509872/pdf/multi-page.pdf>. Acesso em 31 jul. 2018.

SHAVIRO, Daniel. *Beyond public choice and public interest*: a study of the legislative process as illustrated by tax legislation in the 1980s. Disponível em <http://scholarship.law.upenn.edu/cgi/viewcontent.cgi?article=3729&context=penn_law_review>. Acesso em 15 ago. 2018.

SHECAIRA, Fábio P.; STRUCHINER, Noel. *Teoria da argumentação jurídica*. Rio de Janeiro: Ed. PUC-Rio: Contraponto, 2016.

SHUARTZ, Luis Fernando. Consequencialismo Jurídico, Racionalidade Decisória e Malandragem. *RDA – Revista de Direito Administrativo*. Rio de Janeiro: Fundação Getúlio Vargas, v. 248, 2008.

SILVA, Anielson Barbosa da; REBELO, Luiza M. Bessa. A emergência do pensamento complexo nas organizações. *Revista de Administração Pública*. Rio de Janeiro: Fundação Getúlio Vargas, vol. 37, nº 4, 2003.

SILVA, De Plácido e. *Vocabulário jurídico*. 31ª ed. Rio de Janeiro: Forense, 2014.

SILVA, José Afonso. *Curso de direito constitucional positivo*. 33ª ed. São Paulo: Malheiros, 2009.

SIMON, Herbert Alexander. A behavioral model of rational choice. *The Quarterly Journal of Economics*, v. 69, nº 1, fevereiro de 1955.

___________. *Administrative behavior*: a study of decision-making processes in administrative organizations. 4ª ed. Nova Iorque: The Free Press, 1997.

SMITH, Peter. On the unintended consequences of publishing performance data in the public sector. *International Journal of Public Administration*, 18, 1995.

SOUZA, Eduardo Nunes de. Do erro à culpa na responsabilidade civil do médico. *Civilistica.com*. Rio de Janeiro, a. 2, n. 2, abr.-jun./2013. Disponível em <http://civilistica.com/doerro-a-culpa-na-responsabilidade-civil-do-medico>. Acesso em 02 jul. 2018.

STEETS, Julia. *Accountability in Public Policy Partnerships*. Londres e Nova Iorque: Palgrave Macmillan, 2010.

STIGLER, George Joseph. The Economics of Information. The University of Chicago Press: *Journal of Political Economy*, vol. 69, nº 3, junho de 1961.

SUNDFELD, Carlos Ari. *Direito Administrativo para céticos*. 2ª ed. São Paulo: Malheiros, 2014.

___________. *A criação de uma instância administrativa nacional*. Disponível em <https://www.jota.info/colunas/controle-publico/criacao-de-uma-instancia-administrativa-nacional-10012018>. Acesso em 31 jul. 2018.

___________. *O controle público como espetáculo*. Disponível em <https://jota.info/colunas/controle-publico/o-controle-publico-como-espetaculo-18012017>. Acesso em 25 jul. 2018.

SUNDFELD, Carlos Ari e CAMPOS, Rodrigo Pinto de. O Tribunal de Contas e os preços dos contratos administrativos. In: SUNDFELD, Carlos Ari (org.). *Contratações públicas e seu controle*. São Paulo: Malheiros, 2013.

SUNDFELD, Carlos Ari e MARQUES NETO, Floriano de Azevedo. Decisões públicas e seu controle. In SUNDFELD, Carlos Ari (org.). *Contratações públicas e seu controle*. São Paulo: Malheiros, 2013.

SUSTEIN, Cass. Para além do princípio da precaução. *RDA – Revista de Direito Administrativo*. Rio de Janeiro: Fundação Getúlio Vargas, Rio de Janeiro, v. 259, jan./abr. 2012.

___________. The Storrs Lectures: Behavioral Economics and Paternalism. *Yale Law Journal*, vol. 122, 2013.

___________*Why nudge?* The Politics of Libertarian Paternalism. Yale University Press, 2012.

SZYMANSKI, Stefan. The optimal timing of infrastructure investment. *Journal of Transport Economics and Policy*, setembro de 1991.

TAVARES, Juarez. *Direito penal da negligência*: uma contribuição à teoria do crime culposo. São Paulo: Ed. Revista dos Tribunais, 1985.

TELLO, Diana Carolina Valencia; LIMA, Edilson Vitorelli Diniz. A administração pública nas sociedades da informação e do conhecimento. *RDA – Revista de Direito Administrativo*. Rio de Janeiro: Fundação Getúlio Vargas, v. 262, jan./abr. 2013.

TEPEDINO, Gustavo, et. al. *Código civil interpretado conforme a Constituição da República*. 2ª ed. Rio de Janeiro: Renovar, 2007.

THALER, Richard; SUNSTEIN, Cass. *Nudge: Improving Decisions about Health, Wealth, and Happiness*. New Haven: Yale University Press, 2008.

The Federalist Papers nº 51. Disponível em <http://avalon.law.yale.edu/18th_century/fed51.asp>. Acesso em 25 jul. 2018.

TONETTO, Leandro Miletto, et. al. O papel das heurísticas no julgamento e na tomada de decisão sob incerteza. Campinas: *Estudos de Psicologia*, vol. 23, nº 2, abril/junho de 2006.

TORRES, Ricardo Lobo. A legitimidade democrática e o tribunal de contas. *RDA – Revista de Direito Administrativo*. Rio de Janeiro: Fundação Getúlio Vargas, nº 149, out./dez. 1993.

TOSTA, André Ribeiro. *Inovação Institucional e o Direito Público*: empirismo, experimentalismo e uma proposta de roteiro de análise. (Mestrado em Direito) – Faculdade de Direito da Universidade do Estado do Rio de Janeiro, Rio de Janeiro, 2018.

TVERSKY, Amos e KAHNEMAN, Daniel. Availability: A heuristic for judging frequency and probability. *The Hebrew University of Jerusalem and the Oregon Research Institute*: Cognitive Psychology, nº 5, 1973.

TVERSKY, Amos e KAHNEMAN, Daniel. Judgment under Uncertainty: Heuristics and Biases. *Science*, New Series, vol. 185, nº 4.157, setembro de 1974.

VENOSA, Sílvio de Salvo. Direito civil: parte geral. 8ª ed. São Paulo: Atlas, 2008.

VERMEULE, Adrian. *Judging under uncertainty*: an institutional theory of legal interpretation. Cambridge: Harvard University Press, 2006.

___________. Optimal Abuse of Power. *Northwestern University Law Review*, nº 109, 2015.

___________. Rationally Arbitrary Decisions (in Administrative Law). *Harvard Law School Public Law & Legal Theory Working Paper Series*, paper nº 13-24. Disponível em <https://papers.ssrn.com/sol3/papers.cfm?abstract_id=2239155&download=yes>. Acesso em 21 dez. 2018.

___________. *The system of the constitution*. Oxford: Oxford University Press, 2011.

VORONOFF, Alice. *Direito administrativo sancionador no Brasil*: justificação, interpretação e aplicação. Belo Horizonte: Fórum, 2018.

WALD, Arnoldo. As PPPs e a infra-estrutura. In: *Revista de Direito da Associação dos Procuradores do Novo Estado do Rio de Janeiro*, vol. XVII. Parcerias Público-Privadas. Coord. Flávio Amaral Garcia. Rio de Janeiro: Lumen Juris, 2006.

WELTER, Henri. *Le contrôle juridictionell de la moralité administrative*: étude de doctrine et de jurisprudence. Paris: Recueil Sirey, 1929.

WELZEL, Hans. *El nuevo sistema del derecho penal*: una introducción a la doctrina de la acción finalista (tradução de José Cerezo Mir). Montevideo e Bueno Aires: Editorial B de f, 2004.

WILLEMAN, Marianna Montebello. *Accountability democrática e o desenho institucional dos Tribunais de Contas no Brasil*. Belo Horizonte: Fórum, 2017.

ZANOBINNI, Guido. A proposito dell'errore di fatto come vizio de annullamento degli atti ammistrativi. In: *Rivista di Diritto Púbblico e della administrazione in Italia*, 1927.

Decisões

Brasil. Comissão de Valores Mobiliários. Inquérito Administrativo CVM nº TA – SP2001/0725, Relatora Diretora Norma Jonssen Parente, julgado de 13.03.2003.

Brasil. Superior Tribunal de Justiça. Recurso em Mandado de Segurança nº 20.565/MG, Relator Ministro Arnaldo Esteves Lima, 5ª Turma, julgado em 15.03.2007.

Brasil. Superior Tribunal de Justiça. Recurso em Mandado de Segurança nº 24.559/PR, Relator Ministro Napoleão Nunes Maia Filho, Quinta Turma, julgado de 03.12.2009.

Brasil. Superior Tribunal de Justiça. Recurso Especial nº 1.130.318/SP, Relator Ministro Herman Benjamin, 2ª Turma, julgado de 27.04.2010.

Brasil. Superior Tribunal de Justiça. Embargos de Declaração no Mandado de Segurança nº 16.385/DF, Relator Ministro Arnaldo Esteves Lima, 1ª Seção, julgado de 27.02.2013.

Brasil. Superior Tribunal de Justiça. Mandado de Segurança nº 19.657/DF, Relatora Ministra Eliana Calmon, Primeira Seção, julgado de 14.08.2013.

Brasil. Superior Tribunal de Justiça. Recurso Especial nº 1.325.862-PR, Relator Ministro Luis Felipe Salomão, 4ª Turma, julgado em 05.09.2013.

Brasil. Superior Tribunal de Justiça. Agravo Regimental no Recurso em Mandado de Segurança nº 19.006/PE, Relator Ministro Nefi Cordeiro, Sexta Turma, julgado em 04.08.2015.

Brasil. Superior Tribunal de Justiça. Recurso Especial nº 1.633.901/PA, Relator Ministro Herman Benjamin, Segunda Turma, julgado em 18.05.2017.

Brasil. Supremo Tribunal Federal. Recurso em Mandado de Segurança nº 21.259/DF, Relator Ministro Sepúlveda Pertence, Primeira Turma, julgado de 24.09.1991.

Brasil. Supremo Tribunal Federal. Mandado de Segurança 24.073/DF, Relator Ministro Carlos Velloso, Tribunal Pleno, julgado de 06.11.2002.

Brasil. Supremo Tribunal Federal. Intervenção Federal nº 2.909/SP, Relator para acórdão Ministro Gilmar Mendes, Plenário, julgado de 08.05.2003.

Brasil. Supremo Tribunal Federal. Recurso Extraordinário nº 327.904/SP, Relator Ministro Carlos Britto, 1ª Turma, julgado em 15.08.2006.

Brasil. Supremo Tribunal Federal. Mandado de Segurança nº 24.584/DF, Relator Ministro Marco Aurélio, Tribunal Pleno, julgado de 09.08.2007.

Brasil. Supremo Tribunal Federal. Recurso Extraordinário nº 344.133/PE, Relator Ministro Marco Aurélio, julgado em 09.09.2008.

Brasil. Supremo Tribunal Federal. Medida Cautelar em Ação Direta de Inconstitucionalidade nº 4.190, Relator Ministro Celso de Mello, julgado em 01.07.2009.

Brasil. Supremo Tribunal Federal. Recurso Extraordinário nº 593.727, Relator Ministro Cezar Peluso, Relator para acórdão Ministro Gilmar Mendes, Tribunal Pleno, julgado em 14.05.2015.

Brasil. Supremo Tribunal Federal. Segundo Agravo Regimental no Recurso Extraordinário nº 593.525/DF, Relator Ministro Luís Roberto Barroso, Primeira Turma, julgado em 09.08.2016.

Brasil. Tribunal de Justiça do Rio Grande do Sul. Apelação Cível nº 70031363385, Relator Desembargador Francisco José Moesch, 21ª Câmara Cível, julgado de 31.08.2011.

Brasil. Tribunal de Contas da União. Acórdão nº 243/2010, Plenário, Relator Ministro Aroldo Cedraz, julgado de 24.10.2010.

Brasil. Tribunal de Contas da União. Acórdão nº 2.158/2011, Relator Ministro Augusto Sherman, 2ª Câmara, julgado de 05.04.2011.

Brasil. Tribunal de Contas da União. Acórdão nº 839/2011, Relator Ministro Raimundo Carreiro, Plenário, julgado de 06.04.2011.

Brasil. Tribunal de Contas da União. Acórdão nº 1.881/2011, Plenário, Relator Ministro Augusto Nardes, julgado de 20.07.2011.

Brasil. Tribunal de Contas da União. Acórdão nº 5.178/2013, Relator Ministro Augusto Sherman, Primeira Câmara, julgado de 30.07.2013.

Brasil. Tribunal de Contas da União. Acórdão nº 2.796/2013, Plenário, Relator Ministro José Jorge, julgado em 16.10.2013.

Brasil. Tribunal de Contas da União. Acórdão nº 2.158/2015, Relator Ministro Marcos Bemquerer, Plenário, julgado de 26.08.2015.

Brasil. Tribunal de Contas da União. Acórdão nº 2.962/2015, Relator Ministro Benjamin Zymler, Plenário, julgado de 18.11.2015.

Brasil. Tribunal de Contas da União. Acórdão nº 1.781/2017, Plenário Relator Ministro José Múcio Monteiro, julgado de 18.08.2017.

Brasil. Tribunal de Contas da União. Acórdão nº 1.628/2018, Plenário, Relator Ministro Benjamin Zylmer, julgado de 18.07.2018.

Brasil. Tribunal de Contas da União. Acórdão nº 2.391/2018, Relator Ministro Benjamin Zylmer, Plenário, julgado de 17.10.2018.

Brasil. Tribunal de Conta da União. acórdão nº 2.677/2018, Relator Ministro Benjamin Zylmer, Plenário, julgado de 21.11.2018.